Eva Jaeggi
Neugier als Beruf

SERIE PIPER
Band 1488

Zu diesem Buch

»Neugier als Beruf« ist die Autobiographie der bekannten Psychotherapeutin, die im Spiegel ihrer eigenen Entwicklung – von der Verhaltenstherapie über verschiedene andere Therapieformen zur Psychoanalyse – zeigt, wie die Psychotherapieszene der letzten dreißig Jahre in Deutschland aussah und wie sie sich verändert hat. So läßt sich dies Buch auch lesen als ein Stück Psychotherapiegeschichte. In einem aktuellen, für diese Neuausgabe geschriebenen Schlußteil schildert die Autorin ihre Berufsgeschichte der letzten Jahre, vor allem ihren konsequenten Weg zur Psychoanalyse als der theoretisch wie praktisch tiefgreifendsten und ursachenorientiertesten Psychotherapie. Hier wird spürbar, wie der Psychotherapeutenberuf, ein »unmöglicher Beruf« (Freud), die gesamte Persönlichkeit prägt.

Eva Jaeggi, geboren 1934 in Wien, Dr. phil., seit 1978 Professorin für klinische Psychologie an der TU Berlin, praktizierende Psychotherapeutin. Veröffentlichungen im Piper Verlag: (zus. mit Walter Hollstein) »Wenn Ehen älter werden« (1985); »Psychologie und Alltag« (1987); (zus. mit Robert Rohner u. Peter M. Wiedemann) »Gibt es auch Wahnsinn, hat es doch Methoden...«

Eva Jaeggi

Neugier als Beruf

Autobiographie einer
Psychotherapeutin

Erweiterte Neuausgabe

Piper
München Zürich

Die Erstausgabe erschien 1983 unter dem Titel
»Wir Menschenbummler« im Beltz Verlag, Weinheim und Basel.

Von Eva Jaeggi liegen in der Serie Piper außerdem vor:
Psychologie und Alltag (689)
Wenn Ehen älter werden (zus. m. W. Hollstein) (867)

ISBN 3-492-11488-1
Oktober 1991
Erweiterte Neuausgabe
© R. Piper GmbH & Co. KG, München 1991
Umschlag: Federico Luci,
unter Verwendung eines Fotos von Holger Floß
(© Holger Floß/Paparazzi, Berlin)
Gesamtherstellung: Clausen & Bosse, Leck
Printed in Germany

INHALT

Vorwort

Dieses Buch verdankt sein Entstehen dem Lektor Roland Asanger, dem ich rein zufällig einen kurzen, sehr persönlich gefärbten Aufsatz ›20 Jahre Verhaltenstherapie – was habe ich daraus gelernt?‹ schickte. Als er mir vorschlug, diesen Aufsatz zu einer ›Therapeutischen Biographie‹ auszubauen, beherrschte mich zuerst eine Palette sehr widersprüchlicher Empfindungen. Das Ganze würde mir Spaß machen, aber: könnte ein solches Unterfangen nicht als allzu eitel angesehen werden? Sind meine eigenen Erfahrungen repräsentativ für die meiner Berufs- und Altersgruppe? Vor allem aber: wem sollte ein solches Buch wohl nützen? Für wen ist dieses Buch eigentlich geschrieben?

Ich denke, daß dieses Buch lesbar geschrieben ist. Das heißt: Dieses Buch ist nicht nur für Berufskollegen (Psychologen, Sozialarbeiter, Ärzte) gedacht, sondern auch für Menschen, die an Psychotherapie ganz allgemein interessiert sind.

Ich kann mir Leser vorstellen, die selbst eine Therapie machen oder machen wollen; solche, die bei Freunden oder Partnern einen therapeutischen Prozeß mitverfolgen (und vielleicht auch darunter leiden); und schließlich solche, die es von Berufs wegen häufig mit sehr schwierigen menschlichen Situationen zu tun haben (z. B. Lehrer, Erzieher, Juristen) und deshalb öfters in die Lage geraten, eine Therapie zu empfehlen.

Was aber könnte ihnen dieser Bericht nützen? – Am leichtesten kann ich diese Frage beantworten, wenn ich mir Berufskollegen vorstelle. Viele werden sich, wie ich denke, in diesem Buch wiederfinden. Es handelt mehr von Problemen als von ihren Lösungen; es wirft mehr Fragen auf, als es beantwortet; es gibt einen Überblick über viel Wirrwarr in einem Berufsfeld.

Es ist trotzdem – ich hoffe, daß ich dies durchsichtig machen konnte – nicht von Resignation und Ärger über meinen Beruf getragen. Ich kann mir daher vorstellen, daß Kollegen, die sich gerade in einer Phase der Resignation und Hilflosigkeit befinden, eine gewisse Beruhigung erfahren: Auch andere fühlen sich also unsicher, ängstlich, von der Vielfalt an Möglichkeiten und den oftmals nur geringen Erfolgen bedrängt. Die Antwort darauf *muß* also nicht nur Resignation sein, sondern kann auch übergehen in ein lustvolles Akzeptieren neuer Denkmöglichkeiten, ein Ausprobieren neuer Stile – so lange, bis man seinen »eigenen« Weg etwa gefunden hat. Das Buch kann vielen Berufskollegen vielleicht auch zeigen, daß die Antworten, die man jeweils findet, von den vorfindbaren gesellschaftlichen Verhältnissen nicht abzutrennen sind und daß man sich dessen nicht schämen muß. Sie sind natürlich auch abhängig vom Lebensalter – und auch dies ist nichts Nachteiliges! Der systematische Umgang mit Menschen, den Psychologen und Pädagogen als ihr Berufsfeld ansehen, ist etwas Lebendiges, ist ein Prozeß – und nicht ein festgefügtes Gebäude von Normen und Regeln, die für alle Ewigkeit abgeleitet wurden von der hehren (und fiktiven) Institution »Wissenschaft«. Es geht um immer neue, zeitbedingte Interpretationen des menschlichen Lebens – abgewandelt durch die individuelle Biographie von »Experten« und »Laien«. Dies alles versuche ich aufzuweisen.

Vielleicht findet mancher Kollege, der gerade ob des Chaos in seinem Kopf resigniert, in diesem Buch ein wenig Trost und Mut.

Wie aber sieht es mit den sogenannten »Laien« aus? Eine befreundete Juristin, die mein Rohmanuskript gelesen hat, machte mich im Hinblick auf ihre eigene Berufsgruppe nachdenklich.

»Viele Juristen«, so meinte sie, »sind von der inneren Logik und Konsistenz des juristischen Denkens meist sehr überzeugt – ungeachtet der Tatsache, daß ihre eigenen Urteile von Instanz zu Instanz immer wieder geändert werden. Diese Juristen werden womöglich durch Ihr Buch noch mehr als bisher im Glauben bestätigt, daß in einem solch zerfahrenen Feld, wie es Psychologie und Psychotherapie sind, wohl kaum Hilfe gefunden werden kann bei der Beurteilung oder Heilung von Straftätern.«

Ähnlich kann ich mir Ärzte vorstellen (und ich kenne solche), die mit großer Sicherheit ihre Medikamente gegenüber der unsicheren Psychotherapie anpreisen und – so unlängst passiert, als wir Klienten für ein Kopfschmerzprojekt gesucht haben – behaupten, 99 Prozent all dieser »sogenannten« psychosomatischen Beschwerden wären durch physische oder medikamentöse Einwirkung zu beheben. Auch hier scheinen wir Psychologen recht schlecht dazustehen.

Wo immer sich ein Berufsfeld auftut, in dem vorwiegend mit und am Menschen gearbeitet wird, ist die Unsicherheit bei den Redlichen allerdings sehr groß. Natürlich kann man sein Berufsfeld als Popanz aufbauen: Dann wimmelt es darin von »abgesicherten wissenschaftlichen« Theorien, aus denen angeblich Handlungsanleitungen »abgeleitet« werden; die Erfolgsquoten sind hoch; Mißerfolge werden erfolgreich bagatellisiert.

Durch Verdrehungen, Simplifizierungen und sehr viel Weglassen kann man auch Sozialberufe (im weitesten Sinne) glattkriegen wie ein Stück Holz auf der Hobelbank. Wo aber bleiben die Späne?

Nun, immer wieder kommt einer, der sie aufsammelt, dem staunenden Publikum und den empörten Kollegen präsentiert und fortan als »Nestbeschmutzer« gilt. Auch ich muß mich wohl hier einreihen. Ich tue dies zwar nicht ungern – würde mich aber dabei unwohl fühlen, wenn ich nicht extra betonte, daß mein Mißtrauen dem Popanz *aller* Berufsfelder der geschilderten Art gilt. Wer auf diesen Gebieten Sicherheit vortäuscht, nimmt sich und seinen Beruf nicht ernst genug.

Ich bin aber der festen Meinung, daß der Psychologe trotz aller Unebenheiten seines Berufes meist dort überlegen ist, wo es um die Beurteilung und Korrektur komplexer zwischenmenschlicher Handlungen und Persönlichkeiten geht. Denn der Psychologe hat gelernt, diejenigen Daten, auf denen sein Urteil basiert, systematisch auszuwählen, sorgfältig auf ihre innere psychologische Konsistenz hin zu überprüfen, im Lichte seiner reflektierten Erfahrung mit Menschen in verstehbare Zusammenhänge zu bringen, eigene Gefühle zu gebrauchen u. ä. m. Dies ermöglicht dem Psychologen oft ein gerechteres und adäquateres Umgehen mit verwirrten Menschen, als dies z. B. dem Juristen möglich ist. Daß dies alles schwerwiegende Fehler nicht ausschließt: wer möchte das leugnen?

Dies gilt auch für die therapeutische Arbeit im engeren Sinne. Ich möchte mit diesem Buch nicht darlegen, daß der Beruf des Therapeuten eigentlich *keiner* sei, daß eventuell nur ein wenig gesunder Menschenverstand genüge, um zu thera-

pieren. Ich möchte allerdings darlegen, daß jeder Psychotherapeut, der sich in einem »abgesicherten« Feld wähnt, von seiner
Profession noch wenig versteht.

Denn: Wem ich mit dieser Veröffentlichung recht gerne einiges am Zeuge flicken will, das sind natürlich hartgesottene Sek-
tierer – Vertreter *aller* Therapieschulen. Ich leugne nie, daß
meine Erfahrungen einseitig, subjektiv und von Kenntnislük-
ken umgeben sind. Ich traue mir trotzdem – nach 20 Jahren
Berufserfahrung als Beraterin/Therapeutin – ein einigermaßen
klares Gesamturteil über das Feld der Psychotherapie zu.
Darin aber haben, meiner festen Überzeugung nach, solche
Menschen nichts zu suchen, die sich für eine alleinseligma-
chende Methode entschieden haben, oder solche, die ohne
eigene Erfahrung eine bestimmte Methode radikal ablehnen
oder verurteilen.

Das Chaos der Methodenvielfalt besteht nicht nur in meinem
Kopf. Es ist begründet in der Vielfalt von individuellen und
gesellschaftlichen Situationen. Auch dieses Buch könnte beitragen, das Chaos zu entwirren.

Eva Jaeggi

Vorwort zur (erweiterten) 3. Auflage

Anfang der achtziger Jahre, als ich dieses Buch geschrieben habe, erschien mir der Titel »Wir Menschenbummler« nicht unpassend. Meine Wege und Irrwege in der Therapieszene hatten ja wirklich etwas vom Plan- und Ziellosen des Weltenbummlers an sich gehabt. Neugierig und interessiert guckt er sich überall dort um, wo es etwas zu sehen gibt – eine bestimmte Strategie und ein definiertes Ziel aber hat er nicht, wenn er sich um den Globus treiben läßt. Jede verbale Analogie hat ihren Hinkefuß; natürlich betrachte ich meinen Weg bis in die achtziger Jahre nicht *nur* als ziel- und planlos – aber einiges davon ist natürlich zu spüren.

Ich habe es daher sehr begrüßt, daß Renate Dörner vom Piper-Verlag einen anderen Titelvorschlag machte. Mein Nachwort von 1991 »Bekenntnisse einer Konvertitin« (S. 152), das meine letzte, wichtigste und endgültige Station als Psychotherapeutin beschreibt, meinen Weg in die reguläre psychoanalytische Ausbildung, weist nämlich ein anderes Muster auf. Theoriegeleitet und geführt von erfahrenen Kollegen, habe ich diesen Weg beschritten – mit viel Überlegung, von vielen Zweifeln und Selbstzweifeln begleitet. Neugierde auf das, was Menschen »im Innersten zusammenhält«, ist noch immer mein wichtigstes Motiv: Der Buchtitel ist daher für meine persönliche Art, an Psychotherapie heranzugehen, sehr treffend.

Ich möchte nicht unbedingt neue Anhänger für die Psychoanalyse gewinnen. Ich weiß, daß auch andere Therapeuten oft hilfreich für ihre Klienten sind. Das »ganz Besondere«, das ich selbst in der Psychoanalyse gefunden habe, ist sicher nicht jedem so interessant oder bekömmlich, als daß er sich (als Patient) der Mühsal einer Analyse unterzieht oder (als Therapeut) den dornigen Ausbildungsweg gehen mag. Ich kenne die meisten Einwände gegen die Psychoanalyse – als Theorie, als Therapie. Wenn einige davon auch zutreffend sein mögen: bei reiflicher Prüfung – intellektueller und emotionaler Art – habe ich doch während der letzten Jahre immer wieder konstatieren müssen: Es lohnt die Mühe.

Berlin, im Herbst 1991   Eva Jaeggi

Entdeckungsreisen ins Innerste: Motivation

Ein neugieriges Kind

Warum bin ich eigentlich Psychotherapeutin geworden? Als ich sechzehn Jahre alt und voll vielfältiger Interessen für alles »Geistige« war (darunter verstand ich ein Gemisch aus philosophischen Schriften, Moraltheologie, Rilkes Gedichten und Thomas Manns ›Doktor Faustus‹), wurde ich eines Tages – bei einem philosophisch-besinnlichen Spaziergang durch den Wienerwald – von einem *Wort* heimgesucht. Dieses Wort hieß »Psychotherapie« und war zweifellos (ähnlich den unbemerkten Tagesresten im Traum) eine Lesefrucht, die mir zuerst fast gar nichts sagte. Meine spärlichen Griechischkenntnisse bemühend und vage assoziierend, überlegte ich, was dieses Wort alles beinhalten könnte, und kam dabei zu vermutlich einigermaßen richtigen Schlußfolgerungen. Dies mag heutigen Ohren merkwürdig klingen, wobei allerdings zu bedenken ist, daß einem Ende der vierziger, Anfang der fünfziger Jahre meist niemand bekannt war, der sich mit Dubiositäten wie »Verrückten« und »Therapeuten« herumschlug. Es war also lange vor der Zeit des Psychobooms. Freud und die Psychoanalyse waren im ÖVP-regierten konservativen Österreich im öffentlichen Bewußtsein vergessen oder verdrängt, zumindest so weit, daß eine interessierte Sechzehnjährige auf ihren Streifzügen durch Bibliotheken und Buchläden offensichtlich nicht ohne weiteres auf ihn stieß.

Das Wort aber ergab einen Sinn; ja, es ergab fast eine Offenbarung: Denn augenblicklich war mir klar, daß ich dies – genau dies – zu meinem Beruf machen wollte.

Warum aber wollte ich das? War ich so frühzeitig schon vom »Helfersyndrom« besessen, daß ich jenen armen (mir nicht offiziell bekannten) psychisch Gestörten (die ich natürlich »Verrückte« oder »Irre« nannte) zu Hilfe eilen wollte? Ich erinnere mich nicht daran, je in irgendwelchen anderen Zusammenhängen (schon gar nicht in solch frühem Alter!) von übermäßigem Helferdrang besessen gewesen zu sein, weshalb ich glaube, daß

13

ich für mich das Motiv des »Helfenwollens« bei der Berufswahl ausschließen kann. Eher schon wäre das zweite der üblichen Motive – Bewältigung meiner eigenen Probleme – zu vermuten gewesen. Denn Probleme hatte ich mit 16, 17 Jahren natürlich in ausreichendem Maße. Dem Stil der Zeit sowie meiner Herkunft entsprechend, konnte ich meine Probleme allerdings nicht in irgendeine »Psychosprache« kleiden, sondern vorwiegend in eine katholisch-existentialistisch-literarische. So beschäftigten mich natürlich nicht meine »Beziehungskisten«, sondern die Frage, ob ich im »Du« Gott begegnen könne und welche Form von Freundschaft es wohl sein müsse, die solch hohen Anforderungen genügen könne; vielerlei depressiver Verstimmungen wiederum wurden als »ewige Suche des abendländischen Geistes« nach der »Übereinstimmung von Glauben und Wissenschaft« interpretiert und nicht etwa als Folge meiner Komplexe, ich sei häßlicher als andere Mädchen. Ich wollte vor allem über die ewig gültige Frage »was denn ›der Mensch‹ eigentlich sei« über mich selbst Aufschluß gewinnen und hatte natürlich das Wort »Selbsterfahrung« nicht zur Hand. Zu erfahren, »was es mit Menschen auf sich habe«: das war zweifellos ein frühes und tiefes Interesse, das mich sicher keine Zeit meines Lebens verlassen hat. Man könnte auch einfach sagen: Ich bin immer schon außerordentlich neugierig gewesen.

Dies hatte begonnen in der durch Kriegswirren beengten Wohnung meiner Kindheit, wo ich – nur durch einen Vorhang getrennt vom Wohnzimmer – auf meiner Schlafcouch lag. Die Erwachsenen (meine Großfamilie mit vielen halb konspiratorischen Besuchern, die ununterbrochen über das Ende der schrecklichen Hitler-Zeit spekulierten) sprachen abends über vieles, was man damals einem 7-, 8-, 9jährigen Kinde niemals mitgeteilt hätte; neben den politischen Gesprächen waren das: verborgene Liebschaften, Ehebruch, sexuelle Schwierigkeiten, rätselhafte Verhaltensweisen und deren vermutliche Motive – kurzum, die ganze Palette von Erwachsenenproblemen wurde vor mir ausgebreitet und natürlich vor allem von den Frauen der Familie seziert und analysiert. Speziell meine Mutter hatte ein besonderes Geschick, Beziehungen und Motiven nachzugehen, ihre Verflochtenheit mit äußeren Umständen zu reflektieren und Menschen nach psychologischen und moralischen Kriterien einzuordnen. So wußte ich schon frühzeitig über ein befreundetes Paar Bescheid, bei dem sich »nach der Hochzeitsnacht so gut wie nichts mehr getan« hatte, obwohl es doch »eine Liebesheirat« gewesen sei und vor der Eheschließung »alles geklappt« habe; möglicherweise bestünde dabei eine Beziehung zur Tatsache, daß die junge Frau in eben jener Hochzeitsnacht im Andenken an eine frühe unerfüllte Liebe so sehr hätte weinen müssen? Oder war eher doch an eine körperlich bedingte Impotenz des Mannes zu denken?

Die geschiedene Tante Irmi, deren Mann General gewesen war, sollte sich angeblich nun haufenweise mit einfachen Soldaten einlassen: Hatte wohl diese sexuelle Gier den Herrn General das Weite suchen lassen?

Und wie gut, daß Tante Maria solch ein demütiges und ein wenig beschränktes Frauchen war: Sonst könnte sie mit ihrem schillernd-pfauenhaften Künstlergatten sicher nicht solch eine gute Ehe führen ...

Dies also waren die Gespräche, die ich hinter meinem Vorhang voll Inbrunst erlauschte – ankämpfend gegen schwere Lider und dauerndes Gähnen. Manchmal – bei besonders prekären Themen – ertönte die besorgte Stimme meiner Mutter: »Schläfst du, Eva?« – was von mir mit tiefen und regelmäßigen Atemzügen beantwortet wurde.

Ich glaube, daß diese spezielle Atmosphäre meines Elternhauses wesentlich dazu beigetragen hat, mich für andere Menschen zu interessieren. Frühzeitig verfügte ich über sehr viel mehr Begriffe zur Beschreibung und Erklärung menschlichen Verhaltens als etwa über solche zur Erklärung technisch-naturwissenschaftlicher Sachverhalte.

In der Pubertät bildete dies den sozusagen »gewachsenen« Hintergrund für meine philosophisch-literarischen Interessen sowie für die Bearbeitung meiner eigenen Probleme mit dem Erwachsenwerden.

Dabei wurde mir langsam klar, daß weder rein philosophische noch die üblichen psychologischen Lehrbücher mir Aufschluß geben konnten über das ich »eigentlich« wissen wollte.

Ein Blick in mein Tagebuch bezeugt, daß ich nichts zurück interpretiere: Ich versuchte schon damals mit allen möglichen

Mitteln auszudrücken, was dieses Interesse »eigentlich« war: Ich wollte die »Nahtstelle« finden zwischen der »Philosophie« (die ich zuerst vor allem in Form dickbändiger Philosophiegeschichten zur Kenntnis nahm) und der »Psychologie« (was sich damals wohl noch auf Hubert Rohrachers Lehrbuch der ›Allgemeinen Psychologie‹ beschränkte). Um diese »Nahtstelle« herum habe ich viele Begriffe gewunden und wußte doch nie so recht auszudrücken, warum mir weder die herkömmliche Form der Darstellung philosophischer Lehrgebäude noch die mir bekannte halb empirische, halb spekulative Psychologie, die ich in der Schule (dieses Fach wurde bei uns gelehrt!) zur Hand bekommen hatte, zur Stillung meines Wissensdurstes genügte. Was den Menschen denn nun »im Innersten zusammenhält«, eröffnete sich mir dadurch nicht. Es muß nur kurze Zeit später gewesen sein, als mir eine sehr bewunderte Philosophielehrerin einen hilfreichen Begriff an die Hand gab. Er hieß »Philosophische Anthropologie«, und allein die Tatsache, daß es diesen Begriff gab, verhieß mir ein Zauberland. Offenbar *gab* es also auch die Sache, mit der ich mich beschäftigen wollte, und als ich gar A. Gehlens Buch ›Der Mensch‹ sowie ›Wesen und Formen der Sympathie‹ von Max Scheler in die Hand bekam, wußte ich, daß die Mühsal des Lesens einen Sinn haben würde.

Dies alles war nun auch der Hintergrund meiner Faszination vom Wort »Psychotherapie«: Halb ahnend erkannte ich, daß ich noch mehr als bisher über das, was den Menschen »im Innersten zusammenhält«, erfahren würde, wenn ich ihn in seiner kranken und gestörten Form kennenlernen könnte. Ich wollte Psychotherapeut werden nicht so sehr, um zu *heilen*, sondern um meiner Erkenntnis weiterzuhelfen. Es war die Fortsetzung meiner kindlichen Neugierde hinter dem Vorhang.

Daß dies damals das wesentlichste Motiv meiner Berufswahl war, erklärt auch die Hartnäckigkeit, mit der ich mich weigerte, zur Erfüllung meines Traumes etwa Medizin zu studieren.

Der Bekanntenkreis meiner Eltern bestand vorwiegend aus Juristen und Medizinern. Letztere hegten natürlich eine gründliche Verachtung für die neue und windige Wissenschaft der Psychologie, von der man annehmen konnte, daß sie sich vielleicht sogar etwas vom Kuchen der Psychiatrie abschneiden wollte. Ich wurde also eine Weile lang bearbeitet, doch auf jeden Fall Medizin zu studieren – Psychologie könne ich ja in Gottes Namen (und wenn es dort wirklich etwas zu lernen geben sollte) noch daneben machen. Sogar der damals bekannte Kinderpsychiater Prof. Asperger wurde bemüht, um mir meinen dickköpfigen Wunsch auszureden. Er lud mich freundlicherweise ein, in eine seiner »therapeutischen Spielstunden« als Betreuerin zu kommen, was ich zuerst auch voll Neugierde tat. Ich konnte aber den quengelnden und brüllenden Kindern, mit denen ich Dominosteine legen oder ›Mikado‹ spielen sollte, nichts für meine Interessen abgewinnen. Da mich eben nicht der Helferdrang beseelte und ich nicht recht verstehen konnte, was diese Kinderschar in eine psychiatrische Klinik gebracht hatte (sie erschienen mir alle »normal lästig«), erfuhr ich bei diesen (wenigen) Hospitationen gar nichts. Natürlich war auch nicht einzusehen, weshalb man ein langes und langweiliges Medizinstudium auf sich nehmen mußte, nur um dann mit Kindern ›Mensch ärgere dich nicht‹ zu spielen.

Der Hinweis, daß man eben als Psychiater sehr viel bessere Berufschancen habe, fruchtete gar nichts. Ich wollte keine »Berufschancen«, ich wollte einerseits Bücher wie die von Gehlen, Scheler und V. Frankl lesen, gelehrt diskutieren und besser verstehen; andererseits aber wollte ich auch meine vielen Freunde und Freundinnen »tiefer« verstehen lernen. Ich galt zwar als eine Art Bücherwurm – aber doch als ein sehr kontaktfreudiger. Stundenlang tratschte ich mit Freundinnen aus der Schule und meiner Jugendgruppe über die Eigenarten anderer – fast immer allerdings bezogen auf einen religiös-philosophischen Kontext. So etwa konnten wir über ein etwas starr-religiöses, aufrichtiges und ein wenig unliebenswürdiges Mädchen z. B. sagen, daß »Gott sie wohl als Mann und Priester« gedacht habe, und lange darüber sinnieren, warum er ihr die Prüfung auferlegte, als Frau seinem Willen dienen zu müssen – wodurch sie doch höchstens als Nonne in die Mission geschickt werden könne, was uns allen als sehr viel weniger ehrfurchtgebietend erschien.

Die Merkwürdigkeit einer anderen Freundin war noch schwerer zu deuten: Sie hatte einen »Sündenwahn«, weshalb sie häufig noch rasch vor der Sonntagsmesse verzweifelt nach einem Beichtvater suchte, um die Kommunion nicht unwürdig nehmen zu müssen. Man munkelte, daß sich dieser Wahn um irgend etwas »Unkeusches« rankte, das sie in ihrer Kindheit getan hatte. War sie nun vielleicht ein wenig verrückt? – Oder war das eine Prüfung, die Gott ihr auferlegte? – Oder war es ein Zeichen ganz besonders fein gearteten Gewissens, wodurch sie vielleicht gar zur Heiligkeit bestimmt war?

Unsere Kategorien im Bereich der Psychopathologie waren etwas wirr. Trotz des hervorragenden »Einfalls«, mich der Psychotherapie zu widmen, konnte ich mir darunter doch gar nichts Rechtes vorstellen, er lag ja noch in einer ganz und gar »untherapeutischen« Zeit.

Eine jugendliche Verwandte war von ihrer Mutter einer pubertären Zwangsneurose wegen zum Psychiater gebracht worden – jener hatte auch offensichtlich in beschwichtigender Weise eine Stunde lang mit Mutter und Tochter »gesprochen«, worauf sich während der nächsten paar Tage das Symptom so sehr verbesserte, daß nichts mehr unternommen werden mußte. War das aber schon »Therapie«? Ich überlegte sehr oft (horchte jene Verwandte auch – ohne Ergebnis – immer wieder aus!), welchen Zauber er wohl verwendet haben konnte? Später wurde mir klar, daß jener Psychiater der berühmte (damals schon sehr alte) Otto Pötzl gewesen war; ich vermute, daß er das Symptom durch sein bekanntes »Charisma« und seine Lebensklugheit »hinweggezaubert« hat. Jedenfalls berichtete die Mutter jenes Mädchens, wie sehr ihr seine Zuversicht geholfen habe. Er hätte etwa gesagt: »Wissen S' – jetzt könnt' ich Ihnen viel Geld abknöpfen für eine Psychotherapie... Aber bei so jungen Mädeln, da gehn und kommen die Gefühle, ganz so ernst sollt' ma' das auch nicht nehmen! Gehn S' heim und sind S' ein bißl nett mit ihr... es wird schon alles gut werden!«

Im anderen Fall eines offensichtlich ernsthaft gestörten jungen Mannes aus unserem Bekanntenkreis war eine »jugendliche Hebephrenie« diagnostiziert worden. Der Arzt schlug eine Einweisung in die Klinik vor. Die resolute und warmherzige Mutter jenes Jünglings aber wehrte sich dagegen. Ich erinnere mich noch sehr gut der Schilderung ihrer hausgemachten »Therapie«: Sie habe ihren Sohn (den Ältesten von fünf Geschwistern) einfach immer mit sich herumgeführt – ihm den Besen in die Hand gedrückt, wenn sie saubermachen mußte, mit ihm gemeinsam Bohnen geschnitten oder einkaufen gegangen – und das den ganzen Tag hindurch, vom Aufstehen bis zum Schlafengehen. Bald hätte der verwirrte Junge auch sein gespenstisches Reden und Phantasieren wieder aufgegeben, wäre zuerst recht still und abwesend gewesen und hätte nach und nach wieder Interesse an der Umwelt gezeigt. Nach einigen Wochen konnte der »Hebephrene« wieder die Schule besuchen. Vor nicht allzu langer Zeit habe ich ihn wiedergetroffen – als üppig verdienenden Zahnarzt mit Luxuspraxis in der Innenstadt.

Was sollte ich aus diesen Erzählungen schließen? Offenbar genügte es bei psychischen Störungen, ein wenig gesunden Menschenverstand zu haben – Therapeuten brauchte man dazu nicht. Ich kannte natürlich auch niemanden, der eine Therapie machte. Eine Ausnahme war ein jüngerer Mann aus Innsbruck, den wir während der Sommerferien kennenlernten; er war Psychologe, sehr religiös und machte offenbar irgendeine katholische Psychoanalyse. Zu meinem großen Erstaunen erzählte er uns, daß längst nicht alle psychisch gestörten Menschen neurotisch seien; häufig sei auch der Teufel im Spiel, weshalb er sich seine therapeutische Arbeit öfters mit der eines guten Exorzisten teile. Obwohl ich der katholischen Welt damals noch kaum entwachsen war, hielt ich dies denn doch für puren Unsinn und buchte – als aufgeklärte Weltstädterin – die ganze Angelegenheit (wohl nicht zu Unrecht) zu Lasten der berüchtigten dumpfen Tiroler Klerikalität.

Nein, im damaligen Österreich der Nachkriegszeit war über Psychotherapie wirklich nicht viel zu erfahren – noch heute wundere ich mich, daß ich meinen Wunsch danach überhaupt entwickeln konnte.

Den Abschluß jener ersten Phase meines Psychotherapiewunsches bildete eine staatlich verordnete Berufsberatung. Dabei hatte ich nun (nachdem wir in der Klasse vier oder fünf Stunden lang getestet worden waren) den ersten persönlichen Kontakt mit einem lebendigen Psychologen: ein recht enttäuschendes Erlebnis.

Nach Durchsicht meiner Akte teilte er mir mit, daß ich – meiner guten verbal-logischen Begabung gemäß sowie in Einklang mit meinem Interessenprofil – ohne weiteres Psychologie studieren könne. Aber auch Jura und Naturwissenschaften kämen in Frage, obwohl letzteres eben mit meinem Interessenprofil schon nicht mehr so recht harmoniere. Von Mathematik und Physik müsse er mir abraten – die dazu erforderliche Höchstbegabung besäße ich trotz guter Durchschnittsleistungen in jenen Gebieten nicht. Ich war verblüfft, daß zur Erteilung dieser Auskünfte so viele Tests nötig gewesen waren. Dies alles hätten ich oder meine Lehrer ihm doch genausogut mitteilen können?! Auch ein Blick in meine Schulzeugnisse hätte vermutlich genügt...?

Als noch ungeschickter erwies sich das sicher freundlich gemeinte anschließende längere Gespräch, das er mit mir als zukünftiger »Kollegin« über die Art meiner Lektüre führte. Als ich ihm voll Begeisterung vom eben entdeckten V. Frankl erzählte, lächelte der junge Mann, der vermutlich gerade seine Karriere als Testdiagnostiker begonnen hatte, nachsichtig und meinte, daß Frankl aber »gar nicht wissenschaftlich« sei. Als ich ein wenig unsicher auf meiner Begeisterung beharrte, meinte er abschließend: »Na ja, Sie sind ja auch gerade in der ›philosophischen Phase‹!« Als ich jene Bemerkung daheim überdachte, überfiel mich tiefe Verzweiflung. Ich fühlte mich nicht ernst genommen; schlimmer noch: ich verachtete mich plötzlich selbst. Waren alle meine geistigen Aufschwünge und Ekstasen also nur eine Art von vorübergehender Krankheit? Ich weinte lange und verzweifelt.

Als ich viele Jahre später zum ersten Mal mit den Ideen von C. Rogers bekannt wurde, verstand ich gut, was ihn ursprünglich zu seiner Ablehnung von Diagnostik und Bewertung getrieben hatte; mein kleines psychologisches Anfangserlebnis blieb mir ein hilfreicher Wegweiser.

Aus der Erfahrung mit mir selbst und anderen lernte ich immer deutlicher zu sehen, daß Urteile und Bewertungen – zur unrechten Zeit abgegeben – nichts bewirken als Abwehr, das traurige Gefühl, mißverstanden zu werden, oder auch einfach das Gefühl von Ratlosigkeit. Dadurch vorgewarnt, habe ich, wie ich meine, einige der schlimmsten Fallen dieses Berufes oft vermieden.

Meine Motivation, Psychotherapeutin zu werden, wurde durch das Studium gründlich zerrüttet. Ich will hier nicht die vielen Einseitigkeiten eines fast rein positivistisch-naturwissenschaftlichen Studiums anklagen; sie sind hinlänglich bekannt. Wollte ich mich in der »scientific community« des Wiener Psychologischen Instituts behaupten, dann mußte ich diesen Wunsch fast ganz vergessen. Natürlich fand ich im Psychologiestudium nichts von dem, was ich suchte. Ich besuchte daher viele Philosophievorlesungen, studierte Geschichte und Kunstgeschichte und lernte die vielen physiologischen Daten, die man in Wien zum Psychologiestudium brauchte, gelangweilt auswendig. Irgendwann verließ ich das Institut als »Dr. Phil.« – und schwor mir, den Beruf eines Psychologen nie wirklich auszuüben. Psychotherapeuten aber stellte ich mir nun als recht merkwürdige, verschrobene und selbstverständlich – schlimmstes aller Schimpfwörter – »unwissenschaftliche« Menschen vor. Sie machten sich entweder – wie unser Ordinarius für Psychiatrie – über die Skurrilitäten ihrer Patienten lustig, um sie dazwischen mit E-Schocks und Psychopharmaka zu behandeln, oder: sie waren geistreiche Philosophen wie V. Frankl (den ich nun selbst hörte), dessen Therapie ich mir aber nie anders vorstellen konnte als gelehrte philosophische Diskurse. Zu beidem hatte ich wenig Lust.

Mein noch immer nicht nachlassendes Interesse »am Menschen« trieb mich in die Arme der Soziologie (und in die Arme eines Soziologen). Ich arbeitete als Berufsanfängerin an einem sozialwissenschaftlichen Institut und fand immer wieder einmal soziologische Lektüre, die mich dem nahebrachte, was mich interessierte.

Der Mensch als ein Wesen, das von konkreten gesellschaftlichen Kräften und Normen bis in seine innersten Erlebnisse hinein geformt wird: das war ein Aspekt, den sowohl meine katholisch-existentialistische als auch meine positivistische Vergangenheit mir nicht nahegebracht hatten. Beide begreifen ja den Menschen gewissermaßen als ein Abstraktum.

Schelskys Buch ›Soziologie der Sexualität‹ eröffnete mir hier völlig neue Denkmöglichkeiten. Bis vor kurzem hatte ich Sexualität als eine Art »Liebesgabe« Gottes an die Menschen oder als eine »hehre Verpflichtung zur Fortpflanzung«, die um Himmels willen nicht mißbraucht werden darf, anzusehen gelernt; eine soziologische Herangehensweise an das Phänomen Sexualität bedeutete gleichermaßen Schock und Befreiung.

Wenn Sexualität nämlich – je nach Gesellschaftsform, Klasse und Entwicklungsstand – unterschiedlich erlebt und praktiziert wurde, durfte es dann die uns eingebleuten allgemeinen Moralgesetze in diesem Bereich wirklich geben?

Eheschließung und Umzug nach Bern brachten es mit sich, daß ich nun begann, meinen Beruf vor allem als »Broterwerb« zu betrachten. Ich arbeitete als Betriebspsychologin bei der Schweizerischen Post (arbeitete dort neue Eignungstests aus!) und bewarb mich schließlich ohne besonderen Ehrgeiz auf die Stelle einer Schulpsychologin. Daß mein Beruf meine ursprünglichen Interessen befriedigen könnte, erwartete ich längst nicht mehr. Meine ursprünglichen Interessen waren, um ehrlich zu sein, auch irgendwie geringer oder flacher geworden – wahrscheinlich war eben die »philosophische Phase« wirklich vorbei. Ich las kreuz und quer, meistens Belletristik und Essayistik, ein wenig Philosophisches, und nur mehr selten nahm ich ein Buch über Psychologie zur Hand.

Erste Wegweiser

Warum aber bin ich nun doch Psychotherapeutin geworden? Meine neue Stelle faszinierte mich vom ersten Augenblick an: Ich erfuhr wieder etwas über Menschen, was andere nicht hören – wie hinter dem Vorhang unseres alten Wohnzimmers. Zwar war die Problemstellung damals in einer schweizerischen schulpsychologischen Beratungsstelle für höhere Schulen (sie nannte sich etwas irreführend »Akademische Berufsberatung«) eher eintönig: Schlechte Gymnasiasten wollten beraten werden, ob sie nun doch noch weitermachen oder einen nicht-akademischen Beruf ergreifen sollten; gute Sekundarschüler wollten wissen, ob es für einen Wechsel an das Gymnasium »wohl lange«, und Abiturienten wollten wissen, welches Studium/Beruf sie wählen sollten. Dies beinhaltete viel individuelle und allgemeine Informationsvermittlung, endlose Testung und schließlich die »Abschlußberatung«. Die geheiligte Institution des Berner Gymnasiums mit seinen recht standesbewußten »Gymnasiallehrern« wurde natürlich nicht angetastet, institutionelle Veränderungen waren nicht denkbar; die

22

Beratung war ganz auf den Individualfall abgestimmt – die Schüler paßten sich der Schule und ihren Lehrern an –, bestenfalls konnte man den einen oder anderen Lehrer dazu beschwatzen, den Pubertätslaunen eines Schülers ein wenig mehr Verständnis entgegenzubringen.

Auch unsere eigenen Kategorien zur Schülerbeurteilung bewegten sich noch weitgehend im altväterlich-pädagogischen Bereich: Die zwei wichtigsten Dimensionen waren Begabung/Unbegabung und Faulheit/Fleiß. Jeder Schulerfolg bzw. -mißerfolg konnte auf eine Kombination dieser beiden zurückgeführt werden. »Er (sie) könnte, wenn er (sie) nur wollte« war auch bei uns Psychologen eine häufig gebrauchte Diagnose, der wir Erklärungswert unterstellten. Für die Berufsberatung im engeren Sinn gab es dann noch »die Interessen« als dritte wichtige Dimension. All dies schien mehr oder weniger angeboren und unverrückbar, wenngleich wir natürlich wußten, daß dies zumindest beim »Fleiß« nicht wirklich der Fall sein konnte. Zwar machten wir neben den endlos langen Intelligenz- und Begabungstests auch immer wieder Persönlichkeitstests – ich kann mich aber nicht erinnern, daß wir als Team oder einzeln uns je besondere Gedanken gemacht hätten über den Zusammenhang von Lernmotivation und den verschiedenen Skalen in Persönlichkeitstests.

Dies alles klingt (hoffentlich!!) gewiß schrecklich für moderne Psychologen. Ich wage trotzdem zu behaupten, daß eine Reihe von Jugendlichen an unserer Beratung nicht nur Gefallen, sondern dort sogar Hilfe gefunden haben. Ich selbst weiß, daß ich sehr schnell die (fast unverrückbar feststehenden) Testereien mit ihren Ergebnissen als Pflichtübung betrachtete und mich auf das Gespräch konzentrierte. Bei individuell zu applizierenden Tests habe ich, ohne es zu wissen, auch so etwas wie eine »Verlaufsdiagnose« gemacht. Die Gespräche mit Jugendlichen und Eltern selbst aber nahmen einen immer breiteren Raum ein. Ich lernte bald, die widersprüchlichsten Testergebnisse blitzschnell so umzuinterpretieren, daß sie dem entsprachen, was ich intuitiv durch das Gespräch erahnt hatte, oder in solche Ergebnisse umzumünzen, von denen ich annahm, daß sie eine konstruktive Wirkung auf den Jugendlichen haben könnten. Ich vermute, daß ich dadurch manch allzu argen Unfug vermieden habe. Das, was ich später in der Therapie als meine »Aggressionshemmung« verachten lernte, wirkte sich bei dieser Form der Beratung vermutlich ganz gut aus: Ich wollte keinem weh tun, vermitteln, trösten und beliebt sein. Nach wie vor denke ich, daß dies bei manchen Formen der Beratung (zumal bei eher oberflächlich konzipierten) oft besser ist als eine »ehrliche« Diagnose, Konfrontation u. ä. m. Natürlich gelang es mir aber nicht, dies nach verschiedenen Personen und Situationen zu differenzieren, und so habe ich sicher auch manche Beratungschance verpaßt.

Auf jeden Fall aber wurde durch die (immer länger werdenden) Beratungsgespräche wieder angeknüpft an meine kindlich-jugendliche Neugierde auf das, was bei anderen vorgeht: offen oder heimlich, bewußt oder unbewußt. Schon damals habe ich – bar jeder Kenntnis der neuesten Literatur – intuitiv so etwas Ähnliches entwickelt wie verhaltenstherapeutische Analysen und Methoden und habe darüber auch publiziert. Ich wollte immer alles »ganz genau« wissen, und so ließ ich mir bei jedem Problem immer wieder viele konkrete Situationen schildern und verlangte von Jugendlichen auch immer wieder das »Ausprobieren« neuer Verhaltensweisen, damit sie sehen könnten, »was dabei herauskommt«. Dies war auch später mein sozusagen »natürlicher« Zugang zur Verhaltenstherapie – im Grunde hatte ich ihn schon »erfunden«. Ich habe während der ersten Monate meiner neuen Berufstätigkeit jedem neuen Klienten buchstäblich entgegengefiebert – jeder brachte mir neue und interessante Informationen über sein Leben; der Beruf erschien mir wie das unaufhörliche Blättern in einem spannenden Buch. Ich habe zuerst vor allem rezipiert und wenig analysiert. Auch dies ist vermutlich einigen Klienten ganz gut bekommen. Kollegensupervision oder gar irgendeine »offizielle« Supervision gab es damals nicht; jeder suchte sich seinen eigenen Weg und ich hatte oft panische Angst, mein »Chef« (den ich fürchtete!) werde entdecken, wie wenig »wissenschaftlich« alles war, was ich trieb. Bei Gesprächen mit ihm habe ich daher jeweils gelogen, was das Zeug hielt. Nur einem später dazugekommenen gleichrangigen Kollegen brachte ich nach einiger Zeit ein wenig mehr Vertrauen entgegen. Im Grunde aber wußte keiner so recht, was der andere trieb.

Bald aber genügte mir das Anknüpfen an meine mehr oder weniger kindliche Neugierde nicht mehr. Zwar war es nicht mehr mein leidenschaftlich abstraktes Interesse für die Bewegungsgesetze »des Menschen an sich«, das mich nun umtrieb – aber immerhin hätte ich doch gerne gewußt, warum z. B. der zweifellos intelligente und interessierte Fritz B. ein solch eklatanter Schulversager war, und ob diese merkwürdig verschrobene Besserwisserin von Mutter damit etwas zu tun haben könnte. Und war das übertriebene Interesse, das Ruth ihren verschiedenen männlichen Klassenkollegen widmete, in irgendeinen Zusammenhang zu bringen mit ihrer heftigen Ablehnung, die väterliche »Christliche Buchhandlung« zu übernehmen? Es gab vieles, was bedenkenswert war – aber während meines nun schon lange zurückliegenden Studiums hatte ich nie gelernt, über reale Menschen anders als in Alltagspsychologie oder auch in moralischen Termini nachzudenken. (Noch immer wußte ich hingegen einiges über die Funktionen von Cortex und Stammhirn sowie über die Entwicklung des Gehirns von den niederen Säugetieren bis hinauf zum Menschen.)

Und so entdeckte ich als erstes die Sprache der projektiven Tests, vorzugsweise des Rorschach-Tests. Diese Teste waren in der Beratungsstelle vorhanden, wenngleich sie nicht allzu häufig verwendet wurden. Die heterogene Begrifflichkeit dieser Tests läßt zwar den Theoretiker erschauern – aber ich fand darin doch – in kasuistischer Weise lernend – einige brauchbare Konstrukte, um Beziehungen herzustellen sowohl zwischen den Bereichen verschiedener Klienten als auch innerhalb ihrer eigenen oft unbegriffenen Erlebens- und Verhaltensweisen.

Ich habe mir über den Rorschach-Test nie eine solide Meinung gebildet. Ich habe ihn aber als flexibles Instrument, das mir Ideen und Leitlinien in der Beratung liefern konnte, schätzen gelernt. Auch mit »windigeren« Methoden wie etwa dem Wartegg-Test oder dem Baum-Text wußte ich etwas anzufangen. Eine Art Privatvalidierung ermöglichte es mir nach einiger Zeit, die darin ausgedrückten Elemente in den Gesprächen wiederzufinden, und später, sie aus den Tests heraus zu vermuten. Die Unterschätzung projektiver Tests habe ich daher nie mitgemacht. Auch jetzt noch glaube ich daran, daß ein auf viel

Erfahrung fundiertes Umgehen mit projektiven Methoden (sowie natürlich auch der Einbezug von Mimik, Gestik und Sprachqualität) ein hilfreiches Handwerkszeug für den Psychologen sein kann. Der Schritt von einer solcherart betriebenen Diagnostik und Beratung (die oft immer mehr den Charakter therapeutischer Gespräche annahm) zur Therapie war nicht weit.

Immer wieder aber hatte ich anzukämpfen gegen eine mir vorgegebene Begrifflichkeit, die mich als Psychologin verwirrte. Die mir tradierte Alltagspsychologie aus einer vorwiegend katholisch-moralischen Welt mit österreichisch-zynischen Glanzlichtern hat heutzutage sicher nurmehr für wenige Psychologen Relevanz. Jüngere Kollegen aus anderen Kulturkreisen haben ganz andere Kategorien mitbekommen und müssen sich dieser distanzierend klarwerden, damit sie nicht unreflektiert in ihre Beurteilung anderer Menschen einbrechen. Der Prozeß aber ist – ungeachtet des Inhalts – wohl der gleiche. Er ist, wie ich meine, nicht dem therapeutischen gleichzusetzen, er ist auch ein intellektueller; jeder Therapeut sollte ihn durchlaufen. In der eigenen Therapie wird dazu die emotionale Vorbedingung geschaffen – sie ersetzt aber nicht die geistige Auseinandersetzung, in der sich ein Therapeut sein Begriffsinventar schaffen muß. Für mich persönlich war die schwierigste Aufgabe die Entflechtung von psychologischen und moralischen Kategorien.

So gab es in meiner Kindheit z. B. viele sanfte, gute, edle Menschen, die alles geben und nichts für sich fordern: Diese waren Ideale christlicher Heiligkeit. Es fiel mir später ungemein schwer, sie als »aggressionsgehemmt und masochistisch« zu denunzieren. Oft hatten solche Menschen im Leben ungeheuer viel »Pech«: Sie wurden von ihren Partnern in übelster Weise ausgenutzt und sitzengelassen, ihre Freunde verdrückten sich, ihre Kinder kümmerten sich nicht um sie. Nur mit Mühe gelang es mir zu sehen, daß sie alle diese Verhaltensweisen auch provoziert hatten, daß sich in der Wahl ihrer Partner oft schon das pathologische Verlangen nach Demütigung ausdrückte u. ä. m.

Verkompliziert wurde das Ganze noch durch die vertrackten österreichischen Salti in meiner Seele. Denn natürlich konnte ich mich auch amüsieren über jenes katholisch-heile Menschenbild, und auch für dieses Amüsement hatte ich viele Begriffe mitbekommen.

So waren jene edlen Heiligenfiguren natürlich nicht nur anbetungswürdig. Häufig waren sie auch »fad« und »uncharmant«. Der »Pep« des Bösen fehlte ihnen, und so mied man ihre Gesellschaft in gewisser Weise. Daß sie so oft »fad« waren und wenig vom beliebten bösartigen Wiener »Charme« besaßen, war aber wiederum schwer zu erklären. War dies ein Zufall? – Oder mußte man argwöhnen, daß es einen Zusammenhang zwischen dem Phänomen der Sanftheit und der »Fadheit« gab? Natürlich vermutete man das und drückte sich daher hinter vorgehaltener Hand grinsend auch dementsprechend despektierlich aus.

Es war also beileibe kein glattes und leicht durchschaubares System, in dem ich mich bewegte. Es war in vieler Hinsicht doppelbödig und vermutlich aus diesem Grunde besonders anregend für eine künftige Psychotherapeutin. In jener Zeit aber spürte ich vor allem den Mangel.

Weder reichte mir auf die Dauer das beschränkte Testvokabular, noch war ich nunmehr zufrieden mit der Erteilung meiner vielen »Ratschläge«, um die ich mich schließlich nicht drücken konnte. Ich hatte inzwischen auch wieder ernsthaft zu lesen begonnen.

Und so wählte ich eines Tages die Nummer eines bekannten Berner Psychoanalytikers und bekam – oh, wunderbare vergangene Zeiten! – für den übernächsten Tag einen Termin.

Es fällt mir – rückblickend – schwer, meine Motivation zu bewerten. Lange Zeit hindurch hatte ich eine Art »schlechtes Gewissen«, weil ich mich »nur« aus Interesse in die Geheimnisse und das Leben anderer Menschen einschleiche. Es beruhigte mich, als mir unlängst ein sehr erfahrener Therapeut sagte, er hätte noch nie einen guten Therapeuten gesehen, der sich nicht dauernd voll Neugierde um die Biographie anderer kümmere – im privaten Gespräch, in der Vorliebe für bestimmte Literatur. Auch für mich sind die Einzelheiten eines jeden Lebenslaufes im Zweifelsfalle wichtiger und interessanter als Theorien; ich behalte sie für lange Zeit im Gedächtnis, und immer wieder verblüffe ich alte Freunde und Schulkolleginnen mit Detailkenntnissen ihrer Vergangenheit.

Sollte aber der Motivation zum Therapeutenberuf nicht doch ein wenig mehr vom Helferdrang beigemischt sein? Zwar ist jener seit Schmidbauers Buch ›Die hilflosen Helfer‹ arg verunglimpft worden; ich aber denke, daß es vermutlich doch auf eine ausgeglichene Mischung von Interesse und Hilfsbereitschaft ankäme. Ich selbst spüre, daß mein vergleichsweise geringer Anteil an letzterem es mir verbietet, Klienten anzunehmen, die allzuviel fordern, z. B. psychotische Klienten. Ich habe mich der Unersättlichkeit mancher Klienten, die auch noch brieflich und telefonisch meine Aufmerksamkeit forderten, immer mit mehr oder weniger schlechtem Gewissen entzogen. Nach wie vor empfinde ich dies nicht für *alle* Klienten als vorteilhaft. Es belastet mich aber allzusehr, wenn Klienten auch noch an meiner kargen Freizeit knabbern oder sich intensiv um mich als Privatperson bekümmern – deshalb gehe ich darauf relativ selten ein.

Ist dies wirklich eine gute Motivation, Psychotherapeut zu werden? Ich weiß es nicht genau, aber ich denke, daß mein eigener Lebensweg zurück an die Universität, obwohl ursprünglich nicht so geplant, einiges korrigiert hat. Ich bin gerne Psychotherapeutin – ich weiß aber nun sehr genau, daß ich nicht mehr gut imstande wäre, diesen Beruf ganztägig zu praktizieren.

Zickzackwege durch den Bücherwald:
Lernen durch Literatur

Kann man Therapie durch Literatur lernen? Wird man ein besserer Therapeut, wenn man viel gelesen hat? Oder sind es doch nur »therapeutische Begabung« und Erfahrung, die dazu nötig sind?

Da ich nicht vorhabe, ein wissenschaftliches Buch zu schreiben, fühle ich mich zu keinerlei Objektivität verpflichtet – ich möchte nicht einmal »nachprüfen«, ob meine damalige Rezeption der für mich wichtigen Bücher wirklich stimmt. Diejenigen, die ich als wegweisend für mich ansehe, sind zum Teil – objektiv betrachtet – marginal; ich weiß dies inzwischen. Ich will aber meinen Zickzackkurs durch die Literatur nicht nachträglich korrigieren.

Was ich durch das Lesen für mein therapeutisches Handeln profitiert habe, kann ich schwer sagen. Kategorien zur Realitätserfassung bilden sich oft unmerklich, und man weiß gar nicht, welches Buch dabei etwa mitgewirkt haben mag. Es gibt aber auch plötzliche Erkenntnisse durch Literatur, wodurch man Erfahrungen sehr bewußt neu ordnet. Diese Art der Neustrukturierung ist mir – wie ich für mich meine – durch das Lesen eher selten passiert. Eigene therapeutische Erlebnisse markierten diesen Prozeß meist dramatischer.

Meine ersten vagen und tastenden Versuche im Lesen waren, wie ich beschrieben habe, von meinen philosophisch-anthropologischen Interessen geleitet. V. Frankl war dabei die geradezu ideale Lektüre für mich. Ich las alles, was mir in die Hand geriet: ›Logos und Existenz‹ gefiel mir am besten. Allerdings konnte ich darin nicht erkennen, was Therapie nun eigentlich ist. (Ich nehme an, daß Frankls frühe Bücher dies tatsächlich nicht recht erkennen lassen.)

Getreu meiner streng katholischen Erziehung und der dadurch gelenkten Interessenrichtung auf religiösen Existentialismus (Gabriel Marcel, Paul Claudel u. ä. m.) gelangte ich von V. Frankl zu Igor Caruso und Wilfried Daim. Letzterer war ein Wiener Psychoanalytiker, dem ich in einem privaten Zirkel begegnen durfte und dessen Buch ›Umwertung der Psychoanalyse‹ ich knapp vor dem Abitur sehr genau las. Ich entnahm ihm, daß es zwischen dem von Freud entdeckten »Über-Ich« und dem »Gewissen« einen Unterschied gibt, wobei letzteres eine metaphysische Instanz darstellt, während das profane Über-Ich nur die internalisierte Stimme des Vaters ist. Das Gewissen aber ist das »Sprachrohr Gottes zu den Menschen«, und nur irdisch-triebhafte Menschen haben verlernt, die Stimme Gottes zu vernehmen. Therapie besteht nach W. Daim darin, sich langsam dieses Sprachrohres wieder bedienen zu lernen. Ich war erstaunt ob dieser feinsinnigen Unterscheidung und konnte mir nur Vages darunter vorstellen. Jahrelang aber bin ich beim Wort »Über-Ich« zusammengezuckt, als wäre es etwas irgendwie Obszönes. Ich vermute, daß ich es vor allem mit sexuellen Verboten assoziiert habe, während das Gewissen mir eben hätte sagen müssen – ja, was denn eigentlich? – irgend etwas, das mit dem Sinn meines Lebens, also mit etwas, das das »noetische Ich« (nach Frankl) betraf, zusammenhing. Meine Verwirrung war groß, ich fühlte aber Erhabenes.

Daims Erklärung der Neurose fiel auf einen durch Klosterschule und Katholische Jugend gut vorbereiteten Boden. Der neurotische Mensch nimmt, nach Daim, das Irdische für absolut. Heilung besteht darin, daß er das Irdische relativiert und nur Gott als das Absolute zuläßt. Dies war mir vertraut – durch vielerlei Gebete und Kirchenlieder. Darunter konnte ich mir viel vorstellen, z. B. auch die schöne Strophe:

> »Wir stolze Menschenkinder
> Sind eitel arme Sünder
> Und wissen gar nicht viel;
> Wir spinnen Luftgespinste
> Und suchen viele Künste
> Und kommen weiter von dem Ziel.«

Übrigens erscheint mir jener Gedanke – der religiösen Sprache entkleidet – auch heute noch vernünftig. Natürlich ist der Neurotiker (unter anderem) einer, der sich an irgend etwas fixiert und es für übertrieben wichtig hält. Im religiösen Gewand klingt diese Trivialität aber viel schöner.

Das Buch von Caruso (›Psychoanalyse und Synthese der Existenz›), der damals, wie ich glaube, noch keine marxistischen Ideen hatte, beeindruckte mich sehr viel weniger. Ich dachte zuerst, Caruso hätte von Daim einiges abgeschrieben (während es vermutlich umgekehrt war!), und konnte den sehr viel eigenständigeren und tiefsinnigeren Ideen Carusos daher nichts Neues mehr abgewinnen. So habe ich mich leider oft von Wissenswertem abgeschnitten – war etwas nicht neu und interessant genug, legte ich es oft für den Rest meines Lebens beiseite. Bis jetzt habe ich daher nie mehr etwas von Caruso gelesen, obwohl ich denke, daß es lohnen würde.

Mein starkes Interesse für philosophische Lektüre (ich saß stunden- und tagelang in der Universitätsbibliothek und las Jaspers, Heidegger und Nietzsche) sowie die spezifisch positivistisch-physiologische Form der Psychologie, die wir im Wiener Psychologischen Institut zu lernen hatten, verhinderten für lange Zeit tieferes Eindringen in die Sphäre der Psychopathologie oder Therapie.

Vielleicht ist es nicht unwichtig, jener gerade in Wien merkwürdigen Lücke zu gedenken, die sich vor mir auftat, ohne daß ich es richtig merken konnte: Es ist das mangelnde Interesse für Tiefenpsychologie, die fast völlige Unkenntnis der Schriften Freuds. Zwar gab es die zweistündige Vorlesung eines Freudianers in irgendeinem abgelegenen Hörsaal der Universität. Dieser junge Mann aber war, ähnlich seinem großen Meister, »nur« Privatdozent und hatte selbstverständlich keinen Zugang zu den geheiligten Räumen des Instituts. Aus alldem muß ich wohl geschlossen haben, daß es sich bei der Befassung mit Freud um ein eher skurriles Hobby handelte – ähnlich etwa den vielen kleinen historischen Vorlesungen über die Geschichte eines abgelegenen Winkels Altösterreichs in irgendeiner längst vergangenen kurzen Epoche. Ich besuchte diese Freud-Vorlesung auch ein oder zwei Semester lang (der Hörsaal war nicht gerade voll) und hörte die nicht sehr eloquent vorgetragenen Ideen Freuds nur mit distanziert-freundlichem Interesse an. Ich erinnere mich nicht, daß ich damals je zu einem Buch Freuds gegriffen habe.

Denn für uns Wiener Psychologen galten ein paar Sätze aus dem Rohracher-Lehrbuch: daß es unmöglich sei, das Unbewußte zu beweisen, da es ja seiner Definition nach eben nicht bewußt werden könne; werde es bewußt, dann sei es aber eben nicht mehr das Unbewußte.

Zwar wäre gegen die Annahme eines Unbewußten an sich nichts einzuwenden; es bestünden aber doch erhebliche Zweifel, ob es sinnvoll sei, zwischen das bewußte psychische Erleben und dessen organischer Grundlage noch ein »Unbewußtes« einzuschieben. Die Annahme unbewußter seelischer Prozesse brächte sicher sehr viel weniger Gewinn als die Erforschung der (sowieso unbewußten) organischen Grundlagen des Psychischen. Hierbei bestünde nämlich reale Hoffnung auf eine wirkliche Erklärung des seelischen Lebens.

Für mich und viele andere war durch diesen wissenschaftstheoretischen Unfug die Tiefenpsychologie erledigt. Ich glaube, daß es wohl einige geheime Tiefenpsychologiefans im Institut gegeben hat (man munkelte über sie wie über Verschwörer!) – als aber Privatdozent Walter Toman, ein Mitglied des Instituts, sich mehr oder weniger öffentlich in einer Vorlesung mit Tiefenpsychologie abgab, war er bald von der Bildfläche verschwunden. Ich weiß nicht, wie es sich wirklich zutrug: Die Sage ging aber, daß Rohracher ihn wegen »wissenschaftlicher Differenzen« als Assistenten entlassen oder weggelobt habe.

Ich bin sicher, daß es in Wien trotz des offiziellen Freud-Tabus Möglichkeiten gegeben hätte, sich praktisch und theoretisch mit Tiefenpsychologie auseinanderzusetzen. Ohne es getan zu haben, war für mich am Ende meines Studiums jedoch völlig klar, daß dies verlorene Zeit gewesen wäre: Es handelte sich ja um eine unwissenschaftliche, altmodische und (ich fürchte, auch dies hat noch eine Rolle gespielt) etwas obszöne Angelegenheit.

Ich habe mich, während ich dieses Buch konzipierte, bei einem älteren Wiener Psychoanalytiker erkundigt, ob meine eklatante Unkenntnis der Psychoanalyse wirklich objektiven Faktoren zugerechnet werden könnte? Er hat es bestätigt: Es fehlte im Wien der ausgehenden vierziger, der angehenden fünfziger Jahre (wie häufig in der Wissenschaft) die »mittlere Generation«. Nach dem Anschluß Österreichs an das »Großdeutsche Reich« im Jahr 1938 waren nur zwei Mitglieder des Psychoanalytischen Kreises in Wien geblieben (Aichhorn und

Winterfeld). Nach 1945 gab es eine langsame und mühevolle Aufbauphase, während der nur wenige junge Menschen den Wunsch verspürten, die Psychoanalyse wieder neu kennenzulernen. V. Frankl war, nach seiner Entlassung aus dem KZ, ein Einzelgänger geworden, der nicht den Ehrgeiz hatte, eine »Schule« zu bilden. Wenige Analytiker haben publiziert. Tatsächlich gehörten, wie man mir versicherte, die von mir entdeckten« Autoren Daim und Caruso zu den ersten und wenigen, die damals Bücher schrieben. Warum dies so war? Vermutlich ist – neben dem bekannten »Aderlaß« durch die Emigration – auch das restaurativ-kleinbürgerliche Klima im Nachkriegsösterreich dafür verantwortlich zu machen. Die Sozialistische Partei Österreichs hatte viel von ihrem progressiven Elan eingebüßt. Sie arrangierte sich mit ihren einstigen Feinden – der jetzigen »Österreichischen Volkspartei« –, deren Gründungsmitglieder oft noch als Vertreter der katholisch-faschistischen »Christlich-Sozialen« Partei die »Genossen« ins Gefängnis geworfen oder sogar (im Revolutionsjahr 1934) erschossen hatten. Von dieser Seite war also wenig zu erwarten.

Umsonst versuchte ich in meinem Gedächtnis nach therapierelevanter Literatur, die ich während der nächsten Jahre gelesen haben könnte, zu forschen. Ich glaube, es gab nichts, wenn man die intensive Befassung mit moderner Literatur und Biographien nicht auch als eine Art »Vorbereitung« oder »Fortführung« meines Interesses für andere Lebensformen, verschiedenartige Menschen etc. ansieht. Ich glaube, es beginnt erst wieder mit dem Studium verschiedenster Rorschach-Anleitungsbücher, die mich dazu anregten, über meine Klienten nicht nur im Alltagsstil nachzudenken.

Erst der Beginn meiner eigenen Lehranalyse jedoch öffnete mir nun endlich das weite Feld der Psychoanalyse. Wie in alten Schultagen lag ich nun abende- und wochenendlang auf meiner Schlafcouch und las alles, was mir in die Finger fiel und was die Berner Stadtbibliothek zu bieten hatte: Greenson und Rapaport, Karen Horney und Adler und natürlich vor allem Freud selbst. Den kaufte ich mir sogar trotz unseres durch die Analyse nun recht schmal gewordenen Budgets in einer wunderschönen Ausgabe.

Ich las all dies nicht viel weniger naiv als eine Gymnasiastin.

Da ich während meines Studiums nicht gelernt hatte, positivistische und nichtpositivistische Denksysteme voneinander zu unterscheiden und Kriterien für ihre Bewertung zu finden, verschlang ich nun alles ziemlich kritiklos. Überall entdeckte ich meine eigenen Neurosen sowie die meiner Angehörigen und Freunde. Fast jedem Buch konnte ich etwas abgewinnen, ohne jedoch wirklich imstande zu sein, Widersprüchliches gegeneinander abzuwägen. So begeisterten mich gleichermaßen Horneys Neuformulierung der Psychoanalyse wie Freuds Traumdeutung, und ich kam mir oft vor wie jener legendäre österreichische Richter, der nach vehement vorgetragener Anklage und Verteidigung jeder Seite »recht« gibt. Vom Staatsanwalt darauf angesprochen, daß doch nicht beide »recht« haben könnten, meint er nur sinnend: »Da haben S' auch wieder recht!«

Dieses naive Lesevergnügen war aber auch wirklich eine Wonne – ich fühlte mich am Beginn eines neuen intellektuellen Lebens und konnte wiederum Bücher »verschlingen«. Wenn ich trotzdem nicht imstande bin, über die Bedeutung dieser Lesefrüchte detailliert Auskunft zu geben, dann liegt dies vermutlich daran, daß ich vieles ganz emotional und ichbezogen konsumiert habe.

Am Beginn einer neuen intellektuellen Epoche ist es für viele Menschen wichtig, sich erst einmal auch emotional »einzuleben« in die neue Gedankenwelt. Mehr erlebend und assoziierend als scharf denkend habe ich daher erstmals die Tiefenpsychologie bewältigt. Erst vom Fundus des selbstverständlichen Wissens hebt sich ja das einzelne und das ein wenig oder stark Andersartige ab. Ich aber mußte mir erst einen Fundus schaffen.

Erstaunt war ich darüber, wie gut man Freuds klare Prosa lesen konnte – aus meinen Wiener Tagen hatte ich noch immer das Vorurteil genährt, es müsse sich bei ihm um einen schwer lesbaren, altmodisch-verzwickten Autor handeln, den man nur mit Hilfe von Wörterbüchern dechiffrieren könne. Mein eigenes Vergnügen erstaunte mich. Diese intensive Leseperiode dauerte fast bis zum Ende meiner Lehranalyse.

Karen Horneys Bücher ›Neue Wege in der Psychoanalyse‹ und ›Der neurotische Mensch in unserer Zeit‹ blieben aller-

dings ein wenig deutlicher abgehoben. Analog zu meiner ei
nen Lehranalyse, die sich mehr auf aktuelle Situationen als ...
dauerndes »Aufarbeiten der Kindheit« bezog, in der ich außerdem immer wieder fasziniert war von den wiederkehrenden
»Mustern« meiner Verhaltensweisen, fand ich bei ihr eben
diese Erlebnisse theoretisch verarbeitet. Ihre Idee, daß heutzutage nicht mehr der sexuell gehemmte Mensch der »typische«
Neurotiker sei, sondern derjenige, der sich scheue, Liebe und
Aggression zu zeigen, berührte mich ebenfalls. In meiner Umgebung fand ich viele Personen, die diesem Bild entsprachen.
Für mich selbst allerdings konnte ich diese Erkenntnisse noch
lange Zeit nicht verwerten.

Per Zufall fand ich in der Bibliothek das Buch eines mir natürlich gänzlich unbekannten Autors: Es war Joseph Wolpes
Buch ›Psychotherapy by reciprocal inhibition‹. Nach einem
Blick in das Inhaltsverzeichnis fand ich es hinlänglich interessant zum Mitnehmen.

Dies war mein Einstieg in die Verhaltenstherapie – wie ich
jetzt denke, ein wenig zu früh angesichts der intellektuell noch
mangelhaft bewältigten Psychoanalyse. Mein Analytiker betrachtete diese Lesefrucht denn auch gleich als eine neue Va-
riante meiner vielen gut ausgeklügelten »Widerstände«. »Mag
sein, daß er recht hat«, dachte ich dabei nur ungerührt, »trotzdem werde ich es mir nicht verbieten lassen, etwas Neues zu
lernen«. (Es war meine erste bewußte Distanzierung von einer
Seite vieler Psychoanalytiker, der ich wohl nie etwas werde abgewinnen können: dem Mißbrauch psychoanalytischer Konstrukte zur Verteidigung des eigenen Dogmatismus über die
Verobjektivierung des Gegners. Die Geschichte der Psychoanalyse ist bekanntlich voll davon, daß Analytiker in der Sach-
diskussion einander ihre »Widerstände« um die Ohren schlagen.)

Das Buch von Wolpe aber faszinierte mich. Anknüpfend an
einiges, was ich am Wiener Institut gelernt hatte (Experi-
mente!), brachte er es doch zustande, mit realen und lebendigen Menschen Therapie zu machen. Und wie schnell und erfolgreich dies alles zu laufen schien! Wie einleuchtend hier
einige schlichte Gesetzmäßigkeiten menschlichen Lernens an-
gewandt wurden! Ich bewahrte all dies sehr genau in meinem

Kopf und führte von da an eine Art doppelte Buchführung: Für mich persönlich galt es, unbewußte Motive zu erkennen, Fixierungen aufzuheben und Widerstände per freie Assoziation zu bearbeiten. Bei anderen schien so etwas eher Luxus – man konnte sie offensichtlich sehr viel schneller heilen, wenn man diesen ganzen Klimbim wegließ.

Die Übersiedlung nach Bochum zwang mich, nun die Analyse zu beenden. (Bis heute weiß ich nicht, ob sie »wirklich« zu Ende war – aber was heißt das schon?)

Während längerer Krankheit las ich einiges von C. Rogers, da ich Anschlußliteratur an Wolpe von meinem Bett aus nicht ausfindig machen konnte. Rogers hat mich nicht »umgeworfen«; ich hatte das Gefühl, viel davon bereits praktiziert zu haben – vor allem kamen mir die nichtbewertete Haltung sowie die Diagnosefeindlichkeit entgegen. Vieles von dem, was Rogers aussprach, hatte ich schon ähnlich empfunden, und ich freute mich, es nun von so kompetenter Seite formuliert zu finden. War Wolpe ein Schock gewesen – Rogers bedeutete ein angenehm-lauwarmes Bad. Beides aber lief mehr neben der Psychoanalyse als im Widerspruch dazu. Dies ist logisch natürlich schwer zu erklären – aber als Psychotherapeuten wissen wir ja, daß beileibe nicht die Logik alleine unser Denken bestimmt!

Die Versetzung in ein anderes Milieu – ich arbeitete in Bochum in einer studentischen Beratungsstelle der Universität – bedeutete ungemein viel neue Anregung. Sie ging – von F. Kanfer angeleitet – fast ausschließlich in die Richtung der Lerntheorie und Verhaltenstherapie. Ich hatte vieles nachzulesen. Das Wiener Psychologische Institut hatte den ganzen angloamerikanischen Behaviorismus in seinem offiziellen Programm sehr verkürzt dargestellt. Also las ich Skinner, hörte Vorlesungen über Lerntheorie u. ä. m.

Ich arbeitete mich zäh durch sehr viel der damaligen gängigen Verhaltenstherapieliteratur durch, wobei das wichtigste für mich Kanfers Artikel über Verhaltensanalyse war. Es fiel mir ungemein schwer, ihn zu verstehen. Die funktionale Betrachtungsweise war mir natürlich neu und fremdartig – Wolpes Buch kommt ja ohne dieses wichtige theoretische Netzwerk aus und verliert daher auch nie seinen »Kochrezeptcharakter«. Das schließlich aufgehende Verständnis für das Gemeinte aber bedeutete für mich über lange Zeit so etwas wie emotionale Geborgenheit. Ich hatte das Gefühl, auf dem »richtigen Dampfer« zu sitzen. Nun waren Wissenschaft und Leben endlich vereint – und ich konnte in meiner Arbeit täglich selbst ausprobieren, daß es »funktionierte«. Meine psychoanalytische Sozialisation vergaß ich allerdings nie ganz, und so wählte ich mir als Thema für einen Kongreßbeitrag – nach langer Zeit wieder die erste wissenschaftliche Arbeit – ›Die Rolle des Gesprächs in der Verhaltenstherapie‹. Ich habe damals viele Standardwerke durchgearbeitet (C. M. Franks, A. Yates, V. Meyer und E. Chesser etc.), unzählige Artikel gelesen und konnte auch noch den trockensten Berichten über therapeutische Methoden etwas abgewinnen. Da ich nun auch selbst therapeutisch arbeitete, fand ich immer wieder Anknüpfungspunkte an die Probleme meiner eigenen Klienten und probierte sehr viel Neues.

Ein Buch, das mir – obwohl (oder weil?) es nicht gerade zu den »wissenschaftlichen« in der Verhaltenstherapieliteratur gezählt wird – sehr gut gefiel und besonders viele Anregungen brachte, war Andrew Salters ›Conditioned Reflex-Therapy‹. Hier spürte ich etwas von der Wendigkeit und dem Phantasiereichtum, die den guten Verhaltenstherapeuten ausmachen können. Hier wurden Fallbeispiele so lebendig und detailreich dargestellt, daß man nicht, wie leider häufig in der Verhaltenstherapieliteratur, auf die Idee kommen konnte, man habe es mit »einer Phobie« oder »einem Tic« zu tun.

Eine Zeitlang interessierte mich neben der Verhaltenstherapie nichts anderes. Meine psychoanalytische Literatur hatte ich beiseite geschoben, die »Psyche« abbestellt; die Selbstgerechtigkeit psychoanalytischer Darstellung ärgerte mich nun; ich konzentrierte mich auf Symptome, die ihnen vorausgehenden Bedingungen, die sie aufrechterhaltenden Konsequenzen und las begierig über immer neue Methoden und Methodenvariationen.

Eine schwache Vorahnung künftiger Interessen allerdings ließ in mir Weizmans Artikel über ›Behavior therapy and psychotherapy‹ erstehen. Weizman, ein Analytiker, setzte sich darin in sehr differenzierter und auch kenntnisreicher Weise mit der Systematischen Desensibilisierung auseinander. Er versuchte Verbindungen zwischen dem analytischen und dem verhaltenstherapeutischen Setting zu finden und begann erstmals – schulenunabhängig – Mechanismen zu suchen, die den therapeutischen Prozeß vorantreiben. Ich empfand diese Art des Herangehens schon damals als sehr wohltuend gegenüber dem üblichen kenntnislosen Geschimpfe der Analytiker über die Verhaltenstherapie. Dieselbe besonnene Art der Auseinandersetzung habe ich viel später durch P. Wachtel kennengelernt! (Mit Schrecken erinnere ich mich bei dieser Gelegenheit jenes Kongresses, auf dem ich stotternd meinen Beitrag über ›Die Rolle des Gesprächs in der Verhaltenstherapie‹ hielt. Eine Meute von Berliner Analytikern fiel über mich her, und ich mußte nach einiger Zeit das Gefühl bekommen, nicht nur ignorant, sondern auch total verantwortungslos zu sein. Ein Kollege lief mir noch in den Vorraum nach und sagte mit unheilschwangerer Stimme: »Sie können die Leichen in den Keller stopfen, Frau Kollegin, aber der Gestank... der Gestank wird Sie Ihr Leben lang verfolgen.« Wie wohltuend empfand ich dagegen die beschwichtigenden Diskussionsbeiträge von P. Fürstenau, den ich bei dieser Gelegenheit näher kennenlernte.)

Das Buch von Miller und Dollard, das ich etwa zur gleichen Zeit las, beeindruckte mich zwar als geistige Leistung – aber anfangen konnte ich damit weniger. Die mühsame »Übersetzung« der wichtigsten psychoanalytischen Konstrukte in die Sprache der Lerntheorie erschien mir wenig sinnvoll. Viel Wesentliches schien dabei verlorenzugehen – ich konnte nicht sehen, daß mich dies als Therapeutin weiterbrachte.

Obwohl wir jungen, von Kanfer angeleiteten Verhaltenstherapeuten in dieser Zeit dauernd die »Wissenschaftlichkeit« unserer neuen Therapie herausstrichen, gestatteten wir uns doch sozusagen als geheimen und nicht ganz erlaubten »Lekkerbissen« die interessante Auseinandersetzung zwischen Eysenck und Breger McGaugh. Daß wir das, was wir in der Therapie als »Bekräftigung« oder »konditionierte Reaktion« bezeichneten, nicht holterdiepolter gleichsetzen konnten mit dem, was Pawlows Hunde und Skinners Tauben produziert hatten, erschien uns einleuchtend. Bei mir begann sich schon damals insgeheim Widerspruch gegen das Gerede von der »Wissenschaftlichkeit« zu regen. Wir überlegten aber nicht sehr viel weiter und praktizierten auch hier »doppelte Buchführung« – d. h.: wir sprachen weiter über unsere Klienten, als hätten wir sie »konditioniert«.

Als ich in New York an einem sehr berühmten College für Klinische Psychologie für ein Jahr ein Stipendium erhielt, konnte ich zu meinem Stolz feststellen, daß ich in der Literatur ganz und gar »up to date« war. Bei meinem damaligen Mentor, A. E. Bergin, lernte ich erstmals auf vorsichtige Weise, kognitives Material einzubeziehen in die Theorienbildung. Daß ich dies implizit in der Praxis immer schon getan hatte, war mir ursprünglich von F. Kanfer sogar ein wenig übelgenommen worden. Allerdings war er es gewesen, der mir – mit dem richtigen Spürsinn – den Platz bei Bergin verschafft hatte. Bei einem Treffen in New York erzählte ich Kanfer voll Begeisterung von meinen neuen Entdeckungen (ich schrieb für Bergins Seminar gerade an einem paper über ›Kognitiven Stil und die Systematische Desensibilisierung‹), was er ein wenig ambivalent quittierte: »Ich dachte mir, es würde dir dort gefallen – this cognitive stuff, . . . it's so European . . .«

Ich las viel über die ersten Versuche, die Systematische Desensibilisierung nicht nur kognitiv zu interpretieren, sondern auch experimentell darzustellen, daß die kognitive Bearbeitung als ein wesentliches Moment der therapeutischen Effizienz zu werten ist (Murray und Jacobsen, Valins und Ray etc.).

Wichtigere Lektüre in diesem Amerika-Jahr war aber zweifellos diejenige, die einem Bergin-Seminar über Persönlichkeitstheorien entwuchs. Als eines der Standardwerke wurde für mich bis heute S. Maddis ›Theories of Personality‹ wichtig, dessen Systematisierungskonzept ich meinem eigenen Denken unauslöschlich einverleibte. Das jeder Persönlichkeitstheorie zugrunde gelegte Einteilungsschema in »Core constructs« und »Periphery constructs« ist mir bis heute sehr hilfreich gewesen im Dickicht der verschiedenen Persönlichkeitstheorien. Diese Art des Denkens knüpfte erstmals wieder an meine philosophisch-anthropologischen Interessen an. Ich hatte nun eine gute Möglichkeit an die Hand bekommen, Persönlichkeitskonzepte zu bewerten. Das »Core-construkt« jeder Theorie verschmolz mir (zu Recht, wie ich auch heute noch meine) mit meiner ehemaligen Sehnsucht zu sehen, was den Menschen »im

Innersten zusammenhält«. Und wie Schuppen fiel es mir von den Augen, warum der Skinnersche Behaviorismus von diesem Postulat aus natürlich nie eine »echte« Persönlichkeitstheorie entwickeln konnte. Ich schwelgte in meinen Seminarreferaten im wissenschaftlichen Ausmalen dieser Tatsache und bekam vom freundlichen Professor Bergin jeweils sehr ermunternde Worte zu hören – nicht zuletzt auch wegen meines sich natürlich verbessernden Englisch.

Viele meiner späteren Überlegungen über Psychotherapie fußten auf diesem Ansatz – ich habe später mit großem Interesse die hinter dem therapeutischen Vorgehen steckenden impliziten und expliziten Vorstellungen von der menschlichen Persönlichkeit entdeckt. Auch von dieser Position her bin ich wertend an verschiedene therapeutische Schulen herangegangen.

Von den »großen« Persönlichkeitstheoretikern studierte ich vor allem G. Kelly. Wenn ich an meine amerikanische Studienzeit denke, sehe ich mich eigentlich vor allem vor den zwei dikken blauen Bänden von Kelly sitzen und eifrig über die verschiedenen Haupt- und Nebenthesen seines Systems Konzepte verfassen. Ich arbeitete auch ein wenig mit dem von Kelly entwickelten Gridtest, fand aber die Auswertung für meine Statistikkenntnisse zu schwierig (Computer gab es im Institut noch nicht) und begnügte mich mit irgendwelchen intuitiven Aussagen.

Ich kann nicht sagen, daß ich mit Kellys System – so, wie ich es verstand – sympathisierte. Es faszinierte mich seine Logik, und ich spürte, daß die Auffassung, der Alltagsmensch benehme sich eigentlich »wie ein Wissenschaftler« (hypothesenbildend und -verwerfend), in mir sehr viel ambivalente Gefühle erregte. Bis heute läßt mich übrigens dieses Thema nicht los, und in verschiedenen Publikationen habe ich versucht, überspitzte Positionen jenes Menschenbildes zu bekämpfen. Dies betraf und betrifft immer wieder meine Auseinandersetzung mit der Kognitiven Therapie.

Ich las in diesem Jahr – neuerlich als Studentin – natürlich auch eine ganze Menge anderer Literatur, vor allem die neuen Humanisten und Existentialisten, so z. B. Rogers, Maslow, Rollo May – aber von dieser ganzen Richtung wollte ich mich nun eigentlich distanzieren. Mein positivistischer Überschwang gebot mir, alle diese halbphilosophischen Werke nun ein wenig zu verachten. Ich fühlte mich zu sehr an meine katholisch-existentialistische Wiener Zeit erinnert, die ich doch endgültig überwunden haben wollte. Als ich viel später mit großem Vergnügen Russel Jacobys Buch ›Soziale Amnesie‹ las, wurde mir klar, daß es der »Sonntagsreden«-Stil der Humanisten ist, der mich besonders stört – ganz abgesehen natürlich von ihrer Tendenz, Gesellschaftliches zu individualisieren.

Nach Deutschland zurückgekehrt, galt ich nun als »Spezialistin für kognitive Verhaltenstherapie«, weshalb ich ein Jahr später auch als Siegerin aus einem Hearing für eine Assistenzprofessorenstelle in Berlin hervorging.

Ein Buch, das in jener Zeit für mich sehr viel Bedeutung erhielt, war das Buch von A. und K. H. Mandel über Verhaltens- und Kommunikationstherapie; voll Begeisterung verfaßte ich eine Rezension, in der ich bedauerte, das Buch nicht selbst geschrieben zu haben. Es beschrieb ja zum ersten Mal so etwas wie einen integrativen Ansatz – etwas, was mir als Sache schon längere Zeit präsent gewesen war, was ich aber nur schlechten Gewissens zu formulieren gewagt hätte (das Buch galt natürlich auch bei vielen Kollegen als »unwissenschaftlich«!).

Ich nehme an, daß viele Verhaltenstherapeuten 1972 ein ähnliches Erlebnis wie ich hatten, als sie Percy Londons Artikel ›The end of ideology in behavior therapy‹ in die Hand bekamen. Das »enfant terrible« der Psychotherapie hatte zugeschlagen, und ich freute mich spitzbübisch über seine Frechheit. Es war schließlich immer schwieriger geworden, unsere komplexen und komplizierten therapeutischen Interaktionen in das Prokrustes-Bett der engen lerntheoretischen Begrifflichkeit zu packen. Nun hatte einer offen ausgesprochen, daß wir Verhaltenstherapeuten es nicht mehr nötig hätten, uns mit dem geborgten Festkleid der »Wissenschaftlichkeit« pompös zu schmücken. Wir hatten jahrelang genügend oft bewiesen, daß wir gute Arbeit leisten konnten. Nun galt es, die dazu passende Theorie zu finden. Ich witterte Morgenluft und freute mich über neue Denkmöglichkeiten.

Die nächste Periode ist – von meinen Literaturerlebnissen

her – schwer zu beschreiben. Als Wissenschaftlerin liest man anders, als wenn man in der praktischen Arbeit steht. Die Vorbereitung auf Seminare sowie der Publikationszwang erschweren einen naiven Zugang zur Literatur. Ich weiß daher nicht mehr, welche wichtigen Leseerlebnisse ich meinen therapeutischen Interessen zu verdanken habe und welche einfach deshalb wichtig wurden, weil sie gerade gut zum Thema eines Artikels oder meiner Habilitationsarbeit paßten. Der unmittelbar persönliche Bezug ging mir damit verloren – um so mehr, als ich in der ersten Zeit meiner Universitätskarriere kaum mehr praktisch-therapeutisch arbeitete.

Wollte ich wichtige Leseerlebnisse jener Zeit nachvollziehen, dann müßte ich vermutlich die Literaturlisten meiner Publikationen nachsehen.

Im engeren Sinn hebt sich aber als »therapeutisch relevant« beim Zurückerinnern an die frühen siebziger Jahre nichts heraus als ein Artikel meiner Kollegin und Freundin Irma Gleiss. Dieser Artikel (›Verhalten und Tätigkeit‹) war für mich in einer Hinsicht relevant, die möglicherweise mit den Intentionen der Verfasserin nur wenig zu tun hatte. Mich interessierte dabei nämlich weniger die Begriffsklauberei um Leontjews Tätigkeitsbegriff versus den reaktiv-automatisierten Verhaltensbegriff. Was mich faszinierte, war ein schlichtes Beispiel (von dem ich übrigens denke, daß es mit den abgehandelten Begriffen gar nicht so viel zu tun hat): Es war das Beispiel eines aggressiven Kindes, das einerseits per »Konditionierung« dazu gebracht wird, andere Kinder nicht mehr zu verprügeln, und andererseits per Einsicht in eigene und gesellschaftliche Zusammenhänge, das Schlagen seinzulassen, wobei davon ausgegangen wird, daß das »Ergebnis« – von außen betrachtet – gleich aussieht. Zur damaligen Zeit war diese Art des Denkens bei den nichtanalytischen Therapeuten nicht selbstverständlich; für mich vertiefte es die Zweifel, ob wir uns wirklich immer wieder auf die Bastion »Verschwinden des Symptoms« (bzw. »unerwünschten Verhaltens«) zurückziehen konnten, wenn wir angegriffen wurden. Ich begann, mich mehr und mehr für den inneren Weg, die Erlebnisse, die zum Therapieerfolg führen, zu interessieren. In diesem Zusammenhang begann ich dann auch, ausführliche Gespräche über die bildhaften und kognitiven Abläufe bei Klienten, die mit Systematischer Desensibilisierung behandelt wurden, zu führen.

Die Verhaltenstherapie relativierte ich also unter dem Einfluß einer tätigkeitstheoretisch orientierten sowie einer kognitiven Theorie mehr und mehr. Ich wünschte mir Literatur zur »Integration« verschiedener therapeutischer Stile – aber ich konnte sie nicht finden. Mahoneys Buch ›Kognitive Verhaltenstherapie‹ ragt für mich daher sicher nicht nur deshalb heraus, weil es wegleitend für mein eigenes Buch über ›Kognitive Verhaltenstherapie‹ (in dem ich Meichenbaums Ansatz als Anlaß zu einer Bewertung des gesamten Konzepts nehme) war.

Langsam gab es einiges, das in Richtung »Integration« wegweisend wurde. Ich freute mich über Bastines Versuch, die allen Therapien gemeinsamen »Strategien« zu klassifizieren, während ich Lazarus' wildwuchernde Abkehr von jedem Versuch einer theoretischen Begründung dieser Integration ein wenig merkwürdig fand.

In jüngerer Zeit fand ich zwei Publikationen, die mich sehr beeindruckten. Das eine war Grawes Handbucharktikel über Indikation, das andere der hektographierte Aufsatz einer mir damals unbekannten Wiener Kollegin, Marianne Ringler, über die Verhaltenstherapie und die Therapeut-Klient-Beziehung.

Grawes gründliche Literaturübersicht nahm im Ergebnis etwas voraus, worauf ich schon längere Zeit intuitiv hinzielte: die Erkenntnis, daß möglicherweise der gute Therapeut derjenige ist, der flexibel handeln kann, also einer, der verschiedene Methoden beherrscht, die er je nach Kliententyp und Therapiephase einsetzen kann. Das Gerangel um die größere Effizienz dieser oder jener Schule war mir immer ein wenig lächerlich erschienen. Die Verdammung tiefenpsychologischer Schulen hatte ich fast nie mitmachen wollen. Sehr dogmatisch war ich in keinem der mir vertrauten therapeutischen Stile vorgegangen. Deswegen war mir der Gedanke natürlich auch sehr sympathisch, daß je nach Klient und/oder Symptom jeweils die eine oder die andere Vorgehensweise angebracht sei – und daß sie innerhalb eines einzigen therapeutischen Prozesses sich ändern könne.

Ähnlich war es mit dem Artikel von Marianne Ringler, der nun schon lange veröffentlicht ist (›Die Patient-Therapeut-Interaktion und ihre Beziehung zum therapeutischen Prozeß in der Verhaltenstherapie‹) und der seine Herkunft aus dem multidisziplinären Team rund um Strotzka (Wien) deutlich zeigt. In diesem Artikel gibt es eine Falldarstellung, in der sichtbar gemacht wird, wie eine bestimmte verhaltenstherapeutische Methode genau diejenigen pathogenetischen Mechanismen eines Klienten aktiviert, die ihn immer wieder zum Scheitern bringen. Dies war die Intitialzündung zu eigenen Überlegungen bezüglich der Wichtigkeit der Therapeut-Klient-Beziehung innerhalb eines spezifischen therapeutischen Settings, wobei eben das Setting selbst darüber entscheidet, welche Faktoren in dieser Beziehung aktiviert werden.

Der Klinische Kongreß 1980 in Berlin, der endlich auch die »offiziellen« Integrationsbestrebungen von Verhaltenstherapeuten und Gesprächspsychotherapeuten zum Ausdruck brachte, bedeutete für mich auch literarisch einen wichtigen Wendepunkt. So gibt es, meines Erachtens nach, im Kongreßbericht eine große Fülle sehr lesenswerter Artikel.

Mehr und mehr versuche ich, unter dem Einfluß einer Balint-Gruppe stehend, auch an psychoanalytische Lektüre wieder anzuknüpfen. Ich lese ziemlich viel gerade auch über die neueren Entwicklungen in der Psychoanalyse (obwohl mir das Wort »Narzißmus« nun schon bald bei den Ohren herauswächst); ich lese es in kritischem Respekt und hoffe, in den nächsten Jahren auch Erkenntnisse der Psychoanalyse in mein eigenes therapeutisches Denken und Handeln wiederum integrieren zu lernen.

Die große Reise:
Lernen durch Klienten

Spähtrupps aussenden, Fährten legen

Meine ersten Klienten waren, wie beschrieben, meine »Beratungsfälle« in der schulpsychologischen Beratungsstelle. Da man in der Schweiz Anfang der sechziger Jahre auch als Psychologe noch recht konservativ dachte, wurden mir als Frau vorwiegend junge Mädchen geschickt. Vor allem die Abiturientinnen sollten von mir beraten werden – ich glaube, häufig haben sie das auch von sich aus gewünscht. Diese Aufteilung nach Geschlechtern (die sich aber nicht ganz streng durchhalten ließ) hatte keinen einsehbaren, irgendwie psychologisch durchdachten Grund. Wir nahmen einfach an, daß junge Mädchen einer Frau gegenüber »mehr Vertrauen« haben würden. Da wir vorwiegend alltagspsychologisch dachten, gab es keine – fachlich geleiteten – Überlegungen für eine spezielle Überweisungstechnik.

Es war damals nicht unüblich, ohne berufsqualifizierende Vorbereitung als praktischer Psychologe zu arbeiten. Nicht nur hatten wir als Berufsanfänger keinerlei Erfahrung (Praktika während des Studiums waren weder verpflichtend noch gewünscht!) – wir hatten auch nicht gelernt, mit den auf uns zukommenden Erfahrungen reflektierend umzugehen. Niemand schien dies für nötig zu halten. Ich erinnere mich einiger Gespräche mit einem jüngeren Psychologieprofessor in Bern: Er hatte einmal für kürzere Zeit in einem Erziehungsheim für verwahrloste Jugendliche gearbeitet und gab gerne und vergnügt plastische Schilderungen seiner »Praxis« – etwa, wie er aggressive Jugendliche »therapiert« habe; er hatte ihnen, so gab er an, mit fester Stimme befohlen, kopfüber am Ast eines Baumes hängen zu bleiben, solange sie es eben vermöchten (»dadurch wird deine Wut gelockert und aus dem Mund herausfallen«). Diese – manchmal ganz erfolgreichen – Prozeduren bei jungen Verwahrlosten wurden aber nicht etwa daraufhin betrachtet, was denn nun tatsächlich den Erfolg bewirkt haben mochte oder welche Art von Erfolg hier erzielt worden war. Nein, solche Schilderungen dienten vorwiegend der Darstellung einer Psychologenpraxis, der man nichts anderes unterstellte als mehr oder weniger bewußte Scharlatanerie. Gescheit war, wer seinen eigenen Lügen nicht glaubte. Natürlich wollte ich gescheit sein – aber konnte ich mich wirklich der Scharlatanerie bezichtigen angesichts meiner sehr ernsthaften und interessierten Bemühungen um die sich mir anvertrauenden jungen Leute? Insgeheim verachtete ich mich meiner Berufstätigkeit wegen; ich hatte das Gefühl, dies könnte »jeder« – auch ohne Psychologiestudium. Mit letzterem hatte ich für die damalige Zeit, Anfang der sechziger Jahre, sicher recht. Was mir überhaupt nicht in den Sinn kam, war eine Reflexion darüber, welche persönlichen Vorbedingungen ein Berater in die Situation wohl bringen mochte und wie sich dies auf den Klienten auswirkte.

Ohne Vorbild, Anleitung oder theoretische Orientierung praktizierte ich also das, was sich mir im sozialen Kontakt bisher immer als ganz günstig erwiesen hatte: Ich war freundlich und liebenswürdig, versuchte alle Wünsche zu erfüllen und möglichst wenig Unangenehmes zu sagen.

Mein erster Beratungsfall war eine sehr schüchterne und unsichere Musterschülerin, deren Zeugnis so gut wie lauter »Sechser« (die beste Note in der Schweiz) aufwies. Sie wußte nicht, was sie studieren sollte. Offenbar war sie ja »für alles« begabt. Aus einer nicht sehr bemittelten Familie stammend, hätten ihre Eltern sich ein Sekundarlehrerstudium gewünscht – dies galt aus den hinlänglich bekannten Gründen als ein besonders günstiges Studium für Mädchen. Meine Klientin selbst war nicht abgeneigt, diesem Wunsch nachzukommen – aber so ganz begeistert schien sie nicht. Vielleicht konnte ich doch irgendeine »spezielle« Begabung feststellen, die sie noch nicht bemerkt hatte? Ich testete sie hemmungslos und gab ihr – ähnlich meinem eigenen Berufsberater – bekannt, daß sie sehr gut und »gleichmäßig« begabt sei (der Intelligenz-Struktur-Test wies keine Höhen und Tiefen auf!), daß auch ihre Interessen weit gestreut seien – allerdings mehr in sprachlich-humanistischer und pädagogisch-psychologischer Richtung als in naturwissenschaftlich-mathematischer. Plötzlich rückte sie etwas abrupt mit einer Idee heraus: ... ob wohl Psychologie...?« Begeistert stimmte ich zu. Da allerdings wurde sie wiederum vorsichtig: Nein, das sei wohl doch zu schwierig...? – und dann: es dauere doch so lang? ... Nun hatte ich mein Thema gefunden. Der Rest der Beratung galt massiver Beeinflussung. Tatsächlich studierte jenes sehr unsichere junge Mädchen Psychologie und wurde mir auf spätere Nachfragen hin auch als »Musterstudentin« geschildert – allerdings mit einem damals schon offensichtlich recht argen sozialen Defizit. Man berichtete, daß sie praktisch mit »keinem ein Wort wechsle«. Wenn man ohne jede theoretische Orientierung solch arge Schnitzer begeht, die noch dazu von einem oberflächlichen Erfolg gekrönt sind (so bedankte meine Klientin sich am Ende der Beratung fast überschwenglich) – dann passiert im Berater leider meist gar nichts. Bestenfalls läßt ihn der Fall nicht los. (Deshalb erkundigte ich mich auch ab und zu nach meinem schüchternen »ersten Fall«.) Ich überlegte aber immer wieder, woher plötzlich dieser Psychologiewunsch aufgetaucht war. Ob ich selbst dabei wohl eine Rolle gespielt hatte? Und: daß sie in irgendeinem selbstgestrickten Test vernünftige und »psychologisch richtige« Antworten auf fingierte Kinderfragen geschrieben hatte (z. B. auf die Frage: »Warum läßt der liebe Gott das Unkraut wachsen?«), war das wirklich Hinweis auf eine »Begabung« zur Psychologie? Solche Fragen tanzten ab und zu in meinem Kopf herum. Daß sie – die mir schon damals so merkwürdig verhemmt und unsicher erschienen war – sich nun gar als richtiggehend »auffällig« erwies, beunruhigte mich natürlich. Hätte ich mich nicht doch ein wenig mehr mit der ganzen Persönlichkeit befassen sollen? Freilich, ein Persönlichkeitstest hatte nichts Auffälliges erwiesen...

Diese und ähnliche Fragen tauchten auch anläßlich anderer Klienten immer wieder auf. Die meisten von ihnen konnte ich aber mittels der uns zur Verfügung gestellten Testmaterialien nicht lösen. Immerhin: sie blieben haften. Ihnen verdankte ich meine sich ausbildende Fähigkeit, lange und oft aufschlußreiche Gespräche zu führen. Auch das erwähnte Interesse für projektive Tests nahm zu. Dadurch wurden manche meiner Beratungen ein wenig sinnvoller. Nicht ganz geplant, aber eben doch klar erkennbar, lernten einige meiner Klienten sich selbst und ihre Berufswahlmotive besser kennen. Da ich ihren eigenen Überlegungen mehr Zeit ließ, stellten sie sich selbst Fragen: »Will ich das nur, um den Ehrgeiz meines Vaters zu befriedigen?« – »Bin ich noch immer so abhängig von meiner Mutter, daß ich mir nur ein Hausfrau-Mutter-Leben vorstellen kann und daher gar keine Berufswünsche habe?« Ich registrierte genau und interessiert.

Als in einer späteren Phase Ilse, ein hochbegabtes, sehr neurotisches junges Mädchen, mit seiner entsetzlichen Prüfungsangst zu mir kam, wußte ich zwar gegen die Prüfungsangst kein Heilmittel, konnte ihr aber doch helfen (sie wollte gerade ihre Abiturvorbereitung abbrechen): Ich reservierte ihr einfach immer eine Stunde, in der sie über ihre Angst reden konnte. Ich habe dies damals noch nicht als Therapie bewertet, aber sie selbst nutzte mein Angebot in sinnvoller Weise. Sie sprach über ihre tristen Familienverhältnisse, ihre intellektuell bornierte Mutter, die ihr keine Ausbildung gegönnt hatte u. ä. m.; wir zogen nie irgendwelche tiefsinnigen Schlußfolgerungen zu ihrer Prüfungsangst hin – aber sie schaffte das Abitur und auch ihre ersten Prüfungen im Medizinstudium. (Sie schrieb mir noch jahrelang. Sie ist tatsächlich Ärztin geworden, wenngleich ich annehme, daß sie immer noch labil geblieben ist.) Bei mir konnte sie – vermutlich über ihre Identifizierung mit mir – etwas »Mut auftanken« – und das hat ihr bis zu einem gewissen Grad geholfen.

Der Gedanke an Ilse beruhigt mich auch jetzt noch, wenngleich ich ihr eine ordentliche Therapie gewünscht hätte. Aber auch bei ihr blieben tausend Fragen offen.

Erfreulicherweise wurden wir aber doch zumeist von einigermaßen gesunden und normalen Schülern besucht; sie konnten von unseren Informationen gut profitieren und suchten sich ihren Weg selbst.

Bei einer bestimmten Art von »schwierigen« Fällen entwikkelte ich meine »quasi verhaltenstherapeutische« Methode. Wenn Unentschlossenheit und das zwanghafte Grübeln zu weit gingen (und mir persönlich zu langweilig wurden!), warf ich alle Tests beiseite und entwickelte mit den Klienten gemeinsam ein Aufgabenprogramm. Sie mußten ansatzweise »so tun als ob«: sich in einen bestimmten Berufsalltag in Form einer Schnupperlehre einleben, selbständig Berufsfachleute befragen, eine Berufsrolle spielen u. ä. m. Ich half bei den oft komplizierten Arrangements und war verblüfft über die Fülle neuer Erkenntnisse, den häufigen Motivwechsel und die neue Sicherheit, mit der nun oftmals Entscheidungen getroffen wurden.

Verzwickter als die Berufsberatung war aber die Schulberatung. Nicht nur, daß es sich dabei um jüngere Kinder handelte – was mir nie so recht gelegen hat; unser Instrumentarium war gerade dort, wo die Familie noch eine solch wichtige, aktuelle Rolle spielt, besonders dürftig. Was mich betrifft, so hatte ich vor vielen Eltern auch einfach Angst. Immer wieder wollten sie mich beschwatzen, ihre Kinder begabter zu sehen, als diese es den Testwerten nach waren, bewiesen mir auf logisch einwandfreie Weise, daß sie alles erdenklich Mögliche versucht hätten bei der Behandlung der kleinen »Faulpelze«, und wenn ich dann noch in die Zwickmühle zwischen Eltern und Lehrer geriet (»Der Junge ist einfach kein gymnasialer Typ – da habe ich Erfahrung!«), kam ich oft buchstäblich ins Schwitzen. Da half mir kein österreichischer Charme mehr, kein freundliches »Esallen-recht-machen-Wollen«: Eine der beiden Seiten war hinterher immer böse auf mich. Außerdem wiesen einige Eltern natürlich unmißverständlich auf meine Jugend hin. »Haben Sie eigentlich schon selbst Kinder?« war eine der peinlichsten Fragen. In der Kaffeepause schimpfte ich mir bei unserer freundlichen Sekretärin den Ärger von der Seele.

Noch war mir Literatur zur Familientherapie nicht bekannt. Nur dumpf ahnend konnte ich vermuten, daß ich häufig belogen wurde.

Immer wieder gab es Erfolge: Kinder oder Eltern fühlten sich durch die »objektiv richtigen« Testergebnisse plötzlich ermutigt. Auch hatte ich manchen unabwendbaren Abstieg akzeptabel gemacht und alle darüber hinweg»getröstet«. Einer meiner Paradefälle – einer der schlechtesten Schüler des Gymnasiums hatte, meinen Vorhersagen gehorchend, durch einen Schulwechsel ein akzeptables Abitur geschafft – gab mir sogar bei einigen Gymnasiallehrern Kredit. Der angeblich sichere prognostische Blick für das »Gymnasiale« im Menschen konnte also auch irren. So schlängelte ich mich von Fall zu Fall, galt als »gute« und »sympathische« Beraterin und lernte vieles von dem, was ich tat, zu relativieren.

Zu Beginn meiner Lehranalyse war mir klar, daß meine Person mit der Beratungssituation etwas zu tun haben mußte; ich sah die hilflose Abhängigkeit, die Eltern und Kinder oft unheilvoll aneinanderkettet, ohne sie doch näher fassen zu können; ich war überzeugt davon, daß unsere Interessentests albern und Intelligenz- und Begabungstests sehr fragwürdig waren; ich wußte, daß ich mich mit der dauernd auftauchenden »Faulheit« meiner Klienten würde anders und grundsätzlicher beschäftigen müssen; ich sah die Berufswahl nicht mehr als eine Resultante von drei konstanten Faktoren: Begabung – Interessen – Persönlichkeit; konnte aber die Dynamik der Motive, vor allem die damit verbundene Familiendynamik, nicht richtig fassen. Ich hatte also vieles falsch gemacht, aber eine Menge richtiger Fragen gestellt.

Ziemlich bald begann ich in der Beratung meinen Lehranalytiker zu imitieren. Manchmal erwischte ich mich dabei, wie ich in seiner Modulation halb angefangene Fragen im Raum stehen ließ: »Und da sind Sie also mißtrauisch...« oder: »Viel Mut ist da...?«

Meine Naivität im Ausfragen über konkrete Details wurde gebrochen, ohne daß ich dafür viel bieten konnte. Ich weiß nicht, was meine Klienten über eine nun eher zurückhaltende Beraterin gedacht haben. Ich erinnere mich nur an einen meiner letzten Beratungsfälle, den ich schon ganz bewußt als einen therapeutischen konzipierte. Es war die 17jährige Vreni, die unter einem unerheblichen Vorwand zu mir gekommen war, um mir – halb schockiert, halb erregt – über ihre vielen »schmutzigen Phantasien« zu berichten. Diese Phantasien traten fast ein wenig zwanghaft auf und waren mit den christlichen Moralvorstellungen ihrer Trägerin schlecht zu vereinen. Wir haben ca. 20 Sitzungen absolviert, wobei ich Vreni ermunterte, mir »einfach alles, was in den Sinn kommt«, zu erzählen. Ich berichtete darüber in meiner Lehranalyse, erhielt auch ab und zu Ratschläge und konnte Vreni bald als »geheilt« entlassen. Es war mir aber klar, daß sich solch pubertäre Verstörtheiten vermutlich auch ohne therapeutisches Eingreifen verbessern. Sicher aber hatte Vreni durch diese Gespräche auch noch andere wichtige Dinge, z. B. im Umgang mit den Eltern, gelernt – jedenfalls bekam ich noch längere Zeit freundliche Dankesbriefe.

Der Umzug nach Bochum veränderte mein Berufsfeld erheblich. Als Studentenberaterin hatte ich es vorwiegend mit jungen Erwachsenen zu tun; unserer Unerfahrenheit entsprechend nahmen Therapie und Beratung einen zentralen Platz ein, da wir nicht recht wußten, wie man »präventiv« arbeiten konnte. Der psychologische Leiter der Stelle war ein Bochumer Psychologieprofessor, der natürlich von der neuen Richtung der »Verhaltenstherapie« schon einiges mehr als ich gehört hatte und dringend einen dafür aufgeschlossenen Psychologen suchte. Da ich die Stelle unbedingt haben wollte, schmückte ich mein durch Wolpes Buch erregtes Interesse gründlich aus und wurde fortan als Verhaltenstherapeutin betrachtet. Das war damals, am Beginn einer neuen Strömung, in Deutschland recht einfach. Ich denke, daß es vielen Kollegen ähnlich erging.

Ich war sehr begierig, bestimmte Methoden auszuprobieren, und suchte mir »passend« erscheinende Fälle. Ich begann nun, zweigleisig zu arbeiten. Die »normal Unglücklichen« mit ihren diffusen Ängsten, Depressionen und Selbstwertproblemen ließ ich auf der Couch liegend frei assoziieren, wie ich es in meiner Lehranalyse gelernt hatte. Ich betrieb also – sicher schauert es alle Analytiker – »wilde Analyse«. Solche mit in der Verhaltenstherapieliteratur beschriebenen »Symptomen« unterwarf ich Prozeduren, von denen ich annahm, daß sie verhaltenstherapeutisch waren. Mein allererster Fall war unglücklicherweise ein universitätsbekannter Alkoholiker. Ich ließ mir vom Mechaniker des Psychologischen Instituts ein Elektroschockinstrument basteln und traktierte den Armen gleich mit der abscheulichsten aller Methoden: der Aversionstherapie (es ist übrigens meine einzige derartige Therapie geblieben). Wir beide – mein Klient und ich – waren gleichermaßen beeindruckt von unserem Tun. Mit ausgesprochen »hysterischer« Struktur versehen, war er sofort für diese »ganz neue, ganz moderne, ganz wissenschaftliche« Prozedur zu haben gewesen. Täglich mußte er in der Vorstellung und in der Realität Bierflaschen entkorken und das Glas an den Mund setzen, worauf er dann immer seinen »Schock« erhielt. Ich habe unter dem Erteilen der

Schocks sicher mehr gelitten als er. Er schien dies, im Gegensatz zu mir, fast zu genießen – ein Phänomen, das ich wohl registrierte, aber nicht ernst nahm. (Daß man die Realität je nach theoretischer und ideologischer Strukturierung völlig anders wahrnimmt, habe ich in jener Periode der Zweigleisigkeit besonders deutlich demonstriert. Das gleiche Phänomen hätte mich bei einem auf der Couch liegenden Klienten sehr wohl stutzig gemacht.)

Selbstverständlich war mein Klient augenblicklich »trokken«. Wir redeten lange und lebhaft über sein neues Lebensgefühl, seine vielen Pläne, seine Partnerinnen u. ä. m. Diese Gespräche gehörten für mein verhaltenstheorieverengtes Verständnis »nicht zur Therapie«, allenfalls dienten sie der Motivationserhöhung. Ich wurde überall als Wunderheilerin gepriesen, und leider war niemand da, der mich warnte.

Die Idealisierung meiner Person durch meinen Klienten wurde mir allerdings langsam lästig, vor allem, als sie sich auch durch häufige häusliche Telefonate bemerkbar machte. (»Ich fühle, daß ich umkippen könnte, wenn ich mich Ihnen jetzt nicht mitteile...«)

Als zum ersten Mal eines dieser Telefonate um Mitternacht aus einer Kneipe kam und das Lallen von Herrn K. unüberhörbar kundtat, daß die »neue wissenschaftliche Methode« doch nicht als Wundermittel funktionierte, wurde mir recht bänglich zumute. Wie sollte ich nur weitermachen?

Wir versuchten es weiterhin mit E-Schocks, die Gespräche wurden diffiziler, die Rückfälligkeit wurde immer dichter. Ich will nicht alle Phasen jener gescheiterten Therapie durchgehen – sicher hat zwar mein Klient davon nichts profitiert, ich selbst jedoch wurde vorsichtig. Noch wußte ich mit dieser Vorsicht nichts anzufangen, aber mir wurde klar, daß die Methode eventuell nicht nur unangemessen für das spezielle Problem war, sondern daß das Scheitern einer bestimmten Methode auch etwas »mit dem Persönlichkeitstyp« zu tun hat. Diese Erkenntnis wurde 10 Jahre später für mich äußerst wichtig; ich habe sie bis jetzt noch nicht gut validieren können, glaube aber, daß sich dort ein sehr fruchtbares Forschungsfeld auftäte. Im spezifischen Fall: Die Methode paßte wie die Faust aufs Auge zum Masochismus des Klienten. Die Idealisierung der Therapeutin hatte wohl mit seiner Hysterie zu tun und hätte ebenfalls reflektiert werden müssen.

Nun, mein nächster Fall war – dem Symptom und dem »Typ« nach – eher geeignet für verhaltenstherapeutische Methoden, die ich damals noch kochrezeptartig verpaßte. Es war ein junger Mann mit einer ziemlich schweren Agoraphobie, die zum Zeitpunkt des Therapiebeginns seit ca. drei Jahren bestand. Die dazu »passende« Systematische Desensibilisierung nahm ich mit großer Sorgfalt vor und lernte dabei sehr viel über das vernünftige Aufstellen von Hierarchien und über die wichtigen Gespräche hinterher, die ich mit großer Sorgfalt um Details der kognitiven Umstrukturierung zu führen wußte. Auch die Erhebung allgemeiner Daten aus der Biographie war mir im Zusammenhang mit dem Symptom wichtig. Vom »Typ« her würde man den Klienten Kurt wohl als eher »zwanghaft« beschreiben müssen, weshalb es ihm vermutlich auch leichtfiel, sich mit den verhaltenstherapeutischen Anordnungen zu arrangieren, sich sehr sorgfältig zu beobachten und Berichte auszuarbeiten. Psychoanalytische Vorurteile über den »Phobiker« lernte ich zu relativieren. So hatte Kurt z. B., obwohl auch er nicht »monosymptomatisch« war, ganz sicher keine Sexualstörungen, wie sie angeblich bei Phobikern immer zu finden sind. (Überhaupt lockerte sich mit zunehmender therapeutischer Erfahrung mein bis dahin gehegtes Vorurteil, jedes psychische Problem müsse auch seinen Ausdruck im Sexuellen finden.) Es wäre Zeit, daß wir rund um dieses Problem bald einmal mehr empirische Evidenz besäßen!

Kurts Therapieerfolg war stabil. Auch nach Jahren hörte ich, daß er sich seiner neuen Freiheit noch immer erfreute.

Sicher gehört es im psychoanalytischen Ausbildungskanon zu den Todsünden, erste Analysen ohne Kontrolle durchzuführen. Mangels Kontrollanalytiker tat ich es trotzdem und möchte behaupten, daß ich zumindest keinen großen Schaden angerichtet habe. Schließlich hatte ich in den drei Jahren meiner Beratungstätigkeit einiges Wichtige erlebt und erfahren, was ich nun nutzen konnte. (Trotzdem beneide ich alle jungen Kollegen, die unter Supervision zu arbeiten beginnen.)

Ich erinnere mich an einige »Couchpatienten«, die wirklich schwerwiegende Störungen hatten. Am eindrucksvollsten war ein dem Kloster eben entlaufener Chemiestudent, der von seiner Mutter im Alter von 10 Jahren »dem Herrn« versprochen worden war. Dies sollte ihn vor den »bösen Weibern« bewahren. Sie selbst war ihm nach etlichem Alkoholgenuß während seiner Ferien öfters sexuell nahegetreten. Der junge Mann, Lorenz, fühlte sich in der »Freiheit« fast nicht lebensfähig – er hatte jede Art von Kontakthemmung, masochistische Sexualphantasien (er ritzte sich beim Onanieren wirklich mit einem Nagel die Haut auf) und schwere Arbeitsstörungen. Ich nehme an, daß jeder Kontrollanalytiker mich davor gewarnt hätte, einen solchen Fall zu übernehmen. Da es keinen »versierteren« Therapeuten als mich gab und im Ruhrgebiet damals auch die Überweisungsmöglichkeiten gering waren, mußte ich ihn wohl oder übel behalten. Über ihn und seine vielen Selbstmordgedanken reflektierend, ist mir noch nachträglich zumute wie dem »Reiter über den Bodensee«. Was hätte alles passieren können! Ich glaube aber, daß mich meine Intuition nicht ganz im Stich gelassen hat und daß ich schon damals etwas sehen und für die Indikation zu verwenden lernte, was für mich bis heute sehr wichtig ist und mir übrigens auch beim verhaltenstherapeutischen Vorgehen immer richtig erschien: Ich konnte gut wahrnehmen, wie viele *auch* gesunde Anteile jener junge Mann hatte – trotz seiner desolaten psychischen Situation. So ließ ich mir – ganz intuitiv – sehr viel von seiner tapferen »Flucht« aus dem Kloster erzählen, was mich sehr beeindruckte; tatsächlich gehört für einen jungen Menschen sehr viel dazu, nach ca. 12 Jahren Klosterleben, den bösartigen Bestrafungsmechanismen der Vorgesetzten zum Trotz, das Kloster zu verlassen. Er hat meine Bewunderung dafür sicher empfunden – wahrscheinlich habe ich sie auch offen ausgedrückt. Überhaupt – die Abstinenzregel –: meine »Verwilderung« nahm mit zunehmender Distanzierung von der Psychoanalyse zu; ich begnügte mich nicht mehr mit den vielen »hm, hms« und den zögernden Interpretationen. Ich stellte nach und nach mehr handfeste Fragen, machte Vorschläge, gab Meinungen ab. Dies ist einem Verhaltenstherapeuten ja nicht verboten – und langsam vermischten sich meine zwei Identitäten eben doch.

So erinnere ich mich, daß mein »Mönchlein«, als er schon

sehr viel mehr Lebensmut gewonnen hatte, eines Tages völlig verzweifelt und unangemeldet zu mir kam. Er sollte eben eine wichtige Mathematikklausur absolvieren, war schon auf dem Weg dorthin gewesen und vor der Türe umgekehrt, ihm war (wieder einmal) klargeworden, daß er »nicht zu den Menschen rundherum« gehöre, daß er vom gesamten Mathematikstoff nichts verstehen könne, vermutlich alles falsch gelernt habe etc. etc.

Die Zeit drängte. Ich hatte keine Lust, das Gefühl des »Nichtdazugehörens« nochmals zu reflektieren. Also ließ ich ihn in Gedanken den Weg hin zum Mathematikinstitut durchwandern, zur Türe hineingehen, sich hinsetzen u. ä. m. Nach gründlicher Entspannung stand ich auf und begleitete ihn den kurzen Weg zum Institut.

Er bestand die Klausur mit sehr gutem Erfolg, und ich hatte den Eindruck, daß die Therapie von da an einen großen Schritt vorwärts machte. Aber auch eine typische Unterlassungssünde wurde mir in der Therapie Lorenz' erstmals bewußt. Im Laufe der Zeit hatte sich sein devotes Verhältnis zur Mutter in wütende Aggression gekehrt. Er zog ins Studentenwohnheim und ließ die Mutter – eine verbitterte, ältliche Witwe – mit vielen Vorwürfen zurück. Ich unterstützte Lorenz' Bestrebung nach Selbständigkeit und freute mich im geheimen an seiner Mutterbeschimpfung. Eines Tages stand seine Mutter in meinem Sprechzimmer. Da wurde mir rasch klar, in welch gefährlicher Situation nicht nur diese Frau, sondern auch ich selbst mich befand. Sie stieß wüste und wirre Drohungen gegen mich und meine Tochter aus (offensichtlich hatte sie sich über mein Privatleben erkundigt) und benahm sich so verstört, daß man um ihr Leben bangen mußte. Zusammen mit Lorenz – auch dies sicher ein recht unanalytisches Vorgehen – arrangierte ich eine Art Betreuung durch den Pfarrer und versuchte seither sehr direktiv, Lorenz' Verantwortungsgefühl für die Mutter zu stärken.

Zu jener Zeit waren Überlegungen familientherapeutischer Art noch nicht an mich herangekommen. Als die Zeit dafür gekommen war, erinnerte ich mich aber oft an Lorenz und seine Mutter. Die Vernachlässigung der Umgebung eines Klienten zugunsten der egoistischen Verarbeitung seiner eigenen Probleme hat mich seit damals beschäftigt. Da ich selbst nun Mutter war, überlegte ich mehr und mehr, was später wohl »meine Tochter auf der Couch« über mich berichten würde. Dies hat mir sicher geholfen, auch die »andere Seite« miteinzubeziehen in die spezifischen Familiendramen. Vorerst aber konnte ich das nur sozusagen »in Gedanken« tun, wobei ich meinem Klienten sicher unbemerkt eine ganze Menge vermittelt habe.

Ich möchte nicht den Eindruck vermitteln, als wären – trotz mangelnder Supervision und unsicherer theoretischer Orientierung – alle meine Therapiefälle so glimpflich verlaufen wie der oben geschilderte. Es gab Mißerfolge; solche, wo sich »gar nichts tat«. Am besten erinnere ich mich an einen jungen Mann mit »Pavor nocturnus«, der bei einem berühmten Analytiker (ohne Erfolg) therapiert worden war. Er sprach von jenem Mann mit Geringschätzung. Ich war daher ungeheuer stolz, als nach wenigen Stunden jener Student mir unter großen Schwierigkeiten etwas anvertraute, was er während der ein- bis zweijährigen Analyse seinem früheren Therapeuten angeblich verschwiegen hatte: starke homosexuelle Phantasien, in denen er den passiven Teil spielte. Mein Größenwahn stieg in jener Stunde ins Unermeßliche: Ich würde den Fall veröffentlichen, ich würde zeigen, daß eine etwas »persönlichere« Atmosphäre mehr Material zutage bringt u. ä. m. Ich erwartete natürlich irgendeine dramatische Verbesserung des Symptoms. Es geschah jedoch gar nichts. Nach wie vor erwachte er an manchen Morgen völlig zerschlagen und seine bei ihm lebende Freundin berichtete ihm dann, daß er wieder »ganz furchtbar geschrien« hätte. Diese Therapie löste sich irgendwann in Nichts auf, und ich vermied es, darüber nachzudenken, welchem Therapeuten dieser Student wohl jetzt wiederum eine »ganz besonders geheime Mitteilung« zukommen ließ und wie er sich über mich als Therapeutin äußern mochte.

Mitten im Arbeitsprozeß stehend wurden solche Phänomene von mir zwar registriert, aber meist nicht wirklich reflektiert. Ich bewahrte sie nur sozusagen als »Warnsignal« für weitere Fälle auf. Bald wurde ich mißtrauisch, wenn ich nach kurzer Zeit ganz wichtige und behütete Mitteilungen bekam, wenn andere Therapeuten schlechtgemacht wurden oder meiner eigenen Kompetenz – oft schon telefonisch beim Anmelden – ein riesiger Kredit eingeräumt wurde.

Alle diese Erfahrungen haben mich vor einigen der »naivsten« Fehler der jungen und unerfahrenen Verhaltenstherapeuten bewahrt.

Ich konnte – immer mehr im Korsett der Verhaltenstheorie stehend – zwar nicht mehr von »Widerstands-« und »Übertragungsanalyse« sprechen. Aber die Phänomene waren mir natürlich vertraut und soweit sie sich nicht »uminterpretieren« ließen, ging ich eben unreflektiert-intuitiv damit um.

Unser Marsch durch Neuland: Praktizierte Verhaltenstherapie

Warum aber bin ich, da sich anfangs Mißerfolge und Erfolge etwa die Waage hielten, immer mehr in das Fahrwasser der Verhaltenstherapie geraten?

Zum einen war sicher der Mangel an psychoanalytischen Vorbildern schuld – ich kannte im Ruhrgebiet keinen ausgebildeten Psychoanalytiker; langsam verwischten sich die Erinnerungen und anstelle der mir aus Bern bekannten Vertreter dieser Berufsgruppe traten skurrile Geschichten, Witzfiguren und überzogene Vorstellungen von dem, was Analytiker in der Therapie angeblich tun oder nicht tun. Entgegen meinen realen Erinnerungen war ich nun durchaus bereit, mitzulachen, wenn diese als ausdauernde Schweiger oder spinnige Interpretierer geschildert wurden.

Demgegenüber erschien mir die Verhaltenstherapie als eine klare und saubere Sache – ganz abgesehen vom Etikett »Wissenschaft«, dessen wir uns anfangs natürlich auch gerne bedienten. Verhaltenstherapie repräsentierte das Einsehbare, das Strukturierte: sozusagen die Sonnenseite des Menschen.

Ich war noch immer Berufsanfängerin; ich war jung und voll Optimismus, daß auch mein eigenes Leben sich von rationalen Gesetzen und Einsichten in logisch durchschaubare Zusammenhänge würde leiten und ordnen lassen. Ich hatte noch zu selten ein Scheitern trotz bester Argumente und Einsichten erlebt. Ich glaubte und hoffte, daß menschliche Beziehungen als ein »Maximum an gegenseitiger Bekräftigung« wohl rational aushandelbar sein müßten. Die »Nachtseite« menschlichen Lebens wollte ich nicht sehen. Projektionen, zerstörerische Konzepte über die Welt oder die eigene Person und der daraus entstehende Zwang, alles kaputtzumachen: das wollte ich nicht akzeptieren. Ich glaube, daß mein Beruf mich zu jenem Zeitpunkt auch überfordert hatte. Ich suchte, wie viele meiner Freunde, nach Einfachheit. Dazu kamen imponierende Vorbilder. Fred Kanfer war eines. Er brachte den »Duft der großen weiten Welt« mit sich. Alle Literatur, die er empfahl, war präzise, logisch durchdacht, experimentell »untermauert«. Daß klinische Analogexperimente oft ganz anderen Gesetzmäßigkeiten gehorchen als der Alltag, daß die Spezifität der Klient-Therapeut-Beziehung sich nur im intimen Rahmen einer längerdauernden Auseinandersetzung entfalten kann: das alles bedachten wir nicht. Wir fühlten uns wohl, weil alles, was wir lasen und dikutierten, logisch gut aufgebaut und präzise analysiert war. Unsere Kritik blieb systemimmanent – und unser therapeutisches Handeln bestätigte unsere Begeisterung mehr und mehr.

In unserer Berufsgruppe gab es keine »alten« und »weisen« Vorbilder, die schon aus ihren Mißerfolgen gelernt hatten, daß das menschliche Leben sehr viel widersprüchlicher und mehrdeutiger ist als jede Theorie. Wir Verhaltenstherapeuten waren mitsamt unserer Wissenschaft noch recht jung – Irrationales, schwer Faßbares und allzu Komplexes machte uns Angst. Wir wollten Klarheit. Deshalb vertrauten wir den schlichten Formeln von Habituierung, Konditionierung und Dekonditionierung. Psychanalytiker würden sagen: dieser Glaube stellte eine beträchtliche Abwehrleistung dar.

Ich hatte nur – unter dem Einfluß von F. Kanfer stehend – immer mehr »rein verhaltenstherapeutische« Klienten; und ich hatte damit oft verblüffende Erfolge. Nur wartete ich nicht mehr auf das »passende« Symptom. Mit Hilfe des verhaltensanalytischen Instrumentariums lernte ich es bald sehr virtuos, alle Klagen meiner Klienten so zu operationalisieren, daß die »beobachtbare Seite« sich dem Auge darbot, wobei sich verhaltensändernde Methoden wie ganz von selbst anboten.

Da ich heutzutage lange nicht mehr mit demselben Optimismus und Erfolg Verhaltenstherapie betreibe wie damals, frage ich mich natürlich, was damals unsere Erfolge (denn wir waren in der Bochumer Beratungsstelle inzwischen zu einer kleinen Gruppe verhaltenstherapeutisch orientierter Psychologen und Psychologiepraktikanten angewachsen) wohl ausgemacht hat.

Da war, glaube ich, zum einen die Tatsache wichtig, daß wir uns vor dem großen Therapieboom und noch weit weg von der in der Bundesrepublik Deutschland langsam wiedererwachenden Psychoanalyse befanden. Unsere Klienten, meist Ruhrgebietskinder aus nichtintellektuellem Milieu, hatten keine spezifischen Erwartungen. Weder wollte man auf der Couch regredieren und ins Unbewußte »vorstoßen«, noch erwartete man ein mit viel Geschrei und Dramatik verknüpftes plötzliches »Erweckungserlebnis«. Der »heiße Stuhl« war ebenso unbekannt wie die wilden Zuckungen bioenergetisch angetriebener Pseudoenthemmung.

Wir konnten also Neuland betreten und mußten nicht erst gegen falsche Erwartungen ankämpfen. Die einzige damals oft vorhandene Erwartung – man bekäme beim Therapeuten »Ratschläge« – erfüllten wir sogar bis zu einem gewissen Grad. Wir stießen also auf viel Zustimmung bei unseren Klienten. Die mit der Studentenrevolte beginnende theoretische Beschäftigung mit der Psychoanalyse brachte uns vorerst noch nicht in Schwierigkeiten; viele unserer Klienten dachten vermutlich sogar, sie befänden sich in einer Art kurzer Psychoanalyse, da man meist niemanden kannte, der einem erzählen konnte, wie es dort wirklich zugeht! Natürlich hüteten wir uns klugerweise, das der Psychoanalyse geschuldete Prestige zurückzuweisen, wenn wir es unverhofft mitgeliefert bekamen!

Unsere eigene Begeisterung mag ebenfalls ansteckend gewirkt haben. Wir empfanden uns als Pioniere, und wenn wir zu jener Zeit auch etwas voreilig viele psychoanalytisch gewonnene Einsichten glaubten vergessen zu können, so entdeckten wir doch so viel unerwartet Neues, daß wir mit Recht stolz sein konnten.

Unserer eigenen Unbekümmertheit entsprach auch das Lebensalter unserer Klienten. Fast alle waren sehr jung und ihrem Alter entsprechend durch unsere Begeisterung leicht zu motivieren, mit sich selbst »zu experimentieren«. Was bei 40- bis 50jährigen oft großer Anstrengung bedarf – sich probeweise auf Neues einzulassen –, stieß bei unseren Studenten meist auf reges Interesse. Ich weiß, daß ich sehr oft auf den »Experiment-charakter« neuer Verhaltensübungen hingewiesen habe und daß dies fast immer gut aufgenommen wurde. »Seien Sie Ihre eigene weiße Ratte« war mein oft gebrauchter Slogan; dies wurde nicht (wie zu späteren Zeiten im marxistischen Psychologischen Institut der FU) mißverstanden als eine Aufforderung zur »Verobjektivierung« des Subjekts, sondern es wurde als ein hilfreicher Spaß angesehen, der das Bewußtsein der eigenen Möglichkeiten erweitert. Tatsächlich kann man in jener »experimentellen« Herangehensweise ja auch das Moment des aktiven »Mit-sich-selbst-Umgehens« als ein nur dem Menschen eigentümliches »Subjektsein« interpretieren, und genau dies haben ich und meine Klienten getan.

Der Phantasie des Verhaltenstherapeuten sind ja – wenn er sich nur innerhalb der Grenzen der Verhaltenstheorie bewegt – wenig Grenzen gesetzt. Hat man erst einmal den zu verändernden Punkt gefunden, dann ist der Therapeut in der Wahl der verhaltensändernden Methode (wobei wir auch damals schon, etwa nach Premacks Prinzip, Gedanken einschlossen) recht frei. Die Formalität der Lerntheorie erlaubt es, ziemlich einfach Erfolge lerntheoretisch zu interpretieren. Und so versuchten wir immer neue Variationen »klassischer« Methoden, wie der Systematischen Desensibilisierung, des Rollenspiels oder der Floodingprozeduren; wir dachten uns aber auch oft ganz Neues aus und exerzierten es mit großem Interesse durch. So hatte ich bei einer schweren Zwangsneurotikerin (Waschzwang), die mir viel Vertrauen entgegenbrachte, eine Zeitlang guten Erfolg mit einer Art abergläubischem Ritual. Die Tatsache ausnützend, daß sie sich nur von meinem Händedruck nicht »beschmutzt« fühlte (während das Anfassen anderer Dinge in ihr sofort den Waschdrang auslöste), kaufte ich ein schönes glattes Malachit-Ei, das ich während der Therapiestunde in den Händen drehte. Dieses Ei durfte sie jeweils nach Hause mitnehmen. Solange sie es beühren konnte, ließ sich der Waschdrang gut kontrollieren. Zwar war dies nur die Ersetzung eines Zwanges durch einen anderen – es war aber doch ein wesentlich weniger lebensbeengender, der es ihr z. B. erlaubte, ruhig zu schlafen. Meine Hoffnung auf eine endgültige Heilung beruhte nun darauf, daß sie durch jenen sehr viel unauffälligeren und weniger zeitraubenden Zwang mehr Freiheit zur Einübung neuen Sozial- und Arbeitsverhaltens gewinnen könnte. Dies sollte ihr auch mehr »reinforcements« verschaffen (wie wir uns wissenschaftsgläubig ausdrückten), und über eine allgemeine Hebung des Selbstwertgefühls sollten nun statt der Zwangshandlungen die »sozial positiv bekräftigten« Verhaltensweisen zunehmen. Abgesehen von der unsinnigen Sprache, in der wir uns verständigten (wobei wir etliche unreflektierte alltagspsychologische Konstrukte voraussetzten!), wäre dies alles vielleicht bei einem weniger schweren Zwang nicht nur von Erfolg gekrönt gewesen, sondern ließe sich auch in irgendeinem anderen theoretischen System erklären.

Nach Anfangserfolgen aber fiel alles in sich zusammen; wir wechselten die Methode, quälten das arme Mädchen mit »response prevention« (wozu wir rund um die Uhr Praktikanten einsetzten) und erreichten nur wenig. Übrigens habe ich nie erlebt, daß wirklich schwere Zwangshandlungen sich durch Verhaltenstherapie heilen ließen, obwohl davon in der Literatur oft die Rede ist. V. Meyers massiv erfolggekrönte Beschäftigung damit schwebte mir immer vor Augen. Als ich einmal eine Woche lang seine Klinik besuchte, konnte ich allerdings eine Reihe von »alten Zwängen« dort entdecken. Daraus und aus der Tatsache, daß man nach einiger Zeit nicht mehr viel von seinen Methoden hörte, schließe ich, daß auch die »Spezialisten« nicht unbedingt so erfolgreich waren, wie es aus der Literatur oft tönt.

Viel besser erging es uns mit allen möglichen Ängsten – gebundenen und diffusen. Ich wurde eine Zeitlang Spezialistin für Systematische Desensibilisierung in allen ihren Abwandlungen. Schon (oder: noch immer) interessiert an den »inneren« Vorgängen meiner Klienten, entwickelte ich große Kunstfertigkeit, scheinbar diffuse Ängste durch genaue Befragung und Anleitung zur Selbstbeobachtung auf konkrete Gegenstände zu lenken; ich entwickelte noch mehr Geschick, den Prozeß der Systematischen Desensibilisierung durch immer weitergehende Variationen so zu beeinflussen, daß meine Klienten nicht nur ein ausgefeiltes »mentales Training« in der Angstbekämpfung absolvierten, sondern sich auch fast schon in der Art des Leunerschen Katathymen Bilderlebens »auf die Reise« ins Land ihrer Ängste begaben und dort viel Aufschlußreiches erlebten, was wir hinterher genau besprachen. Man möge aber nicht glauben, dies sei ja nun »eigentlich« schon wieder Psychoanalyse gewesen. Da ich vertraut bin mit der psychoanalytischen Methode, kann ich in aller Gewißheit behaupten, daß davon im engeren Sinn damals wenig übriggeblieben ist. So nahm ich mir als Therapeutin sehr viel mehr Freiheiten heraus als ein Psychoanalytiker: gab Meinungen ab, ermunterte zu vielen neuen Wegen, sonderte selbstherrlich Wichtiges von Unwichtigem (so beschäftigte ich mich nie mehr mit Träumen!) und ließ die als »Übertragung« zu vermerkenden Phänomene ganz gewiß unreflektiert, wenn auch nicht unbemerkt.

Soziale Ängste, Prüfungsängste, Redeängste: Einzeln und später in Gruppen waren wir unermüdlich dabei, uns neue Variationen der Angstbekämpfung auszudenken – durch Rollenspiele, durch Kontaktvermittlung mit besonders gefürchteten Personen und immer, immer wieder durch alle Variationen von Entspannung. Als besonders drollig erinnere ich mich der »Kontaktangst«-Gruppe einer Kollegin. Sie hatte die anderen Mitarbeiter nur vage darauf vorbereitet, daß sie während einer bestimmten Zeit »nicht überrascht« sein dürften von allem, was geschehen würde. Und so klopften zu jener Zeit gleichzeitig an alle Mitarbeitertüren schüchterne Studenten an und erbaten mehr oder weniger geschickt irgendeine Auskunft oder ein Gespräch. Das glücklich-gelöste Lachen, das nach Beendigung der Mission aus dem Gruppenraum ertönte, bewies, daß irgendein Erfolg sicher zu verbuchen war.

Als eines Tages mitten in die Abfassung eines Protokolls hinein ein junger, stark stotternder Mann in meinem Zimmer stand und mir mitteilte, er werde mir nun ein Gedicht vortragen, war ich allerdings nicht sicher, ob meine eigene soziale Kompetenz dem gewachsen sein würde.

Sicher war manches von dem, was wir ausprobierten, unsinnig, vieles unreflektiert. Als wichtiges, mich immer begleitendes Ergebnis jener Phase aber blieb bei mir haften eine neue Haltung gegenüber den möglichen Methoden und Erfolgen einer Therapie. Nach wir vor finde ich seither jeden immer nur todernsten und zwanghaft gleichen Zugang zur Therapie lächerlich: das ernsthafte Beharren darauf, daß ein Tonband den therapeutischen Prozeß unmöglich mache, die Angst vor einer Veränderung des »Setting« (wehe, die Stunde müßte in einem anderen Zimmer stattfinden!), die unnatürliche Haltung gegenüber der Klientenneugierde auf die eigene Person – all dies warfen wir befreit von Bord und fanden heraus, daß wir trotzdem (oder: erst recht) therapeutische Erfolge hatten. In den (wenigen) Diskussionen, die wir darüber mit Psychoanalytikern hatten, sowie in manchem Buch wurden wir in bekannter Weise dahingehend belehrt, daß unsere Erfolge anderer Art waren als die psychoanalytischen – weniger tief, weniger strukturverändernd. Wir lachten darüber nur. Daß die Sache mit der Symptomverschiebung meist nicht stimmte, konnten wir nach einiger Zeit selbst sehen; unsere Klienten gaben uns oft gute Rückmeldung; die wenigen Psychoanalyseklienten, die wir zu sehen bekamen, waren natürlich nicht besonders imponierend (sonst hätten wir sie nicht zu sehen bekommen) – unser Selbstbewußtsein war zu jener Zeit also sehr groß.

Nach wie vor habe ich mir aus jener Zeit auch die Einsicht bewahrt, daß nicht alles besprochen, nicht alles »behandelt« werden muß, sondern daß »das Leben selbst« oft dafür sorgt, daß nach einem erfolgreichen »Anstoß‹ an irgendeiner Ecke auch in anderen Bereichen mehr Mut entsteht, neue Stile ausprobiert und von der Umwelt ermuntert werden. Ich glaube nicht, daß solche Erfolge weniger »tief« sind – sie werden nur oft in kürzerer Zeit erreicht.

Probleme mit dem Weiterwandern: Denkpause

Wir waren zwar voller Mut und Zuversicht, aber doch nicht ohne Probleme. Ich selbst war nach wie vor ungemein interessiert an allen »Geschichten«, die mir meine Klienten erzählten. Mit nur notdürftiger theoretischer Begründung (z. B. »Ich muß die ›Reinforcement‹-Biographie erkunden«) ließ ich mir sehr viel über Kindheit und Jugend erzählen. Ich war überrascht, als mir ein TV-Kollege aus München einmal berichtete, daß ihn diese ganzen langweiligen »Stories« nicht »die Bohne interessierten«. Er fühle sich ganz und gar als Detektiv, der nur den

Bekräftigungen und Auslösesituationen auf die Spur zu kommen habe. Vielleicht sind solche Kollegen wirklich die »echten« und »richtigen« Verhaltenstherapeuten? Dazu habe ich nie gehört – meine voyeuristische Anteilnahme ist immer sehr groß gewesen. Ich ließ mir also viel erzählen und hörte sehr viel mehr als nur Berichte über das »symptomatische Verhalten« und die damit unmittelbar zusammenhängenden Begebenheiten. Deshalb war ich wohl immer wieder geneigt, mich mit Problemen auseinanderzusetzen, die uns von Tiefenpsychologen (häufig sekundär vermittelt durch Studenten, die mehr und mehr psychoanalytische Lektüre ausprobierten!) als Diskussionsstoff geboten wurden. Zwar reagierte ich, wie meine Kollegen auch, eher defensiv – aber die Problemstruktur blieb doch haften.

So wurden wir – von freundlichen psychoanalytischen Kritikern – dahingehend belehrt, daß unsere Therapie eine »stützend-verdeckende« sei, während die psychoanalytische »regressiv-aufdeckend« arbeite. (Dies betrifft natürlich weder die Fokaltherapie noch die Krisenintervention!) Es versteht sich von selbst, daß das Wort »stützend-verdeckend« unserem kritischen, emanzipatorischen Anspruch nicht so recht schmecken wollte. Wir spürten, daß es eine etwas selbstgefällig – »vom hohen Roß herunter« – gereichte Gabe war, derer wir uns nicht so recht erfreuen konnten. Die Indikationskriterien für diese »stützend-verdeckende« Therapie schienen so gestaltet, daß wir die »nichtanalysefähigen« Klienten für eine Therapie zugeschanzt bekommen sollten; praktisch hieß das: alle besonders schwierigen Fälle. Im Ruhrgebiet, wo der Psychoanalytikermangel irgendeine Form der Überweisungpraxis sowieso überflüssig machte, spielte das Problem in der Praxis keine Rolle. Kollegen aus München oder auch aus London (Maudsley Hospital) berichteten jedoch sehr häufig davon, daß sie fast nur die »Wegwerfpatienten« erhalten hatten. Nach und nach also wurden wir regelrecht stolz darauf, von Psychoanalytikern abgelehnte oder über fünf Jahre lang erfolglos behandelte Klienten zu übernehmen. Tatsächlich erreichten viele von uns auch mit solchen Klienten oft erstaunliche Erfolge.

Wie aber stand es mit jenem Verdikt, daß wir Verhaltenstherapeuten »verdeckende« Therapie betrieben? Also eine Therapie, die nicht die vollen Möglichkeiten der Selbsterkenntnis ausschöpft, den Klienten unwissend läßt und ihn den automatischen »Konditionierungsmechanismen« anheimgibt. Konnten wir uns damit abfinden? Meine eigene Einstellung dazu hat im Laufe der Zeit erheblich geschwankt.

Zeitweilig – in Kampfstimmung – habe ich dieses Argument ohne viel Federlesens vom Tisch gefegt: Nicht eine besondere Form der Selbsterkenntnis vermittle die Psychoanalyse, sondern nur eine spezielle Form der Sprachbeherrschung. Schließlich hatte ich meine eigenen Erfahrungen in der Analyse gemacht, und diese gingen nicht unbedingt in Richtung »durchbrechender« Erkenntnisse. Dieses Argument wurde von Psychoanalytikern natürlich jeweils belächelt: Welch verkehrte Analyse mußte ich wohl absolviert haben...

Auch ließ sich nicht übersehen, daß neue Einsichten und Selbsterkenntnis sich auch bei unseren Verhaltenstherapieklienten einstellten, egal, wie dirigierend/aktivierend wir vorgingen. Ich konnte z. B. miterleben, daß die Analyse von Hans' »Wasserphobie« im Laufe der Zeit ein ganzes Panorama seiner Ängste enthüllte. Zuerst hatten wir nur – getreu den Anleitungen zur Systematischen Desensibilisierung – eine abgestufte Hierarchie aufgestellt, also: »Im Fernsehen einen Werbespot mit Wasser sehen«, »Einen Film über Schwimmer ansehen«, »Sich mit dem Auto einem See nähern« ...bis hin zum angsterregendsten Item: »Vom Bootssteg aus in den See springen«. Wie so häufig bei der Systematischen Desensibilisierung veränderten sich in der Imaginationsperiode die Bilder immer ein wenig, und es bedeutete für Hans den Beginn sehr vieler Überlegungen, als er merkte, daß seine angsterzeugende »Kernphantasie« darin bestand, es würde sich ihm jemand von hinten nähern und ihn ins Wasser stoßen. Nun darf man aber beileibe nicht meinen, daß Hans in diesem »Jemand« etwa Vater oder Mutter identifiziert hätte oder daß es ein diesbezüglich ähnliches traumatisches »Urerlebnis« gegeben hatte. Durch willkürliche Variationen seiner Phantasie und dadurch bedingte Reflexionen enthüllte sich für Hans allerdings ein »Muster« von Ängsten, die sich im Symptom der Wasserphobie zwar am deutlichsten ausdrückten, aber auch ansonsten einen Teil seines Lebens bestimmten. Immer nämlich lebte er in Furcht, irgend etwas nicht selbst bestimmen zu können; jede Situation, die nicht vorhersehbar und kontrollierbar war, erregte seinen Unwillen und zwang ihn zu vielen vorsorglichen Kontrollhandlungen. Als er erst einmal »auf der Spur« jenes Musters war, begann er sich natürlich brennend für die Herkunft jener lebensbeengenden Mechanismen zu interessieren. Reflexionen über das Erziehungsverhalten der Eltern (besonders der Mutter) boten sich an; ein kontrollsüchtiger Lehrer hatte bleibenden Eindruck hinterlassen ... u. v. a. m.

War das »verdeckende« Therapie? Sicher nicht. Oder war es, wie mir ein tiefenpsychologisch versierter Kollege versicherte, meine eigene psychoanalytische Vergangenheit, die mich unversehens und ungewollt in die Lage versetzt habe, bei meinem Klienten unbewußte Strukturen freizulegen? Das klang mir allzu mystisch. Ich hatte nichts anders als eine gute Systematische Desensibilisierung gemacht – auch Kollegen ohne Lehranalyse berichteten immer wieder über ähnliche Erlebnisse. Wenn sie nicht rigide waren, dann förderten sie selbstverständlich solche Einsichtsprozesse. Zur Not konnte man auch noch das Wort »Transfererleichterung« einsetzen, um ein vielleicht methodeninadäquat allzu langes Verharren bei den Reflexionen des Klienten zu rechtfertigen. Natürlich aber ließ sich nicht leugnen, daß wir eigentliche »Anleitungen« für den Umgang mit diesem vom Klienten als »Nebenprodukt« produzierten Material nicht erhielten.

Es wurde aber immer klarer, daß auch Klienten der Verhaltenstherapie – welche Methode man auch mit ihnen ausprobierte – Einsichten gewannen in die Mechanismen ihrer bewältigten oder unbewältigten Probleme. Waren diese Einsichten aber vielleicht andere? Da zwar sicher die Sprache, in der diese Einsichten sich formulierten, eine andere war, wir aber nur schwer feststellen konnten, ob es auch die Fakten waren, blieben wir bei Vermutungen. Je nach Kampfesstimmung waren wir unsicher und skeptisch oder triumphierend-höhnisch.

Wenn man die Polemik der Gegenüberstellung »aufdeckend« oder »verdeckend« beiseite läßt, kann man natürlich ganz leidenschaftslos fragen, ob psychoanalytisch gewonnene Einsichten generell anders geartet sind als solche, die aus direktiven Therapien stammen. Es ließe sich weiterhin spekulieren, ob zwar vielleicht in jeder Therapie prinzipiell die gleichen Formen von Erkenntnissen möglich sind, diese aber in einem quantitativ anderen Verhältnis auftauchen. Schließlich müßte man noch fragen, welche spezifischen »Anstöße« es denn gibt zur Auslösung bestimmter Einsichten in die eigene Person. Bekanntlich hat vor allem die Psychoanalyse ein differenziertes Begriffsarsenal, um diesen Prozeß zu beschreiben und zu erklären.

In diesem Zusammenhang scheinen mir Begebenheiten wichtig, die man in der Psychoanalyse oft unter dem Terminus »Regression« zusammenfaßt. Ich verstehe darunter sowohl die kindischen, unlogischen, verqueren Denk- und Verhaltensweisen, die von Klienten in die Therapie gebracht werden, als auch – im positiven Sinne – die Möglichkeiten, sich von prälogischen, primärhaften Bildern und Symbolen therapeutisch leiten zu lassen. Wenn Klienten bockig sind, den Therapeuten provozieren, sich unvermutet schwach und jammrig darstellen u. ä. m., dann konnte ich als Verhaltenstherapeutin damit wenig anfangen. Die Reflexion darauf war zwar nicht verboten – aber mittels welcher Methoden sollte man den Klienten eigentlich zu Einsichten bringen über die Funktion solcher Verhaltensweisen? Bestenfalls konnte man sich etwas einfallen lassen und dann »raten« – traf man das Richtige, war man fein 'raus. Man hatte dann eine »typische« Verhaltensweise in der Therapie beobachtet und konnte mit dem Klienten gemeinsam Auslöser und Konsequenzen in der Therapie und im realen Alltag herausfinden. Ab und zu gelang das auch zufriedenstellend. In TV-Supervisionen sowie in der Literatur erfuhr man, daß dies die verhaltenstherapeutische Fassung der Bearbeitung von »Übertragung« sei. Was aber – und dies war häufig der Fall –, wenn Klienten Ausflüchte gebrauchten, ihre Provokationen rationalistisch verbrämten und vorgaben, gar nicht zu wissen, wovon der Therapeut sprach? Es gab keine »legitime« Möglichkeit des Konfrontierens, Hinterfragens, Deutens oder des Einbezugs von Phantasien.

Sehr bald gerieten wir auch in innere Widersprüche: War es nicht besser, solch wenig konstruktives Verhalten durch Nichtbeachtung zu »löschen«? Auch dies wurde in Supervisionssitzungen geraten. Dazu kam natürlich, daß wir in unserem symptombestimmten System wenig Sensibilität erlangen konnten im Erkennen feinerer Unterschiede und Unstimmigkeiten im Verhalten unserer Klienten.

Die verhaltenstherapeutischen Methoden sowie die ihr immanente »Philosophie« zielen im großen und ganzen auf den vernünftig denkenden, zielvoll handelnden Menschen ab – also nicht auf den, der irrational bockig ist, darauf besteht, daß ihm nicht zu helfen ist, sich seinen Träumen und Phantasien hingibt u. ä. m. Verhaltenstherapeuten sprechen also häufig den »Erwachsenen« an – und dies kann, je nach Situation, für den Klienten gut und befreiend sein. Aber – und hier haben Verhaltenstherapeuten nie das richtige Sensorium entwickelt – es *muß* nicht gut für den Klienten sein; es kann ihm die Chance, seinen eigenen konstruktiven Weg zu finden, auch verderben.

Und natürlich finde ich mich als nichtanalytische Therapeutin hier von jeder Theorie allein gelassen; ich muß von meinem Gefühl und meinen Erfahrungen her argumentieren. Diese Erfahrungen aber sagen mir, daß ein Therapeut das »regressive« Gehabe seiner Klienten akzeptieren und später auch reflektieren sollte. Die vor allem früher oft gehörten Vorschläge, man möge z. B. das Jammern des Klienten »löschen« und nur die »positiven« Anteile bekräftigen, haben mich immer als inhuman berührt.

Nicht nur sollte man Regression akzeptieren und bearbeiten – ich empfinde es häufig als sinnvoll, sie auch noch zu vertiefen: z. B. durch Hinlenkung der Aufmerksamkeit auf bildhafte Vorstellungen und Träume, auf Körperempfindungen etc. Dauerndes Fragen, Konfrontieren, »Auf-einen-Nenner-Bringen«: das sind Methoden, die den Klienten immerfort in der »erwachsenen« Position halten.

Warum oftmals Therapie dort wirkt, wo das »Gespräch unter Freunden« nichts ausrichtet – diese merkwürdige Tatsache liegt bestimmt darin begründet, daß man »unter Freunden« meistens nicht guten Gewissens regredieren kann. (In dem Maß, in dem dies möglich ist, wirkt vermutlich auch Laientherapie.) Warum dies so wichtig ist, weiß ich nicht. Ob dabei wirklich krankmachende, frühkindliche Prozesse auftauchen und eine Chance zur Korrektur gegeben ist, darüber bin ich mir sehr im unklaren.

Ich spüre nur, daß ein guter Therapeut (egal, welcher Richtung) dadurch gekennzeichnet ist, daß er die Balance von Regredierenlassen und Ansprechen der »vernünftigen« Seiten gut einkalkuliert.

Eine Klientin, die in die Therapie sehr viel »regressives« Material gebracht hatte (Träume, Trotzanfälle, unerklärliche Schmerzen...), hatte sich ihrer »Kindlichkeit« immer wieder geschämt. Durch Geschenke, Entschuldigungen und Rationalisierungen versuchte sie immer wieder, ihren »Erwachsenenstatus« aufrechtzuerhalten. Da ich fand, daß sie sich im Alltag sowieso immer viel zu kontrolliert und »pseudoerwachsen« verhielt, freute ich mich über ihre »kindischen« Anteile – vielleicht oft allzu sehr. Unter ihren vielen Symptomen befand sich auch das der Dunkelangst: Stundenlang lag sie wach im Bett und lauschte auf jedes Geräusch. – Als sie mir diese Situation wieder einmal halb beschämt, halb genüßlich schilderte, meinte ich (übrigens: halb abwesend, ich wußte später gar nichts mehr davon) nur, sie möge doch um Himmels willen im Raum eine kleine Lampe anlassen. Wozu sie sich eigentlich quäle? Nach Befolgung dieses simplen Ratschlags war die Dunkelangst nach zwei oder drei Nächten weg. Viel später erst konnte sie formulieren, wie wohl es ihr getan habe, daß ich sie solch »vernünftiger« Dinge für fähig hielte. Es wäre fast eine Art »Erleuchtung« gewesen und hätte ihr Vertrauen in die gesamte Therapie verstärkt.

Die Qualität des therapeutischen Erfolges erscheint mir beileibe nicht nur als eine Funktion der therapeutischen Methode. Viel wichtiger dabei ist der »Typ« des Klienten und wohl auch die Person des Therapeuten.

Als Verhaltenstherapeutin lernte ich, das Therapieziel so zu operationalisieren, daß seine Erreichung möglichst überprüfbar ist – und dies empfinde ich nach wie vor als eine richtige und reelle Überprüfung dessen, was Therapeut und Klient geleistet haben. Bis heute ist mir nicht ganz wohl in meiner Haut, wenn ein »Symptom« zwar bestehen bleibt, Klient und Therapeut sich aber darauf einigen, daß dies jetzt »einen anderen Stellenwert« hat. Man gerät dabei leicht in die Gefahr von Rationalisierung und Nichtwahrhabenwollen einer schlechten Therapie.

Andererseits aber begegnet man immer wieder Menschen,

deren ursprüngliche Zielformulierung sich aus dem Prozeß eines inneren Wachstums heraus verändert, so daß es kleinlich wäre, den Therapieerfolg per Strichliste und Häufigkeit operationalisierten Verhaltens zu messen. Ich habe in einer Falldarstellung in viel späterer Zeit beschrieben, wie ein älterer Mann mit depressiven Verstimmungen und Arbeitsstörungen sich nach und nach dazu durchgerungen hatte, seine Arbeit als »nicht mehr so wichtig« anzusehen und depressive Verstimmungen als mögliche »Quelle von Erkenntnissen« in sein Leben einzubauen. Auch dies erscheint mir sinnvoll. Immer wieder aber jage ich dem therapeutischen »Idealerfolg« nach und werde dabei natürlich oft frustriert. Zu jener Zeit der ersten Verhaltenstherapien galt aber nur, was sichtbar zu machen war. Also ließen wir Stimmungsbarometer und Angstskalen anfertigen, maßen die Schritte von Agoraphobikern aus und hakten Hierarchien ab. Wenn Klienten oft von ganz andersartigen Erfolgen berichteten, die mit der angewandten verhaltenstherapeutischen Methode offensichtlich wenig zu tun hatten, freute ich mich zwar, konnte aber theoretisch wenig damit anfangen. Ich nahm einfach an, daß eine »Generalisierung« der positiven Stimmung stattgefunden hatte, war mir aber auch schon damals der geringen Aussagekraft dieses Begriffs bewußt.

Der Weg wird schmal: Genügt Verhaltenstherapie wirklich?

Wir wurden anspruchsvoller. Unsere Therapieerfolge genügten uns nicht mehr. Unter dem Einfluß der damals ins Kraut schießenden Gesprächspsychotherapiekurse wurden uns immer wieder das »Erleben von Gefühlen« und die »akzeptierende Grundhaltung« zum Thema. An manchen Punkten kollidierte dies mit der Verhaltenstherapie.

Die Beziehung zwischen Therapeut und Klient wurde zu jener Zeit – Ende der sechziger Jahre – wenig thematisiert. Sie sollte einfach »gut« sein, damit die Person des Therapeuten als »Verstärker« oder als »Modell« wirksam werden könnte.

Natürlich stolperte ich nicht selten über diese Beziehung. Der Psychoanalyse immer mehr entrückt, verlor ich langsam auch das nötige Begriffsinventar zur Charakterisierung dieser

Beziehung. Ich glitt wieder zurück in mehr oder weniger alltagssprachliche Beschreibungen anderer Menschen und beachtete ihre Wirkung auf meine eigenen Gefühle nur mehr selten.

Der recht wenig befriedigende Fall einer jungen Theologiestudentin blieb mir als besonders problematisch im Gedächtnis. Die junge Frau – deren Symptome ich vergessen habe – verliebte sich in mich und gab mir dies auch zu verstehen. Ich fühlte mich teils geschmeichelt, teils auch ein wenig bedrängt. Die Therapiesitzungen, in denen ich eigentlich das ursprünglich vorgetragene »Problem« behandeln wollte, wurden immer mehr in Beschlag genommen von Überlegungen über meine Person, meine Sympathie zur Klientin u. ä. m. Da ich damals gerade einen Gesprächspsychotherapiekurs in Hamburg absolviert hatte (es war noch die Phase der etwas technizistischen »Variablen«therapie), versuchte ich, ihre Gefühle zu verbalisieren. Mein verhaltenstherapeutischer Supervisor griff sich an den Kopf: Auf diese Weise würde ich ja das ewige Sprechen über mich selbst nur »verstärken«. Ratschlag: Ich solle jedesmal, wenn das Gespräch auf meine Person käme, aufstehen, zum Fenster gehen und ostentativ nicht zuhören. Die Behandlung des »wirklichen« Problems jedoch solle durch freundliche Aufmerksamkeit »belohnt« werden. Diesen Ratschlag konnte ich unmöglich befolgen – er lief einfach allem zuwider, was ich je erfahren und empfunden hatte. (Ich bezweifle übrigens auch, daß mein damaliger Supervisor ihn für sich selbst befolgt hätte.)

Meine eigenen verwirrten Gefühle konnte ich damals schlecht benutzen. Ich wußte nur, daß mir die wahnsinnigen Idealisierungen meiner Person mehr und mehr zur Last wurden. In meiner Not lud ich die Klientin zu mir nach Hause ein – ich hatte das vage Gefühl, ihr zeigen zu müssen, daß ich »ein ganz normaler Mensch« sei.

Die Wirkung war verheerend. Von nun an waren unsere Therapiesitzungen damit erfüllt, daß sie ihre Enttäuschung an mir formulierte: Wie autoritär war ich, ihrer Meinung nach, mit meiner Tochter umgegangen; wie technisch-kalt hatte unsere Wohnzimmereinrichtung auf sie gewirkt; und außerdem hatte sie eine Putzfrau in meiner Wohnung gesehen: Gipfelpunkt kapitalistischer Ausbeutung... Ich reformulierte, ich verteidigte mich, ich blockte ab – und natürlich verlor ich sang- und klanglos meine Klientin, die sich später recht wenig freundlich über mich äußerte.

Noch heute tut es mir leid um das viele Material, das ich bei diesem Fall »verschenkt« habe! Welche Chance: das lesbische Thema, die Provokation der Einladung, die daraus entstammende Häme und Aggression... Ob analytische oder eine andere Bearbeitung dieser Themen: sie wären bestimmt wichtig gewesen.

Sehr oft, so nehme ich an, habe ich aber intuitiv die Beziehung zum Klienten zu seinem Vorteil benutzt. Jedenfalls gelangen mir verblüffende Erfolge bei depressiv Verstimmten, denen ich mit verhaltenstherapeutischen Methoden immer wieder klarmachte, welch positive Qualitäten sie an sich hatten. Da ich nach wie vor und schon damals die Methoden an sich (gestufte Aktivitäten, positive Selbstbekräftigung nach dem Premack-Prinzip u. ä.) ein wenig lächerlich fand, muß ich annehmen, daß diese Methoden nur der Anstoß zu Wichtigerem waren. Ich hatte damals aber keine Begriffe mehr, um dies zu reflektieren.

Heute würde ich meinen, daß einige wichtige Beziehungserlebnisse mit der Anwendung dieser Methoden verbunden waren. Die depressionshemmenden verhaltenstherapeutischen Methoden bauen ja darauf, daß jeder irgend etwas Positives, Lobenswertes tun kann – ich war also sicher als Vertreterin des »Postiven« ein Symbol der Hoffnung –, was mir übrigens nicht schwerfiel, da ich auch im eigenen Leben selten das Gefühl der Hoffnungslosigkeit kenne. Dazu vermittelte ich vermutlich auch – gerade durch die Schlichtheit der Forderungen – eine Art innere Struktur und erleichterte dadurch die vielen Ängste der schlecht distanzierten vage Depressiven.

Ich bekam nämlich bei den jüngeren Studenten immer häufiger das zu Gesicht, was man heutzutage den »Neuen Sozialisationstyp« (NST) nennt. Manche von ihnen waren gerade wegen ihrer inneren Diffusität mit verhaltenstherapeutischen Methoden ganz gut bedient. Ich glaube nicht daran, daß hier nur ein schlechter »Ersatz« für das fehlende Über-Ich geboten wurde; ich nehme vielmehr an, daß bei nicht allzu großen Störungen dieser »Ersatz« nach und nach auch ein wenig die Persönlichkeitsstruktur verändert hat und bei einigen Klienten günstige Voraussetzungen geschaffen hat für ihre weitere Entwicklung. Wir stießen allerdings dabei auch ganz eindeutig an Grenzen.

Einer unserer studentischen Klienten hat dabei eine Art bundesweite »Berühmtheit« erlangt, da wir seine Geschichte nicht nur in einem der ersten verhaltenstherapeutischen Seminare in München vorstellten, sondern auch F. H. Kanfer einspannten, der ihn interviewte und mit uns gemeinsam einen Therapieplan aufstellte. Wir nannten ihn den »sogenannten Bochumer Schizoiden« – und dokumentierten damit natürlich, daß wir noch nicht ganz weggekommen waren vom psychiatrischen Typisieren und Klassifizieren.

Dieser Klient litt – bei einigermaßen klaglosem äußerem Funktionieren – an einer allgemeinen Freudlosigkeit, einem Gefühl der Leere und Distanz. Man konnte seine Stimmung und sein Erleben zwischen »subdepressiv« und »distanziert-schizoid« einordnen. Seine Kontakte erschienen ihm irgendwie gleichgültig, seine Freuden waren schal.

Wie viele Methoden haben wir doch an ihm ausprobiert! Mit differenzierten Verstärkungshierarchien versuchten wir, jeden Funken an Lebensfreude zu »bekräftigen«. Was aber nützt es, jemandem einen »Kinobesuch« zu gestatten, wenn er dies zwar als »Verstärker« angekreuzt hat, aber gerade zur Zeit überhaupt nichts genießen kann. Und kann man »Geschlechtsverkehr« als »Belohnung« verschreiben, wenn man gerade eben ein wenig Sonnenschein lustvoll erlebt hat? Die Absurdität derartiger Methoden war offenkundig.

Die Ermunterung zu verschiedenen Aktivitäten wurde zwar befolgt – aber Freude daran stellte sich selten ein. Phantasieübungen, in denen die höchstrangigen Verstärker mit Alltagshandlungen gekoppelt werden sollten, erwiesen sich als völlig wirkungslos.

Nein, unserem »sogenannten Bochumer Schizoiden« war offensichtlich durch Verhaltenstherapie nicht zu helfen! Dies stellten auch die Münchener Kollegen achselzuckend fest, und Kanfer hatte den Vorteil, früh genug wieder in die USA zu reisen, so daß er das endgültige Scheitern der Therapie nicht wirklich mitbekam. Ich glaube, daß ich aus den erfolglosen Therapien stets mehr gelernt habe als aus den erfolgreichen. Zu jener Zeit analysierte ich Mißerfolge zwar selten – ich habe sie aber fein säuberlich gespeichert.

Nach und nach entwickelte ich große Intuition dafür, mit wem ich verhaltenstherapeutisch arbeiten und mit wem ich »nur reden« konnte. Letzteres erfüllte mich mit schlechtem Gewissen, da ich nun – entfernt von der freien Assoziation – nicht mehr recht wußte, wie das Gespräch eigentlich zu strukturieren war. Bald verfiel ich auf den Einfall, einfach die Kanfersche Verhaltensgleichung als innere Leitlinie zu benutzen. Man denke nicht, daß dies eintönig sein muß! – Ich brachte es bald zu einigem Geschick in der Kunst, jede noch so kleine Begebenheit genau beschreiben und nach Auslösern und Konsequenzen suchen zu lassen. Natürlich lernten viele Klienten, dies auch für sich selbst zu praktizieren und fühlten sich dadurch dem Wust ihrer inneren Anspannungen nicht mehr so hilflos ausgesetzt. So fand sich eine Struktur; so ergaben sich manchmal auch neue Formen des Umgangs mit den eigenen Problemen.

Natürlich aber waren auch diese ein wenig rationalistischen Gesprächsleitlinien nicht für alle Klienten zu gebrauchen. Mit Schrecken gedenke ich einiger Klienten (ich wage es kaum zu wiederholen, aber ich denke, man tut ihnen nicht Unrecht, wenn man sie wiederum als »schizoid« klassifiziert), die jedes Schema durchbrachen, deren gestaltlosen Klagen ich hilflos ausgeliefert war und denen meine Versuche zur Strukturierung höchstens »banal« vorkamen.

Ich will nicht verschweigen, daß ich vor jenen Therapiesitzungen Angst hatte. Jener schöne blonde Student der Linguistik, Schwarm aller Mädchen, der mindestens nach jeder zweiten Sitzung angab, sich unverstanden zu fühlen (»Ich glaube, Sie blicken da irgendwie nicht tief – grundsätzlich – theoretisch ... etc. genug«): Welch unangenehmes Gefühl schon am Morgen eines Therapietages! Jedesmal von neuem mußte ich feststellen, daß ich tatsächlich den Faden verloren hatte und mich in den vielen Abstraktionen nicht mehr auskannte.

Ich weiß nicht, ob ich ihm heutzutage helfen könnte; ich weiß aber sicher, daß meine jetzige Balint-Supervisionsgruppe die Tatsache, daß ich ihn als den »Schwarm« aller Mädchen bezeichnete, nicht ungehindert passieren ließe; daß sie außerdem seine Tendenz, mich zu verwirren, und meine Bereitschaft, mich verwirren zu lassen, recht gründlich aufs Korn nehmen würde. Dies würde vielleicht dem Klienten nicht helfen. Mir aber würde es zumindest den Abbruch der Therapie ohne allzu große ungelöste Probleme ermöglichen.

Auch die segensreiche Wirkung begrenzter therapeutischer Hilfe in Krisenzeiten habe ich schätzen gelernt. Jener hochdifferenzierte und begabte Assistent (der, mit dem Etikett »Schizophrenie« versehen, sich einige Jahre später das Leben nahm) ging einige Monate hindurch – durch eine sehr differenzierte Systematische Desensibilisierung gestützt – wirklich angstfreier an seine Dissertation und erreicht einen Abschluß. Das hat ihm große Befriedigung gebracht (und dazu noch einen beruflichen Aufstieg!); einige Zeit hindurch konnte er sich ein wenig mehr seines Lebens erfreuen. Auch Walter T., der Spitzenstudent aller Mathematiker, der sich »in den Computer verliebt« hatte, ließ sich durch unser gestuftes Kommunikationsprogramm aus der Reserve locken und bahnte einige wenige Kontakte zu jungen Mädchen an. Zwar blieb er immer ein schrulliger Sonderling (übrigens einer mit recht trockenem Witz) – ich könnte mir aber vorstellen, daß er bleibenden Gewinn aus der Erfahrung gezogen hat, daß auch weibliche Geschöpfe Informationen verstehen und darauf reagieren können und daß sie darüber hinaus auch noch andere Reize besitzen. Jedenfalls gab er auf seine vertrackte Weise zu erkennen, daß es vielleicht doch noch anderes im Leben zu bedenken gäbe als die Verfertigung von Computerprogrammen.

Das »Sicheinrichten« (auf Zeit oder auf Dauer) mit den eigenen Absonderlichkeiten, sofern sie nicht allzu gesellschaftsfeindlich waren, lernten wir alle zu schätzen. Natürlich blieben viele unserer Klienten »ihrer Struktur verhaftet« – wir fanden uns damit ab und lernten dadurch frühzeitig etwas, das (wie ich erlebt habe) oft nur ältere und weise gewordene Analytiker im Laufe eines langen Berufslebens akzeptieren. Daß wir uns eher auf partikulare Ziele einließen und die Globalstruktur außer acht ließen, hat uns dabei geholfen. Unser Fehler dabei war sicher, daß wir zu schnell auch den oberflächlichsten Verhaltensänderungen glaubten und oft übersahen, daß sie höchstens den Beginn einer Änderung darstellten oder auch nur durch kurzlebige Suggestion erzielt worden waren. Da wir alle dem Ideal der »schnellen« Verhaltenstherapie verhaftet waren, entließen wir viele Klienten allzu früh als »geheilt«. Rückfälle wurden uns entweder nicht bekannt (die Studentenpopulation wechselt ja schnell) oder von uns irgendwie verdrängt.

In den ersten Jahren meiner »Entdeckung« der Verhaltenstherapie habe ich (gerade gegenüber Psychoanalytikern) natürlich versucht, das Vorurteil abzubauen, Verhaltenstherapeuten seien »seelenlose Konditionierer«, Menschenverächter und unfähig, den differenzierten Seelenspielen ihrer Klienten zu folgen. In Fallschilderungen betonte ich daher immer wieder die Gedanken und Gefühle meiner Klienten. Nicht selten trug mir dies das zweideutige Lob meiner Partner ein, »eigentlich« sei ich eben doch noch ein Stück Psychoanalytikerin. Dieses Lob (wenn es eines ist) habe ich denn auch nur mit gemischten Gefühlen zur Kenntnis genommen. Wenn es nichts anderes besagen sollte, als daß ich mich mit meinen Klienten als »ganze Person« beschäftige, enthält es offensichtlich nichts als eine Diffamierung der Verhaltenstherapie. Sollte damit darauf hingewiesen werden, daß auch ich »unbewußtes Material« zutagefördere, dann allerdings spricht es nicht unbedingt für die einzigartige Vorrangigkeit der psychoanalytischen Methode.

Tatsächlich glaube ich, daß in jeder guten Therapie am »unbewußten Material« gearbeitet werden sollte; oder wie sonst sollte man es nennen, wenn Klienten im Laufe einer Therapie entdecken, daß sie ihren schwierigen Partner brauchen, um dem eigenen glanzlosen Leben Aufregung zu verschaffen; daß sie ihre Hoffnungen irrationalerweise immer an den Besitz einer besonders schönen Frau ketten, weil auch die eigene Mutter als Schönheit galt u. ä. m.

Vieles wird in psychologischen Therapieformen zwar anders benannt als in psychoanalytischen – ich habe aber wenig Phänomene psychoanalytischer Falldarstellungen gefunden, die mir nicht vertraut waren. Das aber heißt ja, daß das mehr oder weniger strenge psychoanalytische Setting offenbar nicht nötig ist, um »Unbewußtes« bearbeitbar zu machen.

Ich fühle mich zwar nie »eigentlich« als Psychoanalytikerin; ich empfinde jedoch größte Bewunderung für ein System, das –

der Tendenz nach – imstande sein will, ätiologische Konzepte für psychische Störungen zu liefern; Konzepte, denen ein Menschenbild zugrunde liegt, das vom Widerspruch zwischen Gefühl und Vernunft, Individuum und Gesellschaft ausgeht. Verglichen damit empfinde ich alle anderen Menschenbilder – behavioristische, humanistische – als schal und flach, ganz abgesehen davon, daß sie ihrer Formalität wegen als ätiologische Konzepte meist nicht gut brauchbar sind.

Am Beginn meiner Karriere als Verhaltenstherapeutin war ich noch allzu begeistert von den neuen Handlungsmöglichkeiten, die sich mir als Therapeutin auftaten, um das defizitäre Menschenbild der Lerntheorie wirklich zu beachten. Später argumentierte ich damit, daß die Praxis der Verhaltenstherapie ein anderes Bild vom Menschen vermittele. Es gab eine Zeit, da ich jenes Bild – »der planend-vernünftig-zielvoll handelnde Mensch« – für die ganze Wahrheit hielt. Erst viele therapeutische Mißerfolge oder »halbe« Erfolge machten mir klar, daß ich die andere Hälfte – die irrationale, getriebene – auch noch integrieren mußte in mein Denken. Deshalb fasziniert mich natürlich die Psychoanalyse. Das aber heißt nicht, daß ich mir der sehr vagen Realitätsfundierung ihrer Konstrukte nicht dauernd bewußt bin.

In meinem amerikanischen Jahr habe ich zwar selbst keine »echten« Therapien durchgeführt; ich lernte aber über Seminare und »Quasitherapien« im College dort wieder anzuknüpfen, wo ich im Laufe meiner Verhaltenstherapiezeit aufgehört hatte zu überlegen: Ich lernte, daß man verschiedene therapeutische Stile integrieren kann. Ich versuchte nun erstmals bewußt, Verhaltensanalyse in einer Art von Gesprächspsychotherapiestil durchzuführen. In Supervisionssitzungen wurde die Patient-Therapeut-Beziehung thematisiert. Der »Stil« von »Teacher's College« an der Columbia University ließ derartiges zu. – Auch ohne sehr präzise theoretische Begründung galt es als »gut«, mit verschiedenen Stilen zu experimentieren. Wir wurden zu gestalttherapeutischen Wochenenden ermuntert, wir sollten Ellis' »Friday-Night-Show« ansehen, und unsere Lehrer exerzierten uns die Zusammenarbeit voll Eifer vor.

Als ich 1971 aus den USA zurückkam, versuchte ich im letzten Jahr meiner praktischen Tätigkeit an der Studentenberatungsstelle (sowie bei einem kurzen Gastspiel in einer Erziehungsberatungsstelle) ganz bewußt, einen klaren »Integrationsstil« zu kultivieren. Es war so etwas wie »Kognitive Verhaltenstherapie« (ohne daß der Begriff schon eingebürgert war), also: eine verstärkte Anstrengung, Gedanken und Gefühle mittels Verhaltenstherapie durchsichtig zu machen; Anwendung der Systematischen Desensibilisierung mit sehr subtilen kognitiven Variationen (wobei ich Meichenbaums Selbstinstruktionstraining im Grunde vorweggenommen habe!) und ein wenig auch das, was bei Ellis der »Sokratische Dialog« heißt. (Letzteres habe ich bald wieder – mangels Begeisterung der Klienten – abgeschafft.)

Tanz auf allen Hochzeiten: Psychoboom

In Berlin als Assistenzprofessorin in die mir vorerst noch sehr fremde Welt eines Universitätsinstituts eingespannt, behandelte ich nur mehr wenige Klienten. Ich geriet in den Bannkreis des Psychobooms. Gestalttherapie und Themenzentrierte Interaktion, Encounter und Gestalt, Themenzentrierte Interaktion und psychoanalytische Gruppentherapie, Gruppendynamik: alles wollte ich kennenlernen, alles interessiert mich.

Meine wenigen Therapien verliefen recht unregelmäßig. Von jedem Wochenende brachte ich ein neues Patentrezept zurück, bei jedem Problem dachte ich an eine neue Therapieform. »Offiziell« und als Supervisorin vertrat ich eine durch einfühlsamer Gespräche »modifizierte« Verhaltenstherapie. In meinen Therapien tanzte ich auf allen möglichen Hochzeiten. Ich glaube nicht, daß sie besonders gut waren, und im nachhinein bin ich meinen Klienten fast dankbar, daß sie mich und meine heterogene Therapie so geduldig und oft sogar erfolggekrönt über sich ergehen ließen.

Eines meiner liebsten »Opfer« damals war Hilde – eine ungemein schüchterne ungelernte Arbeiterin mit stark depressiven Zügen und extremen Kontakthemmungen. Wir hatten uns damals in einem Projekt ganz und gar der »Unterschichttherapie« verschrieben. Am liebsten behandelten wir Menschen, die von Psychoanalytikern abgelehnt worden waren. In diesem noch recht neuen und unstrukturierten Feld versuchte ich nun, mit meinen diffusen Identitäten zurechtzukommen. Hilde wurde verhaltensanalysiert, mit Rollenspiel bearbeitet, auf Phantasiereisen geschickt und schließlich mit Systematischer Desensibilisierung behandelt. Dies alles hat sie gut überstanden. Sie ließ sich – da der Hilfsarbeiterjob sie nicht befriedigte – als Erzieherin ausbilden und besuchte noch lange Zeit nach meiner Therapie eine »Gestalt«gruppe. Soweit ich beurteilen kann, ist sie wesentlich weniger gehemmt, hat jedoch nichts von einem »Psychofreak« an sich. Ob dies die Therapie bewirkt hat? Ich weiß es nicht. Sicher aber bin ich, daß eine in jenem Projekt mitarbeitende Sozialarbeiterin, die Hilde bei jedem neuen Schritt mit Rat und vor allem mit *Tat* zur Seite stand, mindestens ebensoviel beigetragen hat zu Hildes Entwicklung wie meine therapeutischen Bemühungen.

In der Zeit meiner extremen theoretischen Verunsicherung und großen Neugierde darauf, was alles »funktionieren« würde, machte ich bei einigen Klienten wichtige neue Erfahrungen.

Hilde, jene gehorsam-gehemmte junge Frau, versuchte ernsthaft, aus meinen vielen Angeboten »etwas zu machen«. Sie verweigerte nichts (ein Teil ihres Problems bestand ja in jenem »Gehorchenmüssen«) – sie war aber aufrichtig genug, mir auch nie Erfolgserlebnisse vorzuschwindeln, die sie nicht wirklich verspürte. Also lief ich mit einigen Methoden einfach ins Leere. Anderes konnte sie aufgreifen und verarbeiten. Mit Erschütterung erinnere ich mich noch immer einer bestimmten Sitzung, in der wir per Rollenspiel mit Videofeedback »Widersprechen und eigene Wünsche ausdrücken« übten. Hilde hatte damals bereits mit ihrer Erzieherinnenausbildung begonnen und stand im Zentrum ihrer Problematik: Sie meinte, allen neuen Anforderungen hundertfünfzigprozentig genügen zu müssen und fühlte sich anfangs ganz unfähig dazu. Als wir ihre Schwierigkeiten – Stimmqualität, Gestik, Wortwahl – bei dieser Übung analysierten, brach es plötzlich fast als eine Art »Erleuchtung« aus ihr heraus: »Mich hat man ja nie gefragt, was ich denke...«, stammelte sie, »es hat ja immer nur geheißen: mach das, mach jenes... immer nur ›Du tust...‹, nie ›Willst du das tun?‹ – wie soll ich das denn nun plötzlich können...?« In diesen schlichten Sätzen wurde nicht nur Hildes, sondern auch das Schicksal einer Klasse klar. Ich hatte Mühe, meine Tränen zurückzuhalten.

Es gab aber eine Reihe von Methoden, denen gegenüber sie verständnislos war: Warum Träume etwas mit ihrem Leben zu tun haben sollten, wurde ihr damals nie recht klar. Lange Zeit auch konzipierte sie die Therapie als eine Art »Frage-und-Antwort-Spiel«. Nie hätte sie von sich aus etwas vorgebracht – sie nahm lange Zeit an, daß ich ihre Probleme erraten müsse. In diesem Fall hat meine wirre Methodenkombination einfach deshalb keinen großen Schaden angerichtet, weil Hilde offenbar einen gewissen inneren Fundus an Sicherheit hatte, sich ihrer Gefühle zu vergewissern.

Anders verlief die Therapie mit Marga. Von ihr – die man als extrem »hysterisch« bezeichnen könnte – wurden alle meine Angebote begeistert akzeptiert und augenblicklich positiv beantwortet. Ich konnte an Marga alles ausprobieren, was mir meine jeweiligen Wochenenden gerade beschert hatten: Elemente des Katathymen Bilderlebens, Gestaltübungen, Selbstinstruktionstherapie, Focusing – sie blieb von nichts verschont und hatte auch gleich immer wieder ganz »umwerfende« neue Einsichten und Erlebnisse. Bald ließ ich mich von ihrem Spiel mitreißen. Wenn ich jetzt, im nachhinein, unsere Therapie in einem Bild fassen will, fällt mir immer wieder ein: Marga als Dompteuse, die mich mit gekonntem Peitschenhieb zu immer höheren Sprüngen antreibt. Denn bald wurde klar: So erleuchtend Margas Einsichten auch waren – an ihrem Leben änderte sich rein gar nichts. Nach wie vor war sie unerträglich eifersüchtig, konnte sich nicht zum Arbeiten bringen, zerstritt sich mit allen Freunden, weil sie launisch und anspruchsvoll war... u. ä. m. Ich aber versuchte mit immer neuen Methoden, ihren Ansprüchen Genüge zu tun – wurde immer wieder neu angespornt und immer wieder enttäuscht.

Wenn Margas Therapie trotzdem kein vollkommenes Desaster wurde, dann aus zwei Gründen: Erstens lernte ich in meiner damals gerade einsetzenden Balint-Gruppe zwar spät, aber doch noch einigermaßen rechtzeitig das »Muster« jener Therapie kennen. Und zweitens – was wohl die Vorbedingung dafür war – lieferte Marga sich (vielleicht unbewußt) mir schließlich doch aus. Sie war nämlich – was sicher nur dem extrem Hysterischen mit seiner Zwiespältigkeit des Gefühlslebens gelingt –, bei einer ihrer Streitereien mit dem Ehemann auf die Idee gekommen, den Aufnahmeknopf des Kassettenrecorders zu drücken. So hörte ich nun in Distanz, in welcher Weise Marga mit sich und ihrem Partner umging: voll von Beziehungsfallen, Angeboten, die nicht wirklich eingelöst wurden, quälenden und demütigenden Unterwerfungsgesten ohne wirkliche Unterwerfung – mit einem Wort: es war das ganze Arsenal an Beziehungsangeboten, die sie auch mir gemacht hatte; bei mir allerdings war alles verpackt gewesen in harmonisierende Freundlichkeit und ungewöhnlich großen Charme. Nun – als Beobachterin – konnten sich auch meine lang angestauten Aggressionen endlich entladen, die Marga durch ihr reizendes Wesen gestoppt hatte. Ein Vortrag über »Angst und Aggression in der Therapeut-Klient-Beziehung« war daraufhin der Beginn einer bis jetzt andauernden theoretischen und praktischen Beschäftigung mit diesem Thema. Marga war der erste Anstoß dazu gewesen. Mein Methodenwirrwarr aber hatte ihr leider dazu verholfen, ihr volles Repertoire an selbstschädigenden Verhaltensweisen ausleben zu können.

Alte Wegweiser: Die Beziehung wird wieder wichtig

Unter dem Einfluß meiner Balint-Gruppe lernte ich, den subtilen Mechanismen der Beziehung, in die eine Methode eingebaut ist, wiederum mehr Beachtung zu schenken. Ohne daß ich mich gezwungen fühlte, die psychoanalytische Methode zu praktizieren, mußte ich mich doch immer wieder kritisch fragen und fragen lassen, in welchem Beziehungsgeflecht eine bestimmte Methode ihre Wirkung entfalten könne. Ich lernte, verhaltenstherapeutische (aber auch andere) Methoden nicht nach dem Problem, sondern nach dem Typ des Beziehungsangebotes zu indizieren. Dies erscheint mir im Augenblick als die größte und schwierigste Kunst eines »integrativen« Therapeuten. Oft sieht es ja, oberflächlich betrachtet, so aus, als könne man »einfach alles machen« – irgendein Erfolg zeigt sich bei jedem Klienten. Den Zynismus des wahllosen Herumprobierens habe ich aber nun einigermaßen überwunden – zwar »verbiete« ich mir keine der mir geläufigen und einigermaßen vernünftig erscheinenden Methoden. Ich will sie aber weder aufs Geratewohl noch »symptomzentriert« verwenden. Meine Überlegungen gehen daher immer wieder in die Richtung des »typischen« Beziehungsangebots, das mir ein Klient entgegenbringen kann – von daher stelle ich (oft genug leider falsch) meine Indikation für eine Methode.

Knut z. B., ein 32jähriger Arbeitsloser mit einigen schnell abgebrochenen Arbeits- und Ausbildungsversuchen, hatte noch nie in seinem Leben länger als zwei bis drei Monate hintereinander gearbeitet. Er lebte von Sozialhilfe und von seinen Eltern. Schwere depressive Verstimmungen zwangen ihn, tagelang im Bett zu bleiben. Seine Kontakte zu Gleichaltrigen waren sporadisch und unbefriedigend; eine intime Partnerschaft zu einer Frau hatte er noch nie erlebt. Natürlich war er durch ein geradezu verheerendes psychoanalytisches Gutachten von jeder Möglichkeit einer analytischen Therapie ausgeschlossen worden. (Ein sadistischer Gutachter, dem die analytische Terminologie vertraut ist, kann übrigens – wie ich leider ab und zu feststellen muß – einen Klienten sehr leicht zum Unmenschen abstempeln.) Knut also galt als früh narzißtisch gestörtes Monster ohne Selbst, gleichsam nur zusammengehalten von seinen Depressionen und ähnlich wirren Charakteristika.

Von Anfang an fiel mir zweierlei auf: Knut war ausgesprochen intelligent und hatte sich trotz seiner Arbeitsunwilligkeit eine Menge Bildung angeeignet; Knut war außerdem fähig zu »flirten« – was dem im Gutachten natürlich ebenfalls vorkommenden Wort schizoid-»border-line« gewissen Autoren nach eigentlich widersprach. Da ich Psychoanalytikern der rigiden Sorte gerne einen Streich spiele, nahm ich Knut sofort in Therapie – versehen mit der vagen Aussicht auf BSHG-Geld, aber vorderhand ohne einen Pfennig Honorar. Knut erwies sich trotz Intelligenz und leichten Flirtversuchen anfangs als fast unansprechbar. Er verwendete seine ganze nicht geringe Intelligenz darauf, mir klarzumachen, wie schrecklich andere (gesellschaftliche Institutionen, seine Eltern...) ihn betrogen hatten. Sein besonderer Haß galt dem Sozialamt und dem Berufsberater, die ihn natürlich immer wieder dazu bringen wollten, Arbeit anzunehmen. Schreiend, gestikulierend und in Gesetzestexten wühlend bewies er mir, wie viele seiner »rechtlich einwandfreien« Ansprüche nicht erfüllt worden waren; meine Versuche, ihn auf die »eigenen Anteile« zu bringen, brachten ihn natürlich erst recht in Harnisch. Versuche zur kognitiven Strukturierung, zu einem gestuften Aktivitätsprogramm, zum Aufbau gewisser sozialer Kompetenzen: alles wurde boykottiert. Ich überlegte gründlich. Knut wollte offenbar alles »geschenkt«. Wo ihm etwas verweigert wurde, wo andere von ihm forderten – da wurde er bockbeinig. Alle meine verhaltenstherapeutischen Versuche mußten bei ihm natürlich als »Forderung« ankommen und wurden dementsprechend frostig aufgenommen. Nur Schimpfen oder das Klagen über die Eltern (die er aber natürlich nach Herzenslust ausbeutete) brachte ihm offensichtlich Erleichterung und hielt ihn in der Therapie.

Durfte ich von einem Menschen, dessen zentrales Problem »Geben und Nehmen« war, etwas fordern? Ich entschied mich auf der Basis dieser Überlegung dafür, ihm erstmals nur zu »geben«. Das hieß konkret: keine einengenden, direktiven Methoden – nicht einmal Anforderungen an eine Analyse seiner Probleme; darüber hinaus hieß es: paradoxe Intervention. Letzteres aber betrachtete ich nicht als Trick – ich hielt mich bereit, ihm ernsthaft zuzugestehen, daß er ein Sozialfall bleiben dürfe, daß er sich an »der Gesellschaft« (dargestellt durch lebensbeeinträchtigende Eltern) rächen dürfe. Ich appellierte nicht an seine Stärke, ich plädierte für seine Schwäche – obwohl ich ihm mein hoffnungsfrohes Gutachten für das Sozialamt, in dem ich seine gute Intelligenz und gewisse soziale Kompetenzen herausgestrichen hatte, zu lesen gegeben hatte. Ich erzählte ihm auch freimütig, daß ich von einigen seiner Qualitäten überzeugt sei, daß ich aber angesichts der auch objektiv schwierigen Situation am Arbeitsmarkt davon ausginge, daß er in der Therapie nichts anderes lernen solle, als sich als Sozialfall seines Lebens zu erfreuen. Auf dieser Basis kräftigte er sich so, daß er – mit gestuften Kontaktübungen – nach einem Jahr Therapie seine ersten sexuellen Beziehungen zu einer Frau, die er schon längere Zeit hindurch bewundert hatte, aufnehmen konnte. Reflexionen über seine Biographie, Selbstinstruktionsversuche, Rollenspiele: alles konnte in die Therapie eingebaut werden, als er sich nicht mehr von mir »ausgebeutet« fühlte. Wann immer aber meine Hoffnungen zu groß wurden, bremste er mich – sein Gespür für die »Forderungen« anderer war geradezu phänomenal. Gegen Ende der Therapie konnte er sich auch in der Reflexion mit diesem Thema auseinandersetzen. Interessant war in diesem Zusammenhang übrigens auch ein recht deprimierender Rückfall, als nach einem dreiviertel Jahr Therapie endlich vom BSHG Geld bewilligt wurde. Daß er die Stunden bis dahin von mir »geschenkt« bekommen hatte, war offensichtlich wichtig gewesen. Obwohl ich aus eigenem Egoismus heraus seit einiger Zeit gar nicht mehr begeistert bin von Therapien »ohne Geld« (früher hatte ich mir, in Institutionen arbeitend, gar nichts anderes vorstellen können) bezweifle ich doch jede allgemeine Maxime, die vom Klienten zum Beweis seiner »Motivation« Geld verlangt. Ich gestehe daher offen, daß vor allem ich selbst – vorausgesetzt, ein Klient ist finanziell abgesichert – Freude habe am Geld, das ich durch Therapien verdiene.

Nicht immer kann ich Methode und Beziehungsangebot (oder »Kliententyp«) so klar in einen Zusammenhang bringen wie im oben geschilderten Fall. Oft sind es recht intuitive Einfälle, ein »Gespür« für das, was geht, und das, was »völlig unmöglich« ist. Daß ich es z. B. sehr bald aufgab, Marias Arbeitsstörungen (ihr Eingangsproblem) mit Konzentrationsübungen zu behandeln und mich von ihr in jeder Stunde auf ein neues Problemfeld locken ließ, bereitete mir anfangs sogar ein schlechtes Gewissen. Sollte ich ihr nicht durch mehr Festigkeit und Konsequenz Erleichterung verschaffen im wahrhaft undurchdringlichen Dschungel ihrer Probleme? Kaum hatte ich einen roten Faden gefunden – schon ging er mir wieder verloren. Wieviel kam doch in den Therapiestunden auf: ihr Unwille gegenüber jeder »entfremdenden« Arbeit, wobei sie immer das Gefühl hatte, jede Disziplin würde ihre »Spontaneität und Kreativität« zerstören; ihre diffusen agoraphoben Ängste, deretwillen sie sich oft wochenlang nicht in die Stadt getraute; ihre irrealen Eifersuchtsszenen, in denen sie wahrhaft »außer sich« geriet, ohne daß sie genau angeben konnte, warum sie eifersüchtig war – der Punkt ihres Wutausbruchs schien oft nicht das geringste mit ihrem bewußten Erleben zu tun zu haben; ihre vielen Erinnerungen an die paranoide Mutter mit den skurrilen Ge- und Verboten... Ich konnte nur wenig Muster in dieses Geflecht hineinbringen. Erstaunlicherweise wandelten sich anfängliches Mißtrauen und Abwehr gegen mich (noch nie hat eine Klientin so oft die Therapiestunde »vergessen« oder »verschlafen«, noch nie ist eine so konstant zu spät gekommen!) langsam in immer größeres Vertrauen. Sie kam pünktlich, erzählte von kleinen Fortschritten, und ich konnte merken, daß sie die Therapiestunden ungern verließ. Immer klarer formulierte sie ein größeres Wohlbefinden.

Ohne daß ich genau sagen könnte, was dies bewirkt hat, habe ich doch den Eindruck, daß die Tatsache meiner »Inkonsequenz« ihr geholfen hat. Das Gefühl, von keinem verstanden zu werden, wäre sicherlich verstärkt worden, hätte ich auf meinem eigenen »roten Faden« beharrt. Da sie selbst alle Probleme und Sachverhalte virtuos verwirrte (darin vermutlich die Erbin ihrer paranoiden Mutter), zwang sie mich aber zu sehr genauen (oft verständnislosen) Fragen. Ich habe selten in einer Therapie so viel Unverständliches gehört und selten so viele Fragen gestellt. Vieles blieb mir für immer dunkel. In der Sprache meiner Balint-Gruppe war Maria ein »border-line«, dem ich durch mein geduldiges Hinhören und die Tatsache der Vermittlung meines Unverständnisses geholfen hatte, zwischen sich und der Welt zu unterscheiden. Letzteres leuchtete mir ein. Daß aber ein Mensch mit solch großem Interesse für das Schicksal anderer – wie Maria es hatte – ein »border-line« sein soll, wollte mir nicht in den Kopf. Allerdings hatte ich keine Veranlassung, die mit dem Wort »border-line« verknüpfte Abwertung von Klienten mitzumachen. Übrigens hat Maria Berlin verlassen, ohne daß es zu einer wirklichen Verbesserung ihrer Arbeitsfähigkeit kam. Ich weiß nicht genau, wie sie sich nach Beendigung der Therapie (deren Abschluß mehr den äußeren als den inneren Bedingungen gehorchte) jetzt fühlt. Da sie aber ab und zu Klienten zu mir schickt, scheint sie die Therapie selbst in positiver Erinnerung behalten zu haben. In der letzten Stunde gab sie als Resümee an, daß ich ihr wohl am meisten durch eine einzige Bemerkung geholfen hatte; ich hätte einmal gesagt: »Sie sind also immer sehr alleine gewesen mit Ihrer Unsicherheit.« Bis heute kann ich nur spekulieren, was gerade diese doch eher triviale Feststellung in ihr ausgelöst hat – um so mehr, als Maria mir damals nichts mitgeteilt hatte von der Wirkung dieser Bemerkung.

Ich lernte immer besser, als Therapeutin »bescheiden« zu bleiben. Längst nicht alles kann aufgeklärt werden, viele Probleme bleiben in alter Hartnäckigkeit bestehen; oft werden Therapien abgebrochen, ohne daß dies unbedingt als Mißerfolg zu verstehen ist. In meinen Anfangszeiten buchte ich jeden Abbruch auf die Negativseite. Nun versuche ich, die Art des Abbruchs besser zu analysieren, und sehe oft, daß Klienten dabei recht weise vorgehen. Daß Gerda genau nach derjenigen Therapiestunde, in der wir über ihre Bisexualität gesprochen hatten, die Therapie abbrach, ärgerte mich zuerst. Ich hatte Gerda als sympathisch und kultiviert empfunden und hätte ihr eine längere Therapiezeit gewünscht. Daß sie es nicht einmal über sich brachte, mir persönlich adieu zu sagen, sondern nur schriftlich mitteilte, ihr Ehemann hätte allzu große Angst vor einer Offenlegung auch seiner Probleme, weshalb sie ihn nicht kränken wolle, erschien mir sozusagen als »unter ihrem Niveau« gehandelt. Schließlich, so fand ich anfangs, sei sie eine psychologisch versierte, gebildete Frau, die zu ihren Motiven ein wenig mehr Fühlung hätte haben sollen. Dann ließ ich die letzte Stunde Revue passieren. Sie war betont undramatisch verlaufen, hatte aber für mich einige eklatante Ungereimtheiten zutage gebracht – so z. B. eine absolute Weigerung Gerdas, in ihrer Bisexualität irgend etwas Kompliziertes, Problematisches zu sehen. Über meine (möglicherweise nicht besonders geschickten) Fragen, ob diese Diskrepanz zu herrschenden Normen denn zu keiner Zeit für sie problematisch gewesen sei – ganz abgesehen von eventuellen eigenen Konflikten –, schien sie ehrlich überrascht. Nein – wirklich nicht; Sexualität sei schön, wenn sie Ausdruck eines echten Verständnisses zwischen Menschen sei. Ob Mann oder Frau: dies sei doch wirklich egal ... etc. etc.

Ich bekam das Gefühl, gegen eine Wand anzulaufen. Vielerlei kleine Beweise einer aufkeimenden Verliebtheit Gerdas kamen mir in den Sinn. Je länger ich darüber nachdachte, desto richtiger erschien mir Gerdas Verhalten. Sie hatte immer wieder betont, daß sie problemzentriert (es ging um phobische

Ängste in sozialen Situationen) arbeiten wolle. Zwar hatte es sich für mich als unmöglich erwiesen, dies ohne Einbeziehung eines weiteren biographischen Kontextes zu tun – aber war es nicht völlig verständlich und richtig, daß sie ein vermutlich zentrales Lebensproblem, mit dem sie sich arrangiert hatte, nicht heraufbeschwören wollte? Gerade für Gerda war es ungeheuer wichtig, das »Gesicht zu wahren« - warum sollte eine Therapie dies zerstören?

Ich habe gelernt abzuschätzen, wann die problematische Lebenssituation, die jemanden in die Therapie bringt, weniger existenzbedrohend ist als die vermutliche Aufdeckung zentraler Probleme, mit denen man sich arrangiert hat. Offensichtlich läßt es sich mit manch wild verwachsener Stelle besser leben, als Psychoboomfreaks meinen. Seit das Ideal der totalen Offenheit, des »Mit-sich-selbst-in-Berührung-Kommens«, des freien »Zugangs zu sich selbst« in Mode gekommen ist, wird manche Therapie dadurch erschwert, daß »Psychos« die oben genannten Forderungen zwar dauernd auf der Zunge tragen, in ihrem Inneren jedoch dieselbe Angst davor haben wie altmodische und schon ein wenig verzopft wirkende Klienten älterer Jahrgänge. Das Ergebnis bei den »Psychos« ist oft eine krampfhaft langwierige Therapie ohne Ergebnis. Manchmal lobe ich mir da höflich-konventionelle Therapieabbrüche wie bei Gerda. Man wahrt das Gesicht und ist im Grunde genommen ehrlicher. Ich möchte nicht verschweigen, daß ich im ersten Augenblick des Mißmuts über Gerda im Geiste eine knapp »aufdeckende« Floskel formulierte, die ich ihr schreiben wollte. Ich habe dies aber Gott sei Dank unterlassen.

Führen alle Wege nach Rom? – Über verschiedene Methoden
bei verschiedenen Problemen und verschiedenen Zielen

Ein besonderes Kapitel stellte in jener Zeit, in der ich vorwiegend Studenten therapierte, das Problem von Leistungsverweigerung/Leistungsangst dar. Sehr viele unserer Klienten kamen ihrer »Arbeitsstörungen« wegen in die Beratungsstelle. Ich las viel über verhaltenstherapeutische Methoden: Konzentrationsübungen, »Stimuluskontrolle« (so verdreht bezeichneten wir die einfache Tatsache, daß man womöglich immer am selben Ort und ohne ablenkendes Material arbeiten soll!), Belohnung nach jeweils kurzen Arbeitszeiten, Tagesprotokolle etc. etc. Da die Klagen der Studenten oft recht gleichförmig lauteten, richteten wir auch »Trainingskurse« ein, in denen man richtig arbeiten lernen konnte.

Auf einem von psychoanalytischer Seite dominierten Wochenendseminar über »Leistungsstörungen bei Studenten« erfuhr ich, daß es sich bei der Leistungsstörung meist um »Größenphantasien« handle, die den Studenten am Arbeiten hindere. Leider hatte ich in der damaligen Phase gerade eine heftige Aversion gegenüber Psychoanalytikern, weshalb ich arrogant behauptete, den »Sinn« jener Aussage nicht zu begreifen. Hätte ich mich damit abgegeben, wären mir einige Umwege erspart geblieben.

Unglücklicherweise hatten wir gerade bei den Leistungsstörungen oft erstaunlich gute Erfolge mit unseren Methoden. Vor allem unter dem Druck der nahenden Prüfung sowie drohendem BAföG-Entzug ließen sich rasch Erfolge erzielen – und natürlich war uns nach überstandenem Examen oder abgegebener Seminararbeit der Dank der Studenten sicher. Wie viele Blumensträuße und Pralinenschachteln habe ich jeweils in der Examenszeit erhalten – eigentlich hätten wir zufrieden sein müssen! Kritikern unserer »oberflächlichen« Methoden hielten wir in etwas nebulöser, aber – wieder einmal – wissenschaftlich klingender Sprache entgegen, daß sich im Laufe der Zeit das Leistungsstreben »internalisiere«, wobei wir vermutlich daran dachten, daß sich im Laufe der Entwicklung auch bei kleinen Kindern äußere Ver- und Gebote als »innere« Stimme präsentieren. (Die Dubiosität jener Analogie, selbst wenn sie stimmen sollte, wurde mir übrigens erst viel später bewußt.) Damals konnte ich nur feststellen, daß trotz dieser angeblichen Internalisierung und trotz der Freude über ein geglücktes Examen der Weg dorthin immer ein mühevoller, wenig freudiger war. Arbeitsstörungstherapien betrachtete ich immer als »Kärrnerarbeit« für mich selbst. Vor diesen Stunden spürte ich ein leichtes Unbehagen: Wie oft brach das ganze ausgeklügelte System zusammen! – Wie wenig glücklich schienen meine Klienten die ganze Zeit hindurch! Ich konnte die Mühe spüren;

die Zähigkeit und Langeweile dieser unwillig-arbeitsvollen Tage übertrug sich mir sehr deutlich. Die Therapien selbst waren langweilig: Ich kam mir vor wie ein ewig unzufriedener Lehrer, der unnachgiebig alle Unterlassungssünden aufspürt.

Unter dem Eindruck einer Focusingruppe behandelte ich einige Jahre später einen sehr ehrgeizigen Chemiestudenten namens Kai, der über extreme Arbeitsunlust klagte. Da er sich meist selbst durch allerlei Tricks (und die Angst vor drohendem Versagen) zum Arbeiten brachte, konnte ich ihm mit meinen verhaltenstherapeutischen Methoden wenig bieten. Wir gingen dafür – in entspanntem Zustand – in seine Angst vor der Arbeit »hinein«. Er ließ seiner Phantasie freien Lauf und regredierte offensichtlich immer mehr. Da gingen mir die Augen plötzlich auf: »Ich will Weltbester sein«, stammelte er, »den Nobelpreis will ich bekommen... alle werden sehen, wer ich bin... ein Denkmal werde ich bekommen...«, und beim Gedanken an sein Labor und die eigene Examensarbeit: »Alles, was ich mache, ist banal... jeder Laborant bringt das zustande... das ist alles absoluter Mist...« etc. etc. Als ich ihn wieder die Reise vom Bett (das zu verlassen ihm jeden Tag ungeheuer schwerfiel) zum Labor und zurück machen ließ, veränderte sich sein Erleben langsam. »Das macht Spaß, das Experimentieren«, »das ist interessant...« rief er. »Wenn ich nur kein Denkmal sein müßte! Alle anderen sind viel besser als ich... aber das Arbeiten macht Spaß!«

Wir hatten uns schon längere Zeit vorher immer wieder mit seinem leistungsfordernden Vater beschäftigt, für den er stellvertretend die »große Karriere« machen sollte. Da er offenbar wirklich begabt und einfallsreich war, hatte er auch bald Erfolge im Chemiestudium vorzuweisen gehabt. Wenn die ganze Sache nur mehr Spaß gemacht hätte...! Uns wurde beiden klar, daß Kai ganz offensichtlich von seiner Arbeit ganz und gar nicht überfordert, sondern im Gegenteil: daß er dazu wie geschaffen war. Er besaß genau jenes richtige Maß an Freude am praktischen Herumprobieren, kombiniert mit abstrakter Begabung, das den guten Chemiker ausmacht. Die strikten ichfremden Forderungen des karrieresüchtigen Vaters mit seinen vielen subtilen Drohungen und Erpressungen (»Du bist mein Stolz – wenn schon deine Brüder eine Enttäuschung sind – an dir kann ich mich auch im Alter noch erfreuen!« ...usf.) hatten ihm den genuinen Spaß an einer Arbeit, für die er geschaffen schien, verdorben. Die selbst verordneten quasiverhaltenstherapeutischen Tricks hatten nur die Forderungen des Vaters widergespiegelt und brachten ihm daher nur in Ausnahmefällen Befriedigung. Wir kamen überein, daß er nie mehr arbeiten solle, wenn er dazu keine Lust hätte. Wenngleich die Realität des Universitätslebens der Absolutheit jenes Übereinkommens Grenzen setzte, war für Kai damit die Marschrichtung klar. Nun hatten wir offenbar den richtigen Punkt erwischt: Kai konnte die Arbeit in seine Persönlichkeit integrieren, er war nun wirklich »intrinsisch motiviert« und arbeitete nicht mehr für seinen ehrgeizigen Vater.

Es müssen, denke ich, sehr viel Zufälle zusammentreffen, damit verhaltenstherapeutische Methoden solche Erlebnisse bewirken können. Meist hatten wir damit den Arm der ichfremden Instanzen einfach verlängert – kein Wunder, daß Arbeit dann keinen Spaß machte.

Natürlich gab es in den späten sechziger Jahren an der Universität viele Gesellschaftsanalysen, die klarmachten, warum »entfremdete« Arbeit keine Freude machen kann. Mir wollte nie recht einleuchten, weshalb gerade intellektuelle Arbeit (noch dazu im Ausbildungsstadium) solche »Entfremdung« in sich bergen sollte – alles in allem schienen mir die Studenten mit ihrer freien Arbeitszeit und einem in vielen Fächern nicht allzu großen Leistungsdruck gegenüber ihren berufstätigen Altersgenossen doch sehr privilegiert. Es war zwar wenig populär, dies zu äußern – aber ich konnte meine Eindrücke in dieser Richtung doch nicht ganz verbergen. Noch dazu, wo gerade die progressiven unter den Studenten damals noch sehr viele Möglichkeiten sahen, die Gesellschaft zu verändern: inner- und außerhalb der Institutionen und gerade vermittels ihres Wissens. Die Geschichte mit der »Entfremdung« schien mir für die meisten Fälle allzu weit hergeholt. Auf einer anderen Ebene allerdings konnte man durchaus auf die »überindividuellen« Determinanten zurückgreifen: wenn man nämlich die allgemeine Leistungsorientierung der Wirtschaftswunderzeit, die von den Eltern meinen Klienten übertragen wurde, in Betracht zog. Die Überpointierung des Karrieregedankens, der schreckliche Ehrgeiz »für die Kinder«: Das konnte schon sehr viel an natürlicher Motivation zerstören und den Spaß am Denken und Lernen verderben. Viele marxistisch gesinnte Studenten haben zu jener Zeit erzählt, daß ihnen – da »nicht entfremdet« – das freie Arbeiten in »Kapitalkursen« u. ä. viel Spaß mache und sich dabei keine Konzentrationsstörungen einstellten. Hier konnte sich, unbehindert vom elterlichen Ehrgeiz, ja geradezu gegen ihn gerichtet, die Freude am Denken und Spekulieren breitmachen. Kein Wunder, daß hier alles klappte! In einem anderen Sinn als von vielen gemeint, war in diesen Gruppen oft die »Entfremdung« wirklich aufgehoben. Leider hat sie sich sehr oft wieder eingeschlichen, da es meist nicht lange dauerte, bis man der »beste Marxist« sein wollte. Auch hier wurde man Vater und Mutter also nicht los!

Meine eigene Maxime bei der Therapie der Arbeitsstörung aber lautet jetzt für den Klienten: Sei (in Gedanken oder real) »faul« – und sieh zu, was dann in dir passiert! An diesem Material setzen wir dann an.

Ein anderes Problem, das uns im studentischen Milieu sehr häufig beschäftigte, war das der Sexualängste. Viele der sexuell noch unerfahrenen jungen Leute hatten Angst vor dem Geschlechtsverkehr; sie fürchteten sexuelles Versagen, hatten Potenzstörungen und waren sich oft im unklaren darüber, welche Normen des Sexuallebens für sie eigentlich gelten sollten.

Wir waren gerade auf diesem Gebiet begeistert von den Möglichkeiten der Verhaltenstherapie. Mit Systematischer Desensibilisierung, abgestuften Sexualübungen à la Masters und Johnson und einer guten Portion Aufklärung kamen wir oft wunderbar zurecht. Besonders entzückt waren wir über den Fall eines noch sehr jungen Mannes, der mit seinen Sexualängsten irrtümlich in die Sprechstunde der Berufsberaterin geraten war. Jene – eine ältere und würdige Dame – hatte bei Teamsitzungen wohl einiges aufgeschnappt von verhaltenstherapeutischem Vorgehen bei Potenzschwierigkeiten. Also beruhigte sie den jungen Mann ein wenig, überwies ihn an mich und gab ihm überdies noch einige freundliche Ratschläge mit auf den Weg, etwa: nichts überstürzen, kein Druck und Zwang, Wartenkönnen etc.

Als dieser Student schließlich eine Woche später in meine

Sprechstunde kam, eröffnete er mir, daß eine Beratung eigentlich nicht mehr nötig sei. Die »Therapeutin« der vorigen Woche habe ihm schon solch gute Ratschläge gegeben, daß bisher alles zufriedenstellend gelaufen sei.

Solche Blitzerfolge erlebten wir immer wieder.

Hilflos allerdings fühlten wir uns, wenn sich nach den ersten zwei bis drei Therapiestunden nichts änderte. Wir hatten nämlich dann im Grunde wenig mehr zu bieten. Allenfalls machten wir noch etwas kleinere Übungsschritte, schalteten vor den »invivo-Übungen« eine weitere Desensibilisierung ein u. ä. m. Das Prinzip der Angstreduktion blieb das gleiche; immer wieder aber gab es Sexualstörungen, die jeder Behandlung trotzten. Ich bilde mir ein, daß ich bald schon in der zweiten Stunde wußte, ob es klappen würde oder nicht. War in der zweiten Sitzung gar keine Erleichterung eingetreten, dann standen die Chancen für die Therapie schlecht.

Bettina war ein solcher Fall. Zweiundzwanzigjährig, hübsch und strahlend verliebt in einen sehr attraktiven Kommilitonen, erschien es äußerst merkwürdig, daß sie vor dem intimen Beisammensein solch panische Angst hatte. Seit Monaten schluckte sie die Antibabypille und war noch immer Jungfrau. An ihrem Freund, einem sexuell schon erfahrenen Jungen, lag es offensichtlich nicht. Er bewies viel Geduld und war mit jeder Verzögerung einverstanden. Daß er mit der Zeit trotzdem ungeduldig und ein wenig mißmutig wurde: wer hätte ihm das verargen können? Er blieb Bettina aber treu, weil er der Meinung war, daß sie sich in jeder Hinsicht außer der sexuellen wunderbar verstünden. Bettina absolvierte eine Systematische Desensibilisierung in jeder nur möglichen Nuancierung; wir besprachen sehr fein abgestufte sexuelle Übungen. An ihrer Angst änderte sich aber nichts. Kaum war sie mit ihrem Freund alleine und wollte mit ihren Übungen beginnen, schnürte die Angst ihr die Kehle zu. Sie bekam Schwindelanfälle, mußte erbrechen und machte sich dauernd die heftigsten Vorwürfe. Innerhalb eines verhaltenstherapeutischen Settings fiel mir einfach nichts mehr ein. Ihre Biographie erschien in sexueller Hinsicht nicht weiter auffallend: die übliche, etwas enge deutsche Kleinbürgermoral – gemildert durch vernünftige Aufklärung im Unterricht einer sehr bewunderten Religionslehrerin. Bettina ging es immer schlechter. Sie konnte nicht mehr schlafen, sie wurde depressiv. Der Freund wollte sich von ihr trennen, aber sie trauerte kaum mehr um ihn.

Eines Abends wurde ich vom Studentenwohnheim angerufen – Bettina hätte einen »Nervenzusammenbruch«, es müsse etwas mit ihr geschehen. Ich fand sie als schluchzendes Häufchen vor. Sie trotzte jedem Zuspruch, und ich holte den Arzt zu Hilfe, der ihr eine Valiumspritze gab. Ich blieb die halbe Nacht bei ihr und arrangierte eine Überweisung in die Psychosomatikklinik. Nach drei Monaten kam sie wieder, um sich für die Überweisung zu bedanken – Therapie allerdings wolle sie bei mir nicht mehr machen. Sie sah zufrieden und ausgeglichen aus. Sie ahne nun, so meinte sie, wo ihr Problem liegen könne. Sie habe eine Art »kurze Analyse« bei einem Therapeuten absolviert (ich glaube, daß es sich um etwas Ähnliches wie das katathyme Bilderleben gehandelt haben muß) und dabei verstanden, daß sie sich selbst immer nur als kleinen Jungen sehen könne. Alle Bilder, in denen sie sich selbst phantasiert habe, seien Jungenbilder gewesen. Sie wolle nun eine »richtige« Therapie machen, um sich als Frau zu entdecken. Ich schwankte zwischen Erleichterung und Kränkung. Es ließ sich aber nicht leugnen, daß meine Therapie für Bettina eben keine »richtige« gewesen war. Andererseits war ich froh über Bettinas Wohlergehen. Ich mauschelte mich innerlich über das Debakel hinweg und redete mir ein, daß ich durch Verhaltenstherapie zumindest eine Eingangsmotivation zur Veränderung geschaffen hätte.

Bettina besuchte mich fünf oder sechs Jahre später noch einmal. Sie wirkte gelöst und erzählte viel von ihrem Beruf als Lehrerin. Schließlich wagte ich es, sie nach ihrer Partnerschaft zu fragen. Sie grinste ein wenig verschmitzt und meinte: »Das hab ich in der Therapie zu einem guten Ende hingekriegt – mein Freund und ich leben seit zwei Jahren fest zusammen. Vielleicht werden wir bald ein Kind haben.« – Ich wollte nicht fragen, wie es zur Lösung ihrer Probleme gekommen war, obwohl mich die »Kleine-Jungen«-Problematik, die mir so vollständig entgangen war, natürlich interessiert hätte.

Ein Problem, das sich durch meine ganze therapeutische Berufstätigkeit hindurchzieht, ist das des Therapieziels. Wie viele

Diskussionen habe ich mit Studenten und Kollegen über das »Therapieziel« geführt! Ich habe lange Zeit hindurch Mühe gehabt, darin überhaupt ein »Problem« zu sehen. Anfangs, in meiner »quasi-analytischen« Periode, tauchte die Frage gar nicht auf: Ich nahm an, daß sich das Ziel mit wachsender Reife »von selbst« herausstellen würde.

Globale Vorstellungen wie »Arbeitsfähigkeit«, »genitale Reife« u. ä. m. spielten bei mir für den therapeutischen Prozeß selbst keine Rolle. Allenfalls konnte man theoretisch darüber sinnieren. Ich glaube aber nicht, daß ich damals mit meinen Klienten wirklich darüber gesprochen habe. Ich erinnere mich allerdings eines Vorkommnisses in meiner Lehranalyse: Für mich ziemlich unvermittelt fragte mich mein Analytiker, was ich persönlich denn eigentlich von dieser Analyse profitieren wolle? Ich weiß, daß ich diese Frage anfangs gar nicht richtig begriffen habe. Er erläuterte sie daher: »Nun, manche Leute wollten durch die Analyse im Beruf tüchtiger werden und mehr Geld verdienen, andere möchten sexuell attraktiver werden... u. ä. m.« Ich wußte keine Antwort, worauf er sagte: »Es ist vielleicht gut, wenn Sie sich das merken – wie schwer es ist, für sich selbst Ziele aufzustellen... vielleicht will man sich gar nicht so ändern, wie man meint!« Dieser Satz blieb zwar haften, ich konnte damals aber wenig damit anfangen. Erst viel später wurde mir seine Bedeutung klarer. Am Beginn der verhaltenstherapeutischen Periode aber waren wir alle stolz darauf, die schwammigen »globalen« Ziele der Psychoanalyse durch konkrete, verhaltensbezogene ersetzen zu können. Dies wurde ja als ein ganz besonders wichtiger Vorteil gegenüber der Psychoanalyse angesehen.

Die Frage, wie man denn zu diesen Zielen gelange, hielt ich für unerheblich. Guten Gewissens verteidigte ich mich, wenn uns vorgeworfen wurde, Verhaltenstherapeuten »manipulierten« ihre Klienten auf gesellschaftskonforme Ziele hin oder auch: sie wären – da sie keine Normen verträten – Handlanger auch unmoralischer Zielsetzungen. Die andauernd zitierten Beispiele wie: »Was tut ein Verhaltenstherapeut, wenn ihn der Klient bittet, er möge ihm die Hemmungen, im Kaufhaus zu klauen, wegkonditionieren?« oder: »...und wenn einer dich bittet, ihm behilflich zu sein, einen anderen zu töten?« bzw.:

»...wenn ein Chef mittels Selbstbehauptungstraining seine Angestellten noch besser ausbeuten möchte?« ...erschienen mir irreal und dämlich. Natürlich hatte noch nie ein Klient derartige Wünsche geäußert. Die Zielsetzungen unserer Klienten waren immer »vernünftig«, sie wollten irrationale Ängste abbauen, bessere soziale Beziehungen erreichen, sexuelle Schwierigkeiten beheben und was dergleichen mehr an einsehbaren Zielen in einer Therapie auftaucht.

Immer wieder hielt ich Kritikern der Verhaltenstherapie vor Augen, daß gerade die transparente, partnerschaftliche Diskussion über Therapieziele die »Macht« des Therapeuten verringert. Meine Erfahrungen gingen denn auch alle in dieselbe Richtung: Gespräche über die konkreten »Ziele« einer Therapie verliefen nie problematisch, man konnte sich immer »einigen«. Schwierig war höchstens der Prozeß der »Operationalisierung« von psychischen Störungen. Die Ziele aber ergaben sich dann sozusagen »von selbst«. Klagte einer über Minderwertigkeitskomplexe, dann wurde eben erhoben, in welchen spezifischen Situationen er sich »minderwertig« vorkam; diese Situationen wurden auf adäquates/inadäquates Verhalten hin analysiert – und schon hatte man das Therapieziel in der Tasche.

Ich konnte nichts Problematisches daran sehen, wenn Renates »Minderwertigkeitsgefühle« so operationalisiert wurden, daß wir feststellten, sie fühle sich a) körperlich wenig attraktiv und wagte es daher b) nie, mit männlichen Kollegen Kontakte anzuknüpfen. Die Therapieziele wurden also unterteilt: 1. Renate mußte lernen, sich attraktiver herzurichten; 2. Renate mußte in gestuften »Kontaktübungen« junge Männer ansprechen. Zur Vorbereitung gab es Rollenspiele. Bezüglich der Attraktivität berief ich zwei besonders schicke und modebewußte Praktikantinnen zur gemeinsamen »Beratung«, und in »Brigitte«-Manier versuchten wir nun, eine besser gekleidete, besser frisierte Renate »herzustellen«. Renate selbst half eifrig mit und freute sich über das Interesse, das ihre äußere Person erregte. Sicher war es kein Zufall, daß sie nun auch sehr viel mehr Mut fand, sich mit Männern anzufreunden. Und natürlich dauerte es nicht lange, und die Initiative ging auch von einigen dieser Männer aus. Man konnte uns natürlich dabei »Oberflächlichkeit« vorwerfen. War das überhaupt noch Therapie? Bekommt jemand wirklich mehr »sexuelle Identität«, wenn man ihn hübsch anzieht und frisiert? Der Erfolg sprach aber eindeutig für uns, und Renate tat durch unser Eingreifen einen »großen Schritt vorwärts«, wie sie immer wieder versicherte. Mit meiner Behandlung ihrer Problematik hatte ich sie außerdem sicher nicht »überrumpelt« – wo lag also der Hase im Pfeffer?

Bis heute, so muß ich gestehen, kann ich mich einigermaßen ungetrübten Herzens an Renates Erfolgen freuen. Ich weiß nicht, wie »tief« ihre Veränderung war; ihre Einsicht in die eigene Problematik ging sicher andere Wege, als wenn wir ihre Beziehung zum Vater (zur Mutter) und die mögliche Verleugnung ihrer Geschlechtsidentität infolge eines Eifersuchtsdramas mit dem Bruder analysiert hätten. Trotzdem hatte sie natürlich die Chance, ihr nunmehr verändertes Verhalten und Erleben auch reflektierend zu begleiten. Sie hat dies natürlich auch getan, aber sicher nicht in der Form, in der eine Psychoanalyse sie dazu gebracht hätte. Wären die Erfolge dann stabiler gewesen? – Ich weiß es nicht.

Nur: das erfolgreiche Vorgehen im Fall Renate ließ sich offensichtlich nicht auf ähnliche Fälle übertragen. Was auch hätten wir mit der außerordentlich hübschen Andrea anfangen sollen, die – ungeachtet aller Beteuerungen und Bewunderung – steif und fest behauptete, »häßlich« zu sein? Zwar war ihr klar, daß diese Einstellung von niemandem geteilt wurde; sie bildete sich aber ein, daß sie dies nur ihren kosmetischen »Kniffen« zu verdanken habe. Sähe man sie einmal ungeschminkt, dann würden alle erschauern wie beim Anblick eines Basilisken. Offensichtlich hatten wir es hier mit einem viel unrealistischeren Selbstbild zu tun, und weder verdeckte Konditionierung (also z. B.: sich beim Hineingreifen in die Zigarettenschachtel immer wieder zu sagen: »Ich bin hübsch«) noch das Auflisten aller positiven und negativen Positionen ihres Äußeren konnte ihr Distanz zu ihrer eingebildeten »Häßlichkeit« verschaffen. Da wir keine Kategorien hatten, um das Zustandekommen jener »Minderwertigkeitsgefühle« zu fassen, konnten wir auch keine differentielle Indikation zur Behandlung dieses Problems setzen. Es schien ziemlich »zufällig«, daß das, was bei Renate gewirkt hatte, für Andrea nicht anwendbar war. Noch merkwürdiger war der Fall bei Eva, die – ebenso wie Renate – wenig Geschick zeigte, sich attraktiv aufzumachen, und darunter litt. Als ich meine »Schönheitskommission« einberief, brach Eva aber in bitteres Schluchzen aus: Das sei das Allerletzte... das Schrecklichste... nur die häßlichsten Entlein würde man durch neue Frisuren und Kleider zurechtputzen... Schönheit müsse etwas »von innen« sein...

Nicht immer war ich damit am Ende meines Lateins. Mit Eva z. B. habe ich sehr viele Gespräche geführt, die um ihre Familie kreisten, ihre Stellung als »Königskind«, dem – der Familiensaga zufolge – alle Gaben in die Wiege gelegt worden waren und das in der Pubertät dann plötzlich durch Akne und zu rasche Gewichtszunahme das bewundernde Interesse dieser Familie verloren hatte. Diese Gespräche aber standen ganz und gar nicht mehr unter dem Zeichen einer konkreten Zielsetzung; sie hatten auch nichts mehr von Verhaltenstherapie an sich. Ich hatte ihretwegen auch fast ein »schlechtes Gewissen« – gemildert allerdings durch die Freude, daß Eva sich nach und nach besser fühlte und ihre (schon längst nicht mehr reale) »Häßlichkeit« als Fiktion erkannte. Ohne große Beratung zog sie sich nach einiger Zeit auch schicker an und konnte sich über Erfolglosigkeit bei Männern nicht mehr beklagen.

Diesen Fall (und ähnliche) »vergaß« ich ganz einfach bei der Verteidigung meiner verhaltenstherapeutisch orientierten »transparenten, partnerschaftlichen« Zielsetzung.

Auch Klaus, ein homosexueller Medizinstudent, war »auf den ersten Blick« ein klarer Fall, sogar besonders geeignet, um die Freizügigkeit verhaltenstherapeutischer Zielsetzung zu demonstrieren. Er brachte »sein« Ziel klar formuliert in die Therapie: Er wollte von der Homosexualität wegkommen und sich in die »heterosexuelle Welt« begeben. Sein Lebenstraum bestand im bürgerlichen Setting einer Ehe mit Kindern. Da er, moralischer Bedenken wegen, noch nie mit einem Mann sexuellen Kontakt gehabt hatte, seine Homosexualität also nur in der Phantasie auslebte; da er außerdem auch an Frauen Gefallen fand (ohne, daß er auch mit einer von ihnen je geschlafen hätte), übernahm ich sein Therapieziel ohne Bedenken. Unser Therapieprogramm hieß also: stufenweiser Aufbau von heterosexuellen Beziehungen. Er mußte mit Phantasiebildern von

Frauen oder weiblichen Pornobildern onanieren, er versuchte auf allen möglichen Wegen Kontaktaufnahme zu Frauen, und da er ein sehr kluger und charmanter junger Mann war, erreichte er sein Ziel auch ohne große Schwierigkeiten. Tatsächlich heiratete er und hatte mit seiner (nichtsahnenden) Frau ein Kind. Als er mich später besuchte, gestand er mir, daß trotz sexuell klaglosen »Funktionierens« sein eigentliches und spontanes Interesse noch immer jungen Männern galt. Er wüßte nicht recht, wie er das in seine Ehe integrieren könnte, fürchte außerdem eine Entdeckung seiner Homosexualität durch seine Frau ... Er schien nicht sehr glücklich. Da wurde mir klar, daß die fraglose Übernahme seines Therapieziels nicht unbedingt so unproblematisch gewesen war, wie ich gedacht hatte. Wäre es nicht vielmehr meine Pflicht gewesen, dieses Ziel zu hinterfragen? War der dahinterstehende Anpassungswunsch wirklich unbedingt zu bejahen? Wäre sein Leben als Homosexueller letztlich nicht aufrichtiger verlaufen? Ich weiß darauf keine Antwort. Ich weiß aber, daß ich mich heutzutage nie mehr mit einem Therapieziel nur deshalb zufriedengeben würde, weil es »normal« erscheint.

Die Vorgabe eines Therapieziels im Sinne einer Abwehr tieferer Probleme ist nicht immer auszuschließen. Befaßt man sich voreilig mit diesem Ziel und läßt ein Therapieprogramm darauf basieren, dann kommt der Therapeut unter Umständen nie mehr zu den »eigentlichen« Problemen. Ein besonders tragisches Beispiel dafür gibt es in der Literatur (»Psychologie Heute«, 2/1982): die Behandlung eines Sexualmörders durch den Aufbau sozialer Kompetenzen. Nach geglückter Therapie und daraufhin erfolgter Freilassung brachte dieser sofort zwei Kinder um. Es fällt mir nicht schwer, die Überlegungen des – sicher verhaltenstherapeutisch orientierten – Therapeuten zur Zielsetzung nachzuvollziehen.

In dem Maße übrigens, in dem es bekannt wurde, daß man Selbstvertrauen und Durchsetzungskraft »trainieren« könne, ja, daß es dafür sogar eigene Programme gäbe, stieg natürlich auch die Nachfrage danach. Wer hätte es schon nicht nötig, sich »besser durchzusetzen«? Ich glaube, daß die Formulierung dieses Therapiezieles im Lauf der Zeit sich ebenso abnutzte, wie es in der Psychoanalyse wohl der Wunsch tut, »sich mit der Kindheit auseinanderzusetzen«. Dieses Ziel dient dann eher der Verdeckung von Problemen und hat nur mehr in undurchsichtiger Weise mit gefühlten Mängeln der eigenen Person zu tun.

Zwar habe ich gerade beim »Durchsetzungstraining« nie die von Kritikern immer wieder geäußerte Furcht geteilt, hier könne man es üben, »rücksichtslos« zu sein. Tatsächlich spürt man bei denjenigen, die den Wunsch nach mehr Durchsetzungsvermögen aussprechen, meist sehr rasch, daß sie wirklich Mühe haben, eigene Forderungen durchzusetzen, die Gefahr der »Rücksichtslosigkeit« sehe ich in den seltensten Fällen. Was dahintersteht, kann aber sehr verschiedenartig sein, und ich halte es für fahrlässig, auf das Therapieziel »Durchsetzungsvermögen« einzugehen, ohne die dahinterliegende Bedürfnisstruktur zu durchleuchten.

Alle diese Erfahrungen und Erlebnisse brachten es mit sich, daß ich konkreten »Therapiezielen« gegenüber immer vorsichtiger wurde. Je weniger verhaltenstherapeutisch ich vorging (und das heißt: je mehr ich den therapeutischen Prozeß vom Klienten selbst steuern ließ), desto häufiger erlebte ich große Diskrepanzen zwischen dem, was anfangs als das »Therapieziel« gegolten hatte, und dem, was schließlich erreicht und bejaht wurde.

Die perfektionistische, als Journalistin recht erfolgreiche Anna wollte mittels Therapie erreichen, daß lästige Konzentrationsstörungen, die mit Perioden der Lethargie wechselten, verschwinden sollten. Sie fürchtete um ihre berufliche Zukunft. Konnte man wirklich sagen, sie habe ihr »Therapieziel erreicht«, als sie sich nach einem dreiviertel Jahr mit den Worten verabschiedete: »Ich weiß gar nicht, ob ich noch lange in dem Job bleibe! – Es gibt so viele andere spannende Möglichkeiten im Leben!«

Und Stefan: Was war aus seinem festen Diktum zu Beginn der Therapie geworden, als er noch gesagt hatte: »Für mich ist die Ehe ein Sakrament und wird immer eines bleiben, wir müssen durch unsere jetzige Hölle hindurch, um hinterher Auferstehung feiern zu können!« Nach zwei Jahren lebte er getrennt von seiner Frau und entdeckte das Glück einer erotisch erfüllten Beziehung mit seiner Geliebten.

Immer klarer wurde mir, daß man Therapieziele zwar (mit

Gewinn für den Klienten) immer wieder einmal erfragen kann, daß sie aber lieber nicht zur Leitlinie des Handelns gemacht werden sollen. Sie zu verwerfen hingegen erscheint mir als ein wichtiger Prozeß.

Was mir problematisch ist: daß dies nicht für alle Menschen zu gelten scheint; daß manche mit ihrer »festen Leitlinie« sich sicher und zufrieden durch die Therapie bewegen wie ein braver Schüler, der das Klassenziel erreichen möchte.

Mein »Väterchen« (ich nannte ihn im geheimen so, weil er – weit über 50 Jahre alt – für mich etwas ausgesprochen Väterliches ausströmte) war ganz offensichtlich ein solcher Fall. Depressiv und gehemmt sein Leben lang, hatte er sich von früh an als Spielball der anderen gefühlt. Der ganze Jammer seiner Existenz aber brach in ihm auf, als aus nichtigem Grund seine extravagante Ehefrau die Scheidung über ihn »verhängte«. Die ganze Geschichte war nicht frei von skurrilen und auch komischen Zügen – aber »Väterchen« fand sie natürlich gar nicht komisch und verfiel in eine recht schwere Depression. – Wir analysierten sein Problem als eines des »Sich-nicht-durchsetzen-Könnens«, »Seine-Gefühle-nicht-zeigen-Könnens« und versuchten eine recht genaue Rekonstruktion der Entwicklung seiner Problematik. Wichtigste therapeutische Methode aber war das Protokollführen über »verpaßte Gelegenheiten«, sich durchzusetzen, der Vermerk über die daraus entstehende Stimmung sowie eine Aufarbeitung dieser verpaßten Gelegenheiten in der Therapiesitzung. Wir besprachen dabei genau, welche Gedanken und Gefühle ihn am »richtigen« Reagieren gehindert hatten, und probierten im Rollenspiel »neues Verhalten« aus. »Väterchen«, ein sehr ordentlicher und gewissenhafter Mensch, hielt sich peinlich genau an dieses von mir vorgegebene Schema. Nicht einen einzigen Tag hat er seine Protokolle zu schreiben vergessen, mit möglichst großer Genauigkeit hielt er sich an die im Rollenspiel geübten Sätze zur Erhöhung der Durchsetzungsfähigkeit. Getreu dem Programm wurde ihm von Sitzung zu Sitzung leichter ums Herz. Schließlich gewann er, wie im Märchen, seine heiß geliebte Ehefrau wieder für sich, heiratete sie ein zweites Mal und schrieb mir aus allen Ferien vergnügt-höfliche Grußkarten. Das schon in der ersten oder zweiten Stunde formulierte Therapieziel

»Wünsche ausdrücken und durchsetzen« hatte ganz offensichtlich genau »gepaßt« und in ihm gute Kräfte freigesetzt. Sicher war das diszipliniert-planvolle Vorgehen gerade für ihn, einen etwas umständlichen Menschen vom Typ »Zwangsneurotiker« richtig und adäquat gewesen.

Leider läßt sich aber (wie ich das gerne gewollt hätte) auch daraus offenbar kein Prinzip machen. Wie sonst hätte ich es wohl erklären sollen, daß ein zwanghafter preußischer Offizier alter Schule, der an agoraphoben Symptomen litt, von einer braven und disziplinierten Systematischen Desensibilisierung nichts, aber auch rein gar nichts profitieren konnte? Und ich war doch – den glücklichen Fall des »Väterchens« im Kopf – mit so vielen Hoffnungen darangegangen! Es schien alles haargenau zu »passen«. Nein, das Problem des »gezielten« Vorgehens habe ich noch nicht gelöst, und ich wundere mich immer wieder über Therapeuten, denen dieses Problem offenbar keines ist! Ich selbst befinde mich noch immer im »Trial-and-Error«-Stadium.

In anderer Hinsicht als der geschilderten wurden die Diskussionen um das »Therapieziel« an manchen Psychologischen Instituten in den frühen siebziger Jahren geführt. Dort ging es um die »höheren«, die »allgemeinverbindlichen« Ziele, und ich hatte oft große Mühe, die Herleitung dieser Ziele aus marxistischen Theorien zu verstehen und mit dem, was ich in der Therapie erlebte, in Zusammenhang zu bringen. Wichtigstes und oberstes Gebot war (zumindest in der Theorie, in der Praxis gab man sich natürlich mit geringerem zufrieden): Herstellung einer kritisch-solidarischen Gesinnung, Kampf gegen Ausbeutung, Organisation in der Gewerkschaft u. ä. m. Wie aber sollten diese Ziele jemandem vermittelt werden, der sich nichts sehnlicher wünscht, als daß der Lehrherr mit ihm zufrieden ist, der Angst hat vor sexueller Untreue des Partners oder der in U-Bahn und Kaufhäusern von unerklärlichen Angstgefühlen befallen wird? Diejenigen Mitarbeiter, die therapeutische Erfahrung hatten, drückten sich in ihrer Praxis um das Problem herum oder warteten eventuell auch darauf, daß der »Weltgeist« schon alles richtig ordnen werde, wenn erst einmal die Ängste weg wären. Ungeübte Mitarbeiter oder Studenten versuchten aber mit großer Vehemenz, Klienten von der Wichtigkeit ihrer Ziele zu überzeugen. »Ja, ja, wenn erst der Widerspruch von Kapital und Arbeit erkannt ist, dann flutschen auch die Schularbeiten«, pflegte Christiane, unsere witzige Kindertherapeutin, oft maliziös zu äußern.

Jetzt hätte ich keine Mühe mehr, unumwunden zuzugestehen, daß Psychotherapie per se keinerlei progressives Potential in sich hat. Anpassung ist bei den meisten Therapien ein äußerst wichtiges und notwendiges Ergebnis. Sollten sich dabei Kräfte freisetzen lassen für gesellschaftskritische Arbeit oder Betrachtungsweise: dann liegt es sicher nicht an der Form der Therapie; eventuell liegt es an der Modellperson des Therapeuten.

Damals aber wollte ich die Therapie (und vor allem: die Verhaltenstherapie) als progressives Instrument retten und somit der Revolution vorarbeiten. Getreu einem marxistischen Menschenbild hatten wir dabei auch größte Ehrfurcht vor jeder erfolgten Wiederherstellung von Arbeitsfähigkeit, vor allem, wenn sie sich als Höherqualifizierung kundtat.

Hilde, die Hilfsarbeiterin, die sich zur Erzieherin qualifizierte, galt damit als »Idealfall«. Es mußte zumindest die »gesellschaftlich durchschnittliche Qualifikationsebene« erreicht werden, wie wir uns damals geschraubt ausdrückten. Wehe, ein Arbeiter blieb gerne bei seinem Job und zeigte vielleicht noch nicht einmal Interesse an Gewerkschaftsarbeit!... Es gab sehr viele dümmliche und fast inhumane Diskussionen um dieses Thema. Für mich empörend wurde es, als ein Kollege mich einmal anfuhr, wie ich es wagen könne, den Sohn des Abteilungsleiters einer Fabrik zu behandeln! – »...damit uns wiederum neue, glückliche Ausbeuter heranwachsen!« Hier blieb ich – bei aller Verunsicherung – stur. Dies widersprach meinen innersten Gefühlen und meiner Ethik als Therapeutin.

Anders aber war es mit dem Prinzip der Wiederherstellung der Arbeitsfähigkeit ganz allgemein. Daß man nur als gut arbeitender Mensch zufrieden sein kann, galt mir – auch unabhängig von aller Ideologie – als unumstößliches Gebot. Dem Zuge der Zeit folgend wird jetzt auch dies relativiert. Ich sehe eine Zeit kommen, wo der »fröhliche Taugenichts« als Therapieziel wünschenswert erscheint. Angesichts der Arbeitslosigkeit ist dies vielleicht auch nicht ganz unvernünftig?! Ich persönlich habe allerdings Mühe, mich mit diesem Bild abzufinden. So sehr ich es begrüße, wenn immer mehr Menschen dem Ideal des Karrieristen »ade« sagen – so sehr ist mir doch die Lebensweise des »Hobbyisten«, des »Jobbers« und »Welttrabanten« verdächtig. Ich glaube nicht, daß ich hier die Ideale meiner eigenen Sozialisation loswerden kann. Ich sehe daher eine Zeit kommen, wo ich mit sehr viel jüngeren Menschen nicht mehr werde Therapie machen können.

Der eigene Weg: Lernen durch Therapie und Supervision

Der Beginn meiner Laufbahn als Psychotherapeutin war wirr, ungeordnet. Ich dachte nicht wirklich an eine »Karriere« – ich wollte mehr über meine »Beratungsfälle« wissen, ich wollte mich selbst besser verstehen und ahnte vage, daß dies wohl etwas mit einer »Lehranalyse« zu tun haben könnte. Es klingt jetzt, im Zeitalter des »Schulenstreits« und des Kampfes um Ausbildungsbescheinigungen für die Krankenkasse oder die Sozialämter, sicher merkwürdig, aber ich hatte mich überhaupt nicht danach erkundigt, in welcher Weise meine Ausbildung bescheinigt, verbrieft oder kontrolliert würde. Ich hatte öfters den Namen eines bekannten Berner Psychoanalytikers erwähnen gehört – und dorthin telefonierte ich denn auch. Als er mir bestätigte, daß ich bei ihm eine Lehranalyse machen könnte, war mir dies eigentlich genug. (Bis heute habe ich übrigens nichts »Offizielles« darüber in der Hand – ich vergaß, ihn darum zu bitten!) So begann meine Lehranalyse ohne viel zukunftsträchtige Gedanken – es hätte ebensogut eine Patientenanalyse sein können; trotzdem: Ich bestand auf dem Wort »Lehranalyse«, weil ich mich nicht besonders »krank« oder »gestört« fühlte.

Ich habe diese Lehranalyse mit Neugierde begonnen: Sie ermangelte aber jeder Mystifizierung. Ich kannte kaum Leute, die sich psychoanalysieren ließen – nur eine Berufskollegin aus einem anderen Ort hatte mir im Vertrauen von »ihrer« Analyse erzählt – meine Empfindung dabei hatte jener geglichen, die man beim Anhören von Liebesgeständnissen hat. Nicht ganz zu Unrecht erwartete ich, daß ich mich in meinen Analytiker »verlieben« würde. (Das Wort »Übertragung« hatte ich auch nur in diesem Sinne verstanden!) Und sofort war ich entschlossen, gerade dies nicht zu tun. Ich wollte etwas lernen, ich wollte eine bessere Schulpsychologin werden: Wenn dies nur über die intimere Ausbreitung meiner eigenen Person möglich sein sollte: voilà! Aber jeden Unfug wollte ich nicht mitmachen: Die etwas lächerlich-backfischhafte Schwärmerei, die jene Kollegin ahnen ließ, schien mir denn doch zu einfältig.

Selbstverständlich habe ich mich zeitweise in meinen Analytiker verliebt. Daß ich dies aber immer wieder voll Groll und Ärger zur Kenntnis nehmen mußte, gehört wahrscheinlich schon zu meinen spezifischen »Problemen«.

Ich ging also zweimal, später dreimal in der Woche in »meine Analyse«. Vor den meisten Menschen hielt ich es geheim. Man tat dies damals eigentlich nur, wenn man »verrückt« war; eine »Lehranalyse« war damals nichts, was in akademisch-psychologischen Kreisen Reputation gab – ich konnte wohl mit gutem Recht annehmen, daß ich dadurch in ein etwas merkwürdiges Licht geriet. Schon in Zürich wäre dies sicher anders gewesen. Bern war in dieser Hinsicht provinzieller. Zwar gab es einen Psychologenzirkel, der sowohl akademische Psychologen als auch Psychoanalytiker umfaßte, wobei beide Gruppen alternierend Vorträge hielten. Ich hatte aber immer den Eindruck, daß – bei mustergültiger Wahrung der Formen – die einen von den anderen nicht allzuviel hielten. So erinnere ich mich einer privaten Einladung in Universitätskreisen, wo – von großer Heiterkeit begleitet – ein junger Gastprofessor das nachmals berühmt gewordene Experiment von Weizenbaum – Simulation von Therapeutenantworten per Computer – voraussagte. Mir schien damit einerseits die gesamte Psychoanalyse als System vom Tisch gefegt, andererseits aber konnte ich nicht aufhören, den Erfahrungen meiner eigenen Psychoanalyse zu glauben. Wie häufig in solchen Fällen löste ich das Dilemma nicht, sondern beließ es beim doppelbödigen Denken.

Was aber hat mich meine eigene Lehranalyse gelehrt?

Auf keinen Fall möchte ich ihre Inhalte preisgeben; weder halte ich sie für allgemein interessierend, noch fühle ich mich souverän oder auch bedeutend genug, solchen Exhibitionismus zu rechtfertigen. Wie aber kann man trotzdem vermitteln, welcher Art und von welcher Relevanz die damit verbundenen Erfahrungen waren? Vermutlich habe ich vieles »zeitverschoben« gelernt, wobei verschiedene Phasen meiner Entwicklung auch nach Beendigung der Lehranalyse determinierten, welcher Lerneffekt gerade dominant war.

Spontan fällt mir als erstes ein, daß die Lehranalyse mich eben vor allem vor einer Mystifizierung der psychoanalytischen Methode bewahrt hat. Wenn ich Kollegen ohne eigene Analyse darüber sprechen höre, fällt mir immer wieder auf, daß sie sie entweder offensiv lächerlich machen oder mit schlechtem Gewissen defensiv Gründe dafür suchen, weshalb sie sie nicht zu brauchen meinen. Bei anderen Therapieformen habe ich dies noch nie erlebt – wer verteidigt sich schon deshalb, weil er noch keine Gesprächspsychotherapie hinter sich gebracht hat? Von der Verhaltenstherapie ganz zu schweigen – wie wir aus Lazarus' Untersuchung wissen, gab es in seiner Stichprobe keinen Verhaltenstherapeuten, der bei eigenen Problemen einen Verhaltenstherapeuten aufgesucht hätte.

Das »schlechte Gewissen« jener ehrwürdigsten therapeutischen Methode gegenüber geht mir also weitgehend ab.

Ich bin meist sehr gerne und mit großem Interesse in die Analyse gegangen; ich verwickelte mich in verschiedenste Beziehungsspiele mit meinem Analytiker und habe dadurch viel Wichtiges über mich erfahren.

Schon damals allerdings entwickelte sich bei mir ein Gefühl der Skepsis gegenüber einigen methodischen Anleitungen. Nun gut, man war z. B. der Auffassung, daß durch die »freie Assoziation« Zugang zum Unbewußten geschaffen würde.

Ich bemühte mich anfangs recht zwanghaft, alles, was mir durch den Kopf schoß, zu sagen. Da mir jeweils recht viel durch den Kopf ging, geriet ich in eine irritierende Überproduktion – ich wußte nicht, wie schnell ich meine Gedanken eigentlich formulieren mußte, geriet vom Hundertsten ins Tausendste und hatte doch oft das Geüfhl, nicht das Richtige gesagt zu haben. Heutzutage käme ein weniger orthodoxer Analytiker sicher auf die Idee, mich von jener Formel »alles, was Ihnen durch den Kopf geht« zu befreien. Vielleicht könnte er sogar sehen, daß solche schnelle Produktion eher der Abwehr als der Aufdeckkung dient. Ich aber habe damals nur mit etwas schlechtem Gewissen einiges »verschluckt«, weil es mir gerade nicht zu passen schien.

Auch mit den Träumen bekam ich bald einmal Schwierigkeiten. So schrieb ich zwar viele meiner Träume auf, lieferte sie aber immer seltener in der Therapie ab, weil ich die Deutungen meines Analytikers allzu schematisch immer wieder auf sexuelle Inhalte hin ausgerichtet empfand.

Trotzdem: Ich fühlte mich – alles in allem – doch auch wieder frei und geschätzt genug, um von mir aus »Variationen« des analytischen Arbeitsbündnisses vorzunehmen.

Große Mühe hatte ich mit meiner Vorstellung vom Prozeß der »Aufdeckung des Unbewußten«. Ich stellte mir dies als eine Art »Erdrutsch« vor und dachte lange Zeit, daß sich in meiner Analyse irgendwie »nicht das Richtige« täte. Hier verdanke ich der kontrollierten, ganz und gar »unhysterischen« Person meines Analytikers sicher sehr viel: Er lehrte mich, auch Unspektakuläres ernstzunehmen und kleine Schritte zu achten. (War dies nicht sogar eine Vorbedingung zur Verhaltenstherapie? Mit Interesse erfuhr ich einige Jahre später, daß mein wissenschaftlich schon immer interessierter Analytiker sich sehr ernsthaft mit der Verhaltenstherapie auseinandergesetzt hat und ihre Methoden lernte.)

Ich hatte die Analyse fast »hinter meinem eigenen Rücken« begonnen; die akademisch-psychologische Rechte durfte nicht wissen, was die psychoanalytische Linke tat. Dies war sicher einer der Gründe, weshalb ich mich nie richtig dafür interessierte, welcher »Schule« mein Analytiker eigentlich zugehörte. Erst hinterher fällt mir auf, daß in meiner Lehranalyse strukturelle Gesichtspunkte vor kausalen rangierten. Ich weiß nicht, ob dies den Eigenheiten meines Analytikers zuzuschreiben war oder meiner eigenen Lektüre von Karen Horney. Jedenfalls habe ich, wie ich meine, in der damals noch so »unpsychologischen« Zeit sicher Gewinn gezogen aus der Entdeckung immer wiederkehrender »Muster« meines Verhaltens und Erlebens – vielleicht sind diese den heutigen Lehranalysanden durch Studium und Psychogruppen schon vor Beginn ihrer Analyse klar. Für mich waren solche Erkenntnisse neu und aufregend.

Ich erlebte meinen Analytiker als unbestechlich, manchmal als stur. Ich denke, daß es mir gutgetan hat, mich damit zu arrangieren. Oft war ich aggressiv gegen ihn, weil ich seine Andersartigkeit schlecht ertragen konnte. Es war aber auch zu spüren, daß er mich ernst nahm, daß er mich mochte – auch wenn ich mich nicht allen seinen Forderungen anpaßte.

Manche Regeln der Analyse empfand ich als eher lächerlich und therapeutisch unergiebig. So leuchtete es mir bis heute nicht ein, warum ich meinem Analytiker z. B. nicht meine neugeborene Tochter hätte zeigen sollen – oder warum er solches

Trara um die Tatsache herum anstellte, daß ich wissen wollte, ob seine Frau berufstätig sei?

Das Erjagen von Informationen über das Privatleben des Analytikers gehörte eine Zeitlang zu meinen Lieblingsspielen. Vermutlich habe ich dadurch auch meiner Tendenz entgegengewirkt, der ich erstmals fassungslos in T. Mosers Buch ›Lehrjahre auf der Couch‹ begegnete: der Idealisierung des Analytikers und der starken Symbiosebildung. Daß er wütend wurde, weil sein Analytiker sich nach dem Besuch der Toilette die Hände wusch und er daher erst einige Sekunden später zum ersehnten Händedruck kam, erstaunte mich tief. Sind das wirklich noch behandelnswerte Tatbestände – sind es Auswüchse des analytischen Settings, die man lieber unmöglich machen sollte? Ich weiß, daß einiges dafür sprechen kann – ich glaube aber, daß die Indikationsfrage zu wenig präzise gestellt und gelöst ist, als daß es sich – alles in allem gesehen – lohnt, mit der Rigidität der »großen Analyse« zu verfahren.

Viele meiner späteren analytischen Gesprächspartner haben gemutmaßt, daß mit meiner Analyse »etwas schiefgegangen« sein mußte – sonst hätte ich mich doch wohl weiter zum Analytiker ausgebildet? Dieses Argument finde ich natürlich ärgerlich. Ich glaube nicht, daß man in der damaligen Zeit der neu aufschließenden psychologischen Therapien unbedingt den »Widerstand« bemühen muß, um einen Richtungswechsel zu erklären. Genügt als Motivation nicht auch die Neugierde?

Ich selbst habe meine Analyse nie als »schiefgehend« erlebt. Ich habe immer empfunden, daß ich durch sie vieles erleben und reflektieren gelernt habe; daß auch einige meiner persönlichen Probleme dadurch für mich leichter lebbar wurden. Eine Hymne auf die Analyse kann ich trotzdem nicht singen; ich glaube auch nicht, daß die Erkenntnisse und Bewältigungsmechanismen, die einer Analyse entstammen, immer »besser« oder »tiefer« sind als solche anderer Therapieformen.

Meine Einstellung zur Analyse wird sicher noch weitere Modifikationen erfahren, eine davon hat sich in den letzten Jahren immer deutlicher abgezeichnet: es ist mein Verhältnis zur Therapiedauer. Im Überschwang der Verhaltenstherapie-Pionierzeit galt uns das zeitliche Argument immer als besonders fulminant. 10, 12, 15 Therapiestunden: das galt schon als

»durchschnittlich«. Mehr mußte man rechtfertigen. Natürlich kamen wir bei vielen Klienten damit nicht zurecht und wurden daher von schlechtem Gewissen gepackt. Wie froh war ich, als mir ein geschätzter Verhaltenstherapiekollege gestand, daß er Therapien oft bis auf 60 bis 80 Stunden ausdehne. Jetzt empfinde ich die »Zeitverschwendung« der Analyse als wichtiges Geschenk an viele Klienten. Wie immer man therapiert: man sollte viel Zeit einkalkulieren und nicht auf den raschen Effekt hin therapieren. Manche Klienten profitieren davon gar nichts, manche sind damit »falsch bedient«, weil sie sich den Wünschen des Therapeuten zu schnell anpassen. Geduld und Zeit – wichtigste Ingredienzen jeder Psychotherapie – ist es doch das, was den Klienten ihre wichtigsten Bezugspersonen so oft gerade vorenthalten haben!

An meinem neuen Wohnort Bochum gab es wenige Möglichkeiten zur Fortsetzung meiner analytischen Ausbildung. Ich glaube allerdings, daß auch ohne diese äußeren Gründe mein Interesse daran nur gering gewesen wäre. Die Faszination des Universitätslebens und die Pionieratmosphäre der Verhaltenstherapeuten wären in jedem Fall für mich zwingender gewesen.

Wenn ich mir diesen – eigentlich entschlußlosen – Entschluß zum Umsatteln heute überlege, dann tut mir daran nur eines leid: daß ich mich auf diese Weise um den Gewinn der Kontrollanalysen gebracht habe. Vorderhand aber war mir das egal.

Wie alle Verhaltenstherapeuten praktizierte ich die neue Therapie ohne jede eigene persönliche Erfahrung damit – und dies hat mir, wie sicher vielen anderen Therapeuten, nicht gerade gutgetan. Wir erhielten aber bald Supervision durch F. H. Kanfer, einen berühmten Vertreter der neuen Therapieform. Wir lernten durch ihn in wirklich gekonnter Weise, ein Problem zu analysieren. Gemäß seinem funktionalen Modell lernten wir, richtige Fragen zu stellen und Verbindungen herzustellen. Ich habe dadurch vor allem die »Phänomenologie« einer Störung zu beobachten gelernt – wenn ich sehe, mit welch grandioser Geste junge Kollegen in Psychoanalyseausbildung ihre Klienten oft »diagnostizieren«, dann bin ich für diese Schule des mühsamen »Baustein-für-Baustein-Zusammensuchens«

eigentlich dankbar. Da gab es keine »Phobie«, keinen »Zwang«, natürlich auch keine »narzißtische Störung«, sondern ganz kleinkarierte Beschreibungen derjenigen Auslöser, die kleinere oder größere Ängste oder Zwänge hervorriefen, sowie nuancierte Beschreibungen der vermutlich aufrechterhaltenden Konsequenzen. In einer der seltenen direkten fallzentrierten Konfrontationen mit einem Analytiker demonstrierte ich vor einer Gruppe von Studenten einmal ein Tonband mit solch einer genauen Befragung. Zwar lieferte jener Kollege selbst kein Tonband, sondern leider wiederum nur Protokollnotizen von seinem »Fall«, ich erinnere mich aber noch sehr genau seiner spontanen Bemerkung: »Erstaunlich – dieser Patient muß sich wirklich ernstgenommen fühlen mit seinem Symptom...« Ich nehme an, daß diese Bemerkung durchaus ambivalent gemeint war. Ich nehme sie aber als Kompliment, weil ich denke, daß *auch dies* einen Teil der Wirksamkeit von Verhaltenstherapie ausmacht: Der Klient fühlt sich als Informant ernstgenommen und lernt dabei, sich sehr genau zu beobachten. Übt man mit ihm, die Bedingungen und die Konsequenzen seines Verhaltens herauszufinden, dann hat man wahrscheinlich schon den halben Therapieeffekt geklärt. Genau dies hat einige Jahre später auch P. Fiedler in seinen »Verhaltensanalytischen Gruppen« vorgeschlagen und mit gutem Erfolg praktiziert.

Die Supervisionssitzungen mit Kanfer haben mich also in vieler Hinsicht bereichert und mein Auge geschärft für die oft unmerklich scheinenden und trotzdem bedeutenden Unterschiede von »Störungsbildern«. Nimmt man die Verhaltensanalyse ernst, dann entkommt man auch der oberflächlichen »Symptomkuriererei«. Eine soziale Phobie – zerlegt in ihre einzelnen Bestandteile – kann recht wichtige Hinweise auf ihre Entstehung und Aufrechterhaltung geben, womit der Therapeut oft sehr schnell eine adäquate Methode findet.

»Entstehung« und »Aufrechterhaltung« sind aber unter Umständen verkürzte Metaphern für sehr wichtige Einsichten in die Eigenart der eigenen Person, der wichtigsten Personen in der eigenen Entwicklung und der daraus resultierenden speziellen Beziehungsformen, die man gelernt hat.

Dieters merkwürdige »Lichtphobie« war uns anfangs als ein

recht exotisches Phänomen erschienen. Nur in der Dunkelheit konnte er das Haus verlassen, in seinem Zimmer waren dauernd die Vorhänge zugezogen. Am wohlsten fühlte er sich abends beim Wein mit Freunden, wenn hinter ihm eine rötlich schimmernde Lampe brannte. Unter meiner Supervision erstellte eine Praktikantin eine Hierarchie seiner Ängste. Dabei zeigte sich allerdings, daß seine Phobie – was er allerdings nicht bewußt kodiert hatte – auch mit Art und Anzahl der anwesenden Freunde etwas zu tun hatte. Zwar wollte er auch allein nicht in Helligkeit getaucht sein, in Anwesenheit anderer aber verschärfte sich sein Unbehagen noch. Daß das Problem fast verschwand angesichts der roten Lampe, fiel unserer Praktikantin aber schließlich doch auf. Intensives Nachfragen enthüllte eine fast vollständig vergessene und verdrängte Angst vor dem Erröten. Die angebliche »Lichtphobie« war ein im Laufe der Jahre geschickt ausgebautes System der Abwehr gegenüber der »Errötensangst« gewesen. Dieses System hatte natürlich eine gewisse Eigenständigkeit erhalten, weshalb die »Aufdeckung« noch nicht zur Heilung führen konnte. Die Systematische Desensibilisierung aber wurde nun mit gutem Erfolg rund um die Errötensangst und die sozialen Hemmungen geführt.

Was wir in diesen Supervisionssitzungen nicht reflektiert haben, war – natürlich! – die Bedeutung der Therapeut-Klient-Beziehung. Der therapeutische Mißerfolg war einer der falschen Bedingungsanalyse oder des nicht lange genug durchgehaltenen Behandlungsplanes. Auch mit den Zielvorstellungen befaßten wir uns nur oberflächlich. Meistens definierten wir sie negativ: Der Depressive sollte *nicht* mehr depressiv sein, der Ängstliche *nicht* mehr ängstlich. Was einer eigentlich positiv erreichen wollte, welche Träume und Phantasien er für sich und sein Leben hatte: das ergab sich mehr als Nebenprodukt. Da ich immer gern und viel mit meinen Klienten gesprochen habe, bemerkte ich das Defizit des Modells erst ziemlich spät – erst als ich es an der Universität den Studenten lehrend explizieren mußte. Hinterher wurde mir vieles klar.

Neben den Supervisionen gab es einige Workshops – auch sie vorwiegend Demonstrationen, theoretischen Betrachtungen oder der Vorstellung neuer verhaltenstherapeutischer Methoden gewidmet: Selbsterfahrung in diesen Methoden gab es nie – wenn man von einem Rollenspiel im Ullrich/Ullrich-de-Muynck-Programm absieht, wo ich zu meinem großen Vergnügen einen »sturen« Kollegen davon überzeugen mußte, mir 50 DM zu pumpen. Da ich dergleichen Künste sowieso beherrsche, hat mir dieses Spiel persönlich aber nichts gebracht – außer Freude an meiner Darstellungskunst.

Ein einwöchiges Seminar bei Tausch in Hamburg erwies sich zwar als fruchtbar im Einüben der Variable VEE an Quasipatienten – Erfahrungen mit eigenen Problemen machten wir aber nicht.

Sowohl in meinen theoretischen Reflexionen als auch in meiner therapeutischen Methode spielt die Gesprächstherapie eine vergleichsweise geringe Rolle. Ich habe brav und ordentlich zwar einen ersten Ausbildungskurs in Gesprächstherapie absolviert, aber nie auf den Erwerb irgendeines »Scheines« hingearbeitet, weil mich diese therapeutische Methode nicht genügend interessierte. Ich frage mich, woher dieses Desinteresse kommt; es steht, glaube ich, keine prinzipielle Verachtung gegenüber der Humanistischen Psychologie dahinter (meine Kritik an der Lerntheorie ist sehr viel größer); ich glaube, daß es eher persönliche Momente sind, die meine Gleichgültigkeit bedingen. Das heißt: die Gesprächstherapie und ich passen nicht zusammen. Dies betrifft sicher auch die Art der Theorienbildung; es betrifft aber vor allem und insbesondere das therapeutische Vorgehen. Was mich an der Verhaltenstherapie faszinierte, was mich sofort in die Hände der Gestalttherapeuten fallen ließ – die Möglichkeit zur direkten Intervention, zur Befragung, zur Analyse –, das alles hat mir vermutlich bei der Gesprächstherapie immer gefehlt. Auf gut und typisch österreichisch: Mir war die Gesprächstherapie immer »ein bißl fad«! Ich verstand zwar recht schnell, wie wichtig es ist, Werturteile, Diagnosen oder gar in diagnostische Etiketten verpackte Diffamierungen zu vermeiden. Daß dies zur »Basisphilosophie« der Gesprächstherapie gehört, hat mir immer gut gefallen. Ich empfand aber nicht, daß dieses unbedingt an eine spezielle therapeutische Methode geknüpft sein muß.

Für mich selbst empfand ich sofort: ich hätte einem Gesprächstherapeuten nicht in die Hände fallen mögen. Warum eigentlich nicht? Nun, vermutlich, weil es mir dabei eben »fad« gewesen wäre. Ich selbst wollte Konfrontation, Anstöße, Verblüffungen – das milde Bad des bedingungslosen Akzeptierens hätte mir nicht gefallen. Man sagt mir immer wieder, daß meine Schwierigkeiten mit der »typisch deutschen« Version der GT zusammenhängen. Wenn ich aber »moderne« Literatur über Gesprächstherapie lese, die von vielen Kollegen als äußerst hilfreich und neuartig empfunden wird, merke ich dennoch immer wieder das gleiche Manko: Dieses Neuartige teilt sich mir nicht genügend mit. Immer wieder habe ich das Gefühl, all dies hätte ich eigentlich »schon immer gewußt« oder auch »schon mal gelesen«. In früheren Zeiten hätte ich dies sicher kurz und bündig als Faktum hingestellt. Inzwischen bin ich mir selbst und meinen Vorlieben gegenüber kritischer geworden und will also nur feststellen, daß ich persönlich mit Gesprächstherapie (alter und neuer Form) nicht besonders viel anzufangen weiß. Ich sehe aber (und kann es ehrlichen Herzens akzeptieren), daß es viele Kollegen gibt, die auch dieses Instrument sehr variabel, erfindungsreich und hilfreich handhaben können. Ich nehme außerdem an, daß auch für viele Klienten ein methodisch adäquates gesprächstherapeutisches Vorgehen das Richtige ist. Es ist sicher schonender und vorsichtiger als manch andere Methode – ich nehme an, daß für manchen Klienten dies in manchen Phasen einer Problematik wichtig und richtig ist.

Ich will allerdings nicht verschweigen, daß ich immer wieder einmal Klienten habe, die vorher Gesprächstherapie gemacht hatten und darüber Urteile abgaben, die mir recht gleichlautend erscheinen. Etwa in dieser Art: »Doch, die (vorherige) Therapie hätte schon irgendwie geholfen... aber vielleicht sei doch alles ein wenig zu oberflächlich gewesen?...« – Andererseits: »Die entsprechende Dame (der entsprechende Herr) sei wirklich sehr, sehr freundlich gewesen... vielleicht *zu* freundlich?...« Ich nehme an, daß ein solches Resümee die möglichen Fallen einer Gesprächstherapie kennzeichnet: Beharren in Unverbindlichem, Vermeiden von möglichen (und hilfreichen) Aggressionen und das für manchen Klienten dadurch entstehende Gefühl, er bewege sich im Kreis.

Unvergeßlich wird mir die Gesprächstherapie einer Kollegin an der Studentenberatungsstelle bleiben. Diese, eine ansonsten äußerst aktive und erfindungsreiche Verhaltenstherapeutin, wollte unbedingt ihren »Schein« machen und quälte sich mit einem diffuse formulierenden Klienten herum, dessen Probleme ihr unverständlich waren. Sie ließ uns in ihre Bänder hineinhorchen, sie ließ uns ihre Antworten evaluieren: Wir alle wurden nicht recht schlau über die eigentlichen Beweggründe des Klienten. Da war viel von »Selbstwert« und »Sich-annehmen-Können« die Rede, von Verpflichtungen und Moral – aber keine der vielen Formulierungen meiner Kollegin schien je ganz das Richtige zu treffen. Ich verlor bald einmal die Geduld: »Frag ihn doch, warum er kommt«, riet ich ihr schließlich vor der neunten Stunde, »und dann läßt du das Band einfach verschwinden«. Sie tat es. Der Klient gab auf ihre schlichte Frage eine klare Antwort: Er sei hier, weil er homosexuell sei und sich damit nicht abfinden könne. Gott sei Dank, daß sie ihn gefragt hatte – er wäre wohl nicht mehr lange zur Therapiesitzung erschienen, wenn ihr Desinteresse an ihm weiter so deutlich geblieben wäre.

Ich weiß, daß dies sicher eine schlechte Gesprächstherapie war. Aber: Ist dieser Fall nicht doch recht typisch, sind solche Fehler nicht doch auch aus dem gesamten Therapiesystem heraus verständlich?

Ich habe lange Zeit Supervision als nur technikzentriert erlebt. Dementsprechend mußten wir auf die Erklärung von Mißerfolgen oft verzichten. Wir hatten eben vermutlich falsch analysiert, zu wenig VEE oder Wärme gezeigt u. ä. m. – bessere Erklärungen fanden wir nicht. Kein Wunder, daß wir unsere Mißerfolge einfach »vergessen« mußten! Eine Durchsicht der Literatur ergab ein ähnlich optimistisches Bild, wie auch wir es boten, wenn wir über unsere »Fälle« berichteten: lauter Erfolge! – keine Abstriche. So hatten wir z. B. einen Exhibitionisten »geheilt«. Wie gewünscht, nahm er – gestärkt durch gestufte Annäherungsübungen – erstmals sexuellen Kontakt zu Frauen auf. Unser Ziel – Ersetzung des exhibitionistischen Sexualverhaltens durch heterosexuellen Kontakt – war erreicht. Tatsächlich trat sein ihm selbst unerklärlicher Drang nun nicht mehr auf. Im geheimen fand ich, daß er nach wie vor ungemein verklemmt und scheu wirkte – irgendwie gar nicht glücklich: trotz neuer Freundin und geglückter Therapie. Was aber war nun, nachdem das Therapieziel erreicht war, noch zu tun? Also entließ ich ihn. Die nächste Nachricht über ihn erhielt ich über die Sittenpolizei. Nach einem Bruch mit der neuen Freundin hatte er – ausgerechnet 100 m entfernt vom Nacktbadestrand in Sylt – sich wieder einmal vor einer jungen Frau entblößt. Ich wurde um ein Gutachten gebeten... Wäre ich nicht mehr greifbar gewesen, hätte ich ihn zweifellos zu den »Erfolgen« gezählt.

Ich hege ein tiefes Mißtrauen gegen die »glatte« Falldarstellung, den »perfekten« Therapieerfolg. Verfolgt man als Laie die Therapie seiner Bekannten und Freunde, dann ist man leicht geneigt, (hämisch) zu konstatieren, daß diese sich »im Grunde« gar nicht verändert haben, obwohl die Betroffenen selbst dies oft ganz anders sehen mögen. Das »Verschwinden von Symptomen« empfinde ich nach wie vor als einen Triumph für den Klienten und den Therapeuten. Meistens verändert es die Gesamtlebenslage des Klienten sehr weitgehend und gibt ihm Mut zu neuen Lebenskonzepten. Wenn aber solch eklatante Beweise für den Effekt einer Therapie nicht vorliegen, dann wird das Ergebnis schillernd. Es verändert sich im Laufe der Zeit, Therapie und Therapeut werden im Bewußtsein des Klienten in jeder Lebensphase neu bewertet. Mit einem Wort: der Therapieerfolg ist ein Wechselbalg, ein Chamäleon. Therapeuten, die dies nicht sehen und ihre erfolgreichen Klienten als glattrasierte Musterkinder präsentieren, erscheinen mir naiv; ich selbst möchte von einem solchen nicht therapiert werden.

Lange Zeit arbeitete ich ohne jede Supervision und ohne eigene therapeutische Erfahrung – ein unerfreulicher Zustand, in dem ich viele »schlampige« Therapien produziert habe.

In New York wurde mir erstmals seit langem wieder das Geschenk (es war auch im materiellen Sinn eines, da die Columbia University für uns zahlte) einer (Gruppen-)Therapie zuteil. Nur das Beste war für die Superstudenten von »Teachers' College« gerade gut genug: ein Gestaltungstherapiewochenende bei Ruth Cohn. 1970 war dies für eine Europäerin natürlich ein rares und sehr seltsames Erlebnis. Ich kannte nur die kargen Stunden auf der Couch und die nüchternen Verhaltenstherapien. Daß man mit solcher Entfesselung von Gefühlen arbeiten kann, war mir neu. Ich war fasziniert, irritiert – und auch ein wenig abgestoßen. Ruth erschien im langen, bordcauxroten Samtkleid. Ihre Wohnung war voll von orientalischen Nippes; auf kleinen Tischchen lagen vorsorglich Kleenex bereit. Letzteres störte mich. Die Antizipation des Gefühlsüberschwanges wirkte ernüchternd auf mich – meine amerikanischen Kommilitonen schien sie weniger zu stören. Ich distanzierte mich innerlich – aber nicht sehr lange. Ruths überwältigender Ernst, ihre tiefe Ruhe, Anteilnahme und Konzentration zog auch mich in ihren Bann. Ich machte »voll mit« – wobei die kleine psychische Vorsorge des »Danebenstehens« aber trotzdem gewahrt blieb. Mein natürlicher Hang zum Theaterspielen aber kam der Gestalttherapie offensichtlich entgegen. Alle Kommilitonen beteuerten, wie sehr sie sich in mir getäuscht hätten – bisher sei ich ihnen eher rationalistisch-leistungsorientiert erschienen. Nun aber sähen sie mich ganz anders...

Ich hatte das Ritual der Gruppenwochenenden noch nicht erfaßt. Ich wußte noch nicht, daß ich noch rund einem halben Dutzend jener edlen, konzentrierten und in sich ruhenden Gruppenleiter(innen) begegnen würde. Daher nahm ich alles für bare Münze – abgesehen davon, daß mein Unterbewußtes eben doch ein wenig anders reagierte. In einem Traum an jenem Wochenende nämlich mußte ich peinlicherweise mit ansehen, wie Ruth Cohn mitsamt ihrem schönen Samtkleid einen Kopfstand probierte, wobei immer wieder ein höchst profaner Strumpfgürtel zum Vorschein kam... Dies wiederum erinnerte mich an eine unvergessene Szene aus meiner Zeit in der Klosterschule: Dort hatten wir uns vor der Französischstunde bei einer besonders feinen zartgliedrigen Nonne alle unter den Bänken versteckt. Erstaunlicherweise entdeckte uns die weltabgewandte Mater Evangelista nicht, bückte sich, hob ihren Nonnenkittel und richtete sich ihr Strumpfband. Nur eine katholische Klosterschülerin der fünfziger Jahre kann vermutlich ermessen, welch tiefgreifende Aufregung uns beim Anblick einer Nonnenwade erfaßte.

Voll Entzücken vernahm ich, daß Ruth mich für »besonders begabt« als Gestalttherapeutin hielt. Woher denn meine absurde Vorliebe für die kalte, emotionslose Verhaltenstherapie käme? Ich verriet meine Liebe zur Verhaltenstherapie selbstverständlich sofort und verteidigte mich nur matt: daß ich ja sowieso nicht »typisch« vorginge..., daß ich auf dem Wege zu einer Verbesserung der Verhaltenstherapie sei... Wie allerdings hätten meine funktionalen Verhaltensanalysen auch nur einigermaßen Schritt halten können mit dem Sturm von Emotionen, die Ruth an jenem Wochenende entfesselte? Andi schlug sich buchstäblich die Hände wund beim Beschimpfen seiner kalten Mutter, und Sheas Tränenflut war erst abgeebbt, als wir alle sie wie ein Baby gewiegt hatten. Auch mein eigener böser Vater, der mir im Krieg die kostbare Schokolade weggegessen hatte, tauchte wieder auf: War jene tiefe Resignation, die mich bei der Erinnerung daran packte, tatsächlich Teil meiner »eigentlichen« Persönlichkeit? Ich war verwirrt, erstaunt. Ich hatte keinerlei Möglichkeit, meine Erfahrungen in theoretische Konzepte zu fassen. Erst als ich im Seminar einige Filme über Encountergruppen sah, gewann ich wieder ein wenig Fassung. Ich kritisierte nun in scharfer Form die »gemachten« Gefühle und die »plötzlich so tiefen« Beziehungen – alles Surrogate für Echtes, Lebendiges, Natürliches...! Damit verriet ich wiederum die Tränen, die ich bei Ruth vergossen hatte. Ich erntete verdienterweise denn auch achselzuckende Empörung bei den Kommilitonen. »May be you Europeans are happier than we are...«, meinte der nachsichtige Professor Bergin.

Nach Deutschland zurückgekehrt, wurde mir wiederum nur karges Brot zuteil: ein gruppendynamisches Wochenende in unserer Arbeitsgruppe mit einer Reihe von Kommunikationsspielen. Ich empfand dies als gekünstelt und ungekonnt und trug durch eklatante Heuchelei mein Teil zum Mißlingen der Gruppe bei. Diese Gruppentrainer konnte ich mit gutem Grund als dumm und unwissenschaftlich verachten.

Einige Jahre lang vertrat ich denn auch diesen oberflächlichen Standpunkt: Gruppendynamik sei eben »wissenschaftlich nicht abgedeckt« – man könne sich das Verfahren aber für später notieren.

Mein eigentlicher Einstieg in den »Psychoboom« geschah einige Zeit später durch ein Gestalt- und TZI-Seminar einer Gestalttherapeutin: R. R. Hoch auf den Bergen, abgehoben vom Alltag, in einem bizarren, altmodischen Hotel, erlebte ich, in welch gefährlicher Weise sich durch die Konzentration auf das Innere – fern aller Korrektur durch die Alltagsrealität –

die Perspektiven verschieben können. In genialer Einfühlung erspürte R. R. den Gruppenprozeß sowie die Persönlichkeit einzelner und wußte durch den Einsatz von Gestaltmethoden sehr schnell die für jeden wichtigsten und tiefsten Probleme zu erspüren. Gefährlich war dies deshalb, weil sie »ohne Netz« arbeitete. Das heißt: zwar wußte sie bei den meisten von uns sehr schnell um den »wunden Punkt« – sie konnte aber offenbar nicht abschätzen, wie stark oder schwach jemand in der Realität verankert war. Wie hätte es ihr sonst entgehen können, daß Renate zwei Tage lang Wahnvorstellungen hatte, in denen sie sich als KZ-Wärterin kleine Judenkinder ermorden sah? Die Verzweiflung meiner Freundin darüber, daß ihr verehrter und geliebter verstorbener Vater in ihr nicht nur Liebe, sondern auch Feindseligkeit geschürt hatte, ließ sich noch dadurch kompensieren, daß wir beide in den Nachtstunden darüber redeten. Auch daß ich selbst am Ende der 10 Tage nachts nur mehr – trotz Schlafmittel! – eine einzige Stunde schlafen konnte, ließ sich natürlich bald wieder verbessern. Wie aber erging es Ivo, dessen gefühlvoll-verkitschte Fassade von der ganze Gruppe angegriffen worden war, ohne daß R. R. ihn hätte verteidigen mögen? Und konnte der etwas tapsige Rudi es wirklich verschmerzen, daß die kluge Susanne ihn kaltlächelnd als »ungeheuer dumm« bezeichnet hatte?

Ich hatte während dieser 10 Tage hauptsächlich mich selbst und meine aufgeregten Gefühle präsent, weshalb mir solche Dinge damals zwar mehr oder weniger entgingen, aber trotzdem nicht ganz unbemerkt blieben. Anfangs hatte ich vor, in halber Distanz zu bleiben: Schließlich hatte ich ja methodische Interessen. Ein- bis zweimal täglich schrieb ich daher Protokoll und setzte mich auch immer wieder mit meiner Freundin zusammen, um die Ereignisse des Tages Revue passieren zu lassen. Auf diese Weise fühlten wir uns gewappnet vor einem Überrolltwerden durch die wirklich überwältigende Person der Gruppenleiterin. Rund um uns tosten Eifersuchtskämpfe um ihre Gunst. Der Co-Trainer war – verglichen damit – ein recht bescheidenes Geschöpf, das sich recht und schlecht in sein Schicksal als »Prinzgemahl« fügte.

Noch konnten wir analysieren, durch welche Wendung des Gesprächs oder durch welche Übung sie jeweils »ins Schwarze«

getroffen hatte. Unversehens gerieten wir dabei in die damals noch neue Psychosprache, ein Gemisch aus vulgarisierter Psychoanalyse und neuen Formeln aus der Körpersphäre: Erika, die sich unter einen Stuhl verkrochen und mit einer Decke umhüllt hatte, war natürlich in die Embryonalphase »regrediert«, daß R. R. sich dort mit ihr leise und zärtlich unterhalten hatte, um sie dann mit Hilfe der Gruppe ans Licht zu befördern, war eine Wiederholung des Geburtsvorganges gewesen; die Entdeckung von Uwes Aggression gegenüber seiner Schwester war ein »Durchbruch ins Unbewußte«. Immer wieder vergewisserten wir uns der Signale »aus dem Bauch« u. ä. m.

Schon damals reagierte ich mit leisem Widerwillen auf die im Entstehen begriffene Sprache der »Psychos«: »Da komme ich noch nicht heran«, »Frag deinen Bauch«, »Ich muß zu meinen Aggressionen durchstoßen«, »Sag, wie es dir dabei geht«... Relativ schnell entpuppte sich dieses Gerede als ziemlich nichtssagende Klischees.

Trotzdem konnte ich mich weniger und weniger entziehen. Nach fünf Tagen brechen meine Protokolle ab: Ich war zu aufgeregt, zu erschöpft, um über Methoden zu reflektieren. R. R. hatte mit einigen Bemerkungen und Übungen auch bei mir »ins Schwarze« getroffen – überwältigt von neuen Erkenntnissen über mich selbst war ich nun ununterbrochen damit beschäftigt, alle möglichen Lebensphasen, Erlebnisse und Gedanken der Vergangenheit im Lichte dieser neuen Erkenntnisse zu überprüfen. Der Dauermonolog mit mir selbst führte – neben den oftmals sehr belastenden Erlebnissen in der Gruppe – zu einer nervösen Überspannung, die mich jeden Augenblick in Tränen ausbrechen ließ und mir die Nachtruhe verwehrte.

Als meine Freundin und ich nach Abschluß des Kurses bei der Heimreise am Zürcher Hauptbahnhof standen, wäre eine Drehtür zu durchschreiten gewesen. Als sie sich etliche Male vor unserem zögernden Schritt vorbeigedreht hatte, brachen wir beide in Tränen aus. »Ich schaffe das nicht«, schluchzte meine Freundin, und wir fielen uns hysterisch lachend und weinend in die Arme.

Was habe ich daraus gelernt?

Nun, im Gegensatz zu manchen anderen Gruppenerlebnissen mußte ich mir auch nach dem Abflauen der Gruppenhysterie sagen, daß R. R. mich auf einen bisher unzugänglichen »blinden Fleck« für mich selbst aufmerksam gemacht hatte, der auch kritischer Überprüfung standhielt. Ich fühlte, daß ich viel Arbeit zu leisten hatte, um mein Selbstbild mit meinen neuen Erkenntnissen zur Deckung zu bringen. Das, was ich in meiner Analyse immer ein wenig vermißt hatte – der »große Durchbruch« – war hier eingetreten. Die Bedingungen dafür waren offenbar: stark dirigierende Methoden, die mich aktiv nachspielend erleben lassen sollten, welches Manko bei mir vorhanden war. Die andere Bedingung war sicher jene außerordentlich empathische Therapeutin, die mittels ihrer eigenen Gefühlsübersteigerung mich dazu verleitet hatte, meine »Doppelrolle« als Akteur und Beobachter aufzugeben. Sie hatte dies mit allen Künsten der Verführung getan – wenn ich es später überdachte, hatte ich mich eigentlich schon vom ersten Tag an von ihr als »auserwählt« betrachten können. (In der Vorstellungsrunde sagte sie zu mir den Satz: »Ich fühle, daß du für mich wichtig werden wirst!«) Dies beeinflußte meine Bereitschaft, alles, was von ihr kam, als besonders bedeutsam aufzufassen. Meine Rolle als Beobachterin, die ich sofort bekanntgegeben hatte, war für sie offensichtlich eine Herausforderung gewesen.

Ich konnte hinterher zwar die Bedingungen relativieren – das Ergebnis wurde dadurch nicht angetastet. Nie mehr aber habe ich jene Therapeutin gesehen, obwohl ich noch einige Jahre lang Einladungen zu ihren Kursen erhielt: Ich hatte Angst – sowohl vor einer Wiederholung als auch vor einer Enttäuschung. Der Preis, den ich selbst gezahlt hatte, war gering gewesen: ein paar schlaflose Nächte, tränenverschwollene Augen, hinterher ein paar Nächte, in denen ich ununterbrochen von der Gruppe träumte ... das war alles. Hatte sie das alles aber vorher richtig abschätzen können? Ich möchte mit großer Sicherheit behaupten: nein. Bei mir war es gutgegangen – niemals nachher hat mich ein Therapieerlebnis derart gepackt, wie es dort oben in den Bergen geschah. Daß dies immer so verläuft, möchte ich aber sehr bezweifeln. Meine Erkenntnisse waren bezahlt nicht nur mit jenem quasi-psychotischen Zusammenbruch von Renate (bezeichnenderweise hatte der beschei-

dene Co-Trainer sie letztlich aufgefangen und in langen Privat-
gesprächen beruhigt); sie waren auch bezahlt mit den Frustra-
tionen derjenigen, die sich selbst einmal in einer Sitzung als
R. R.s »Stiefkinder« bezeichnet hatten. Seither habe ich etliche
Einwände gegen Trainingsgruppen auf dem »freien Markt«:
Die bunte Zusammenwürfelung der Gruppe erleichtert zwar
sicher das freie Aussprechen vieler Gefühle – andererseits aber
vermindert sie natürlich auch die Verantwortung füreinander.
Die Faszination, die von einer Persönlichkeit wie der R. R.s
ausgehen kann, bewirkt bei einigen sicher ungemein wichtige
Erlebnisse, wenn diese Person sich ihrer annimmt. Die Ablehnung, das Desinteresse, das sie anderen zeigte, schmerzte vermutlich manche tief.

Ich selbst war einige Jahre später bei einem Gestalttherapie-
kurs in der Position des »ungeliebten Kindes« und weiß, wie
unwohl man sich fühlt, wenn man tagelang in einer Sphäre von
Mißachtung zu leben hat. Da mir jene Position eigentlich durch
meine persönliche Entwicklung nicht vertraut ist, konnte ich
auf sie mit offener Wut und Verachtung reagieren, weshalb ich
dadurch sicher keinen großen Schaden erlitten habe. Ich kenne
aber sehr wohl die Schäden, die man Menschen zufügt, deren
Lebenskonzept sowieso schon von der Position des »Ungeliebten« bestimmt ist. Sie können meist ihren Zorn nicht nach
außen richten, sondern fühlen ihr eigenes Konzept des »Un-
wertseins« nur wiederum bestätigt.

Mancher Außenstehende mag sich wundern, daß die leicht
hysterische Atmosphäre einer 5- bis 6-Tage-Gruppe wirklich
für das Leben eines Menschen von Bedeutung sein soll. Wie
wir aus Erfahrungsberichten wissen, kann dies durchaus der
Fall sein – bis hin zur Verzweiflung des Selbstmordes. Die
»Gruppe« in ihrer künstlichen Abgeschlossenheit scheint für
manche Menschen besonders schnell eine Regression zu bewirken. Betreffen die Erfahrungen, die man mit Gruppenteilnehmern macht, zentrale Lebenskonzepte, dann ist der korri-
gierende Kontakt zur Realität schnell dahin. Den meisten
Teilnehmern von Gruppen ist es ein vertrautes Erlebnis: daß
man sich der daheimgebliebenen Familie und der Freunde nicht
so recht zu erinnern vermag; Anrufe daheim werden als Pflichtübung erlebt, das »Nachhausekommen« wird ein Problem.

Man ist daher ungeschützt, vielen richtigen oder auch nur halbrichtigen Deutungen und Erfahrungen ausgesetzt, ohne sich noch der Realität vergewissern zu können.

Ich selbst habe mit Überraschung erlebt, daß ich in jenem Kurs, dem ich als »ungeliebtes Kind« beiwohnte, fast täglich mit meinem Mann telefonierte. Ich brauchte das Bewußtsein von der Sicherheit meiner alltäglichen Existenz, um die vielen Vorwürfe des Gruppenleiters gegen mich abwehren zu können. Dabei halte ich es für gleichgültig, ob diese Vorwürfe stimmen oder nicht. Da sie mir in feindlicher Absicht und ohne Stütze durch die Gruppe verpaßt wurden, fühlte ich mich verletzt und auch verkannt. Nicht alle Gruppenleiter schaffen es, ihre Sympathien und Antipathien zu kontrollieren. Ich halte dies in der Anspannung des »massierten Kurses« auch für sehr schwierig, weshalb meine Kritik neben der bunten »Zusammenwürfelung« einer Gruppe auch noch ihrer massierten Dauer gilt.

Von den vielen Kursen der erwähnten Art, die ich absolviert habe, hebt sich mir allerdings einer geradezu strahlend heraus. Bei herrlichem Augustwetter (es war jener Sommer, in dem ungewöhnlich viele Marienkäferschwärme durch die Luft zogen), in einer prunkvollen Villa in Blankenese, erlebte ich ein »Traum«seminar mit. TZI und Gestalttherapie waren wiederum vorherrschend.

Wetter, Gruppenzusammensetzung, Umgebung und ein glücklich kooperierendes Trainerteam wirkten zusammen, um eine Atmosphäre von Gelöstheit und Spaß zu erzeugen. Die Gestaltarbeit mit Träumen erschien mir recht einleuchtend. Sie ergab wichtige neue Anregungen und Perspektiven auf eigene Lebenspositionen hin. Auch in der eigenen therapeutischen Arbeit gelang es mir von da an öfters, meine Klienten durch gestalttherapeutische Traumarbeit mit unvertrauten und ungelebten Anteilen der eigenen Person bekanntzumachen. Das »Traum«thema befreite uns, glaube ich, von vielen konventionellen Hemmungen: Noch nie habe ich mich in einem Seminar so frei und kreativ gefühlt wie damals. Wir wurden zu allen möglichen ungewöhnlichen Tätigkeiten ermuntert: zum Erdenken sprachlicher Ungereimtheiten, zur Ausführung symbolischer Handlungen, zum freien Tanzen u. ä. m.

Wie bereichernd habe ich z. B. jene frühe Vormittagsstunde

erlebt, in der wir schweigend und alleine die Zeit »so verbringen sollten, wie es gerade unseren innersten Bedürfnissen entsprach«–wobei wir auch den großen Garten und das vielgestaltige Haus in unsere Aktivitäten einbeziehen sollten.

Eindrücklicher noch als durch die Beschäftigung mit Verhaltenstherapie habe ich dort erfahren, wie wichtig es ist, auf eigene, oft mißachtete Fähigkeiten hingewiesen zu werden. Eine Analyse der Defizite ist sicher in jeder Therapie auch nötig – die Herausarbeitung der positiven Qualitäten aber wird leider oft vernachlässigt. Die Beschäftigung mit Träumen kann auch unter diesem Aspekt fruchtbar sein.

Wendet man sich erst einmal konsequent und ernsthaft den eigenen Traumproduktionen zu, dann ergeben sich ja – unabhängig von möglichen Deutungen – sehr oft verblüffende Erkenntnisse über den reichen Bilderschatz, über den die meisten Menschen verfügen. Daß die eigene Person Zugang zu oft ungeahnt bunten und phantasievollen Reichen haben kann, ist für manche ein verblüffendes Erlebnis. So viel hat man sich oft gar nicht zugetraut ...! Ich finde, daß man als Therapeut jeden Klienten für seine schönsten Träume loben sollte, und ich tue dies auch ausgiebig, wenn mir die Träume wirklich gefallen. Egal, welchen Bereichen diese »Produkte« entstammen – ich finde, sie gehören geschätzt und respektiert wie die vielerlei Erzeugnisse kleiner Kinder. Schwieriger und problematischer ist natürlich die Kunst des »Deutens«. Von meiner eigenen Lehranalyse her hatte ich wenig Zugang zu meinen Träumen gefunden. Deswegen »vergaß« ich Träume als therapeutisches Material bald wieder. Natürlich wurden mir daher auch immer weniger Träume in die Therapie gebracht.

Dies änderte sich, als ich während einiger Monate selbst therapeutische Hilfe bei einer uralten Jungianerin suchte. Da ich in einigen Konfliktsituationen nicht mehr zu Rande kam, hatte mir eine Freundin die Adresse jener alten Frau als »Geheimtip« verraten. Infolge ihres hohen Alters nahm sie nur mehr »Beratungsfälle« an, und ich erlebte, welch großen Einfluß – völlig unabhängig von der Methode, die mir als ein recht idiosynkratisches »Privatgemisch« erschien – ein lebenserfahrener, fast »weiser« Mensch ausüben kann, wenn er sich Zeit nimmt, dem Klienten zuzuhören. Übrigens gab es fast keinen

»Fehler«, den jene Therapeutin sich dabei *nicht* leistete – jeder Student in der Supervisionssitzung wäre von mir dafür streng gerügt worden. Sie diagnostizierte, sie wertete, sie gab Ratschläge, ja: sie las sogar aus der Hand – eine Kunst, die sie, ihren Angaben nach, von einem alten Kriminaloberinspektor gelernt hatte. Um mich kennenzulernen, verlangte sie Fotos, Briefe, meine wissenschaftlichen Arbeiten, Zeichnungen u. ä. m.

Ich spürte, mit welcher Intensität sie mich von allen Seiten her zu verstehen versuchte. Dadurch brachte sie auch mich selbst auf neue Spuren. Ihr vor allem verdanke ich – neben dem persönlichen Gewinn – ein vertieftes Verständnis für Träume. Ich habe gelernt, die »Stimmung« eines Traumes ernstzunehmen (selbst und gerade dann, wenn er der bewußt wahrgenommenen Lebenslage nicht entspricht!) – meist als Indikator für Kommendes. Gerade in jener Zeit hatte ich mit einer neuen Therapie begonnen: Es handelte sich um eine depressive Frau mit schwerer Migräne, in deren Lebensgeschichte der nichtbewältigte Tod einiger naher Angehöriger eine wichtige Rolle spielte. Jene Therapeutin, der ich den Initialtraum dieser Frau erzählte, bewog mich, die Therapie von diesem Traum her zu konzipieren und meinem Gefühl von Optimismus zu trauen. Die Patientin träumte nämlich, sie sei in mein Zimmer gekommen und habe plötzlich wahrgenommen, daß sie nicht mehr richtig bekleidet sei – ihre schwarze Kleidung sei nämlich abhanden gekommen. Schließlich habe sich diese, zusammengeknüllt, unter dem Kissen meiner Couch wiedergefunden. Insgesamt sei das ganze Erlebnis aber weder peinlich noch bedrohlich gewesen. Dieser Traum gab mir also nicht nur wichtige Hinweise auf die Problematik der nicht bearbeiteten Trauer, sondern ein sehr positives Gefühl für alles, was in dieser Therapie passierte. Noch so viele »Widerstände«, Phasen der Resignation und ähnliches konnten mich fortan nicht mehr irritieren – und ich behielt recht.

Jene alte »weise« Frau brachte mich also dazu, meine Träume und die meiner Klienten ernstzunehmen – obwohl mir nie ganz klarwurde, mittels welcher Mechanismen sie ihre »Deutungen« vornahm. Ich denke, daß auch ihr selbst diese nicht durchsichtig waren. Ich konnte jedoch an mir selbst feststellen, daß viele Deutungen genau ins Zentrum meiner Probleme zielten. Besonders aber verblüfften mich die »Blindflüge«, zu denen ich sie verleitete: Ich brachte ihr immer wieder Träume meiner Klienten, die mir unverständlich geblieben waren. Daß sie manchmal die zentralen Bestandteile der Lebensgeschichte meiner Klienten daraus zu rekonstruieren wußte, grenzte fast ans Wunderbare.

Ich selbst empfand mich, im Vergleich dazu, immer als Stümper. Trotzdem: im Verein mit Klienten, die »begabte Träumer« sind, habe ich seither manchen Traum ganz gut eingebaut in das therapeutische Geschehen. Oft gibt ein Traum Zuversicht, oder er entdeckt immer noch nicht durchgearbeitete Problembereiche. Viele Träume aber sagen mir gar nichts: Welche Erleichterung war es daher für mich zu lesen, daß selbst C. G. Jung, der Meister der Phantasie und des Traumes, bekennt, daß er mit vier Fünftel aller Träume rein gar nichts anfangen konnte. Der Rest aber bedeute wichtiges Material.

Der Beginn einer Psychodramaausbildung erwies sich für mein therapeutisches Denken und Handeln als nicht besonders relevant, da sich die ganze Gruppe in dauerndem Hader mit der Ausbildungsleiterin befand. Die mir nun schon sattsam bekannte Überdrehtheit »berühmter« Gruppentrainerinnen und -trainer ließ mich ziemlich kalt; der große Aufwand an Hilfs-Ichen, Dopplern, paradoxen Dopplern etc. etc. erschien mir mühsam zu erlernen, die Anstrengung des »großen Spiels« bis hin zum fast unvermeidlichen tränenreichen »Zusammenbruch« erschien mir gekünstelt.

Das Rollenspiel als eine Möglichkeit, manche Probleme hautnah und unmittelbarer zu erleben als in einer nurverbalen Darstellung war mir aber schon zu Verhaltenstherapiezeiten als sinnvolle Methode erschienen – allzu schnell wollte ich mich vom Psychodrama durch die recht unglücklich verlaufene Beziehung zur Gruppenleiterin nicht abbringen lassen. Durch Zufall erlebte ich dann bei einem phantasievollen und einfühlsamen Trainer einen Kurs im »Pädagogischen Rollenspiel«. Es erscheint mir weniger von Technik überfrachtet, einfacher zu handhaben und verbindet eine Reihe von vernünftigen verhaltenstherapeutischen Elementen mit solchen des Psychodramas. So wird eine Szene sehr präzise durchgespielt, in gewünschter Zielsetzung variiert, kann aber eventuell auch in ihre Kindheitswurzeln zurückverfolgt werden. An jeder beliebigen Stelle kann man »stehenbleiben« – eine Kunst, die jener Trainer mir seither auch in einigen anderen Kursen immer wieder nahegebracht hat. Ich vermute, daß gute Psychodramaexperten dasselbe mit ihrer Methode bewirken können, und sehe es daher eher als Zufall an, daß ich beim »Pädagogischen Rollenspiel« gelandet bin. Dieses aber setze ich in Lerngruppen (bei Studenten) sehr gerne ein und habe vor, es auch in demnächst beginnenden Gruppentherapien zu verwenden.

Wichtigstes Erlebnis für meine Einstellung zur Psychotherapie war sicher mein Eintritt in eine Balint-Gruppe. Von einer therapeutisch recht »liberalen« jungianisch orientierten Leiterin geführt, habe ich einsehen gelernt, wie wichtig die dauernde Kontrolle durch eine Gruppe ist. Das gesamte Gefüge der Einzeltherapie hat sich für mich dadurch verändert; ich fühle mich in all meinen Gefühlen und Reaktionen nicht mehr alleine, nicht mehr ausgeliefert den Wirrnissen verschiedenster Theoriebestandteile; ich empfinde es als wohltuend, alles, was mich in der Therapie beunruhigt, vor Kollegen ausbreiten zu können. Dies gibt mir eine größere Sicherheit und Geborgenheit während schwieriger therapeutischer Sitzungen. Dazu kommt noch, daß ich erst durch die Balint-Gruppe lernte, die Beziehung zwischen Klient und Therapeut wirklich als den zentralen Bestandteil einer Therapie so ernstzunehmen, wie ich es schon vorher theoretisch behauptet hatte. Die Fragen und Deutungen von Gruppenteilnehmern und Leiterin machten mir in sehr realer Weise klar, welche Verhaltensweisen des Klienten mich jeweils geärgert oder gefreut hatten, in welches »Spiel« ich mich mit Klienten verstrickte.

Eine der wichtigsten Erkenntnisse für mich war dabei das Erlebnis, wie schnell und geräuschlos ich jeweils Aggressionen von Klienten zu ersticken wußte. Manche Therapie war darüber nicht recht weitergegangen – ich erfaßte nun sehr viel besser, welche Angst ich selbst vor den Aggressionen meiner Klienten hatte. Noch immer wollte ich also die liebenswerte, sympathische Beraterin meiner Jugendzeit sein! – Ich versäumte darob dauernd Chancen, meine Klienten mit ihren eigenen Aggressionen zu konfrontieren. Die Theorie der klassischen Verhaltenstherapie – die Beziehung möge »gut« sein, damit der Therapeut als guter »Bekräftiger« und »Modell« wirksam werde – hatte ich in für mich einfacher Weise so übersetzt, als dürften darin nur sanfte und harmonische Gefühle vorkommen. Daß gerade in der Verhaltenstherapie viele Aggressionen ausgelöst werden können (z. B. der Direktivität wegen!), wurde mir erst in der Balint-Gruppe klar. Ich versuchte nun auch theoretisch, mir über dabei entstehende psychische Mechanismen klarzuwerden.

Eine weitere Erkenntnis, die ich in der Balint-Gruppe gewann, war die Einsicht in die Funktion der Problemformulierung des Klienten. Wie schwierig war es mir bei manchen Klienten immer wieder geworden, beim definierten Problem zu »bleiben«. Oft war ich mir vorgekommen wie einer, der mit bloßen Händen Fische fangen will: Immer wieder war mir das Problem »entwischt«. Dies betraf zwar nicht alle Klienten – viele Psychosomatiker bleiben ja recht stur bei ihrer unlösbaren somatischen Problemdefinition – aber einige machten mir damit sehr zu schaffen. Ich bekam – getreu meiner verhaltenstherapeutischen Sozialisation – immer noch ein schlechtes Gewissen, wenn jede Therapiestunde etwas anderes »dran« war; ganz so, als hätte es die detaillierte Problemanalyse der vorigen Stunde nicht gegeben. Die Balint-Gruppe lehrte mich, darüber anders zu denken: Ich mußte die Funktion dieses »Problemwechsels« analysieren – dann würde er seiner nurdefizitären Struktur entkleidet. Diese Funktion aber hatte viel zu tun mit meiner Beziehung zum Klienten. Sie konnte ebensogut in einer unbewußt gewollten Verwirrung meiner Person bestehen als auch in einem Austesten, ob ich den Klienten »aushalten« könne. Es ist fast unmöglich, objektive Kriterien dafür zu finden, welche Funktion der Problemwechsel hat. Also mußten meine subjektiven Gefühle, die Kenntnis der Lebensgeschichte u. ä. m. herhalten, um diese Funktion zu analysieren. Wenngleich noch immer nicht der psychoanalytischen Therapiemethode verhaftet, mußte ich bei dieser Art der Betrachtung sehr viele Informationen bedenken, die auch für den Analytiker wichtig sind. Ich begann, mein Augenmerk wieder sehr viel stärker auf die Kindheit zu lenken.

Die Balint-Gruppe hatte aber auch ihre Tücken – wobei

diese Tücken auch, wie ich meine, grundsätzlichen Schwierigkeiten des psychoanalytischen Denkens entsprechen.

Eine davon betraf die Einstellung zum Verhältnis der »gesunden« zu den »kranken« Anteilen der Person. Hier traf ich so etwas wie ein grundsätzliches »Mißtrauen« gegenüber den »funktionierenden« Lebensbereichen, eine Pathologisierung selbst der Symptomverbesserung. Ich hatte (und habe) immer wieder Mühe, mich dagegen zu wehren. Warum sollte Normans Verbesserung der Migräne nur eine mich beruhigende »Ablenkung« sein, damit er seine Angst vor Frauen nicht bearbeiten müsse? Schließlich war ja auch dies kein Tabu zwischen uns, und sein Leben war ohne die dauernden Kopfschmerzen wirklich sehr viel leichter... Und daß Marga nun trotz ihrer Aggressionen an ihrer Dissertation schrieb, konnte doch eigentlich auch nichts Böses bedeuten: Man mußte schon sehr spitzfindig sein, um darin eine gegen mich gerichtete Abwehr zu sehen... Bei solchen Problemen war und bin ich immer ein wenig hilflos; es scheinen oft die anderen zu sein, die solches »diagnostizieren«, wobei meine Abwehr dagegen natürlich auch wiederum der Diagnose unterliegt. (»Du kannst dich von deinem Erfolg nicht trennen!«)

Natürlich hing dies mit meiner Schwierigkeit, Aggressionen der Klienten zu sehen und zu ertragen, zusammen. Ich erfuhr, daß ich zum »Harmonisieren« neige – ein sicher nicht unberechtigter Vorwurf. Diese Neigung, so meine ich, gibt mir allerdings auch immer wieder die Fähigkeit, ziemlich schnell Positives, Fortschritte, ermutigende kleine glückliche »Inseln« im Meer der Probleme zu sehen. Ich freue mich darüber – oft vielleicht zu sehr, um die überall drohenden Gewitterwolken auch noch wahrzunehmen. Ich denke, daß dies meinen therapeutischen Stil sicher beeinflußt. Ich möchte dies auch nicht unbedingt verändern – ich bin aber froh, daß die Balint-Gruppe mich auf diese Harmonisierungstendenz aufmerksam gemacht hat.

Eine andere Schwierigkeit betrifft die diagnostische Nomenklatur. Je länger wir zusammenarbeiteten, desto einseitiger wurden unsere Etiketten. Dem Zug der Zeit entsprechend, sprachen wir bald allzuoft von »frühen narzißtischen Störungen« – was uns natürlich immer weniger sagte. Da die Narzißmuskritik offenbar gerade jetzt beginnt, erspare ich es mir, auch noch meine eigenen Ansichten dazu bekanntzugeben. Jedenfalls wirkte sich dieses »Etikett« auf unsere Arbeit oftmals doch recht entdifferenzierend aus. Es hieß bald nichts anderes mehr, als daß wir mit einem Klienten recht »vorsichtig« umgehen müßten, daß wir die Therapie auf lange Zeit hin planen sollten und daß der erwartete Erfolg kein allzu großer sein könnte. Da die Therapien vieler Klienten diesem Schema gehorchen, wurden wir oft bestätigt. Ergab sich anderes, wurde die Eingangsdiagnose einfach »vergessen«.

Diese Schwierigkeiten – die schließlich von allen Teilnehmern produziert und daher auch korrigiert werden können – sind aber selbstverständlich geringfügig im Vergleich zu den vielen Vorteilen einer Supervisionsgruppe. Seit ich wiederum gezwungen bin, mich dem Urteil von Kollegen zu stellen, sind meine Therapien in sich konsistenter, getragen von klareren Leitlinien, irgendwie unproblematischer. Aus eigener Erfahrung weiß ich, wie leicht ein Therapeut »schludrig« wird, wenn diese Kontrolle fehlt. Mehr und mehr bin ich der Meinung, daß man die Berechtigung zur Ausübung des Berufes eines Therapeuten an die Bedingung der dauernden Supervision knüpfen sollte. Der Therapiebereich ist zu unstrukturiert, zu widersprüchlich und subjektiv, als daß man ihn ohne kontrollierende Instanz betreten sollte. Dies erscheint mir wesentlich wichtiger als sämtliche A- und B-Scheine der Gesprächstherapeuten, als die perfekt durchgeführten Anamnesen und Kontrollanalysen der Psychoanalytiker. So wichtig all dies sein mag: es ersetzt nicht die lebenslang dauernde Kontrolle.

Vieles, was ich durch andere Therapeuten und/oder Kollegen gelernt habe, ist schlecht an einem einzigen Punkt oder Kurs festzumachen. Ich glaube, daß es z. B. vor allem die durchgehende »Haltung« der Gestalttherapie war, die mich ein wenig »ent-intellektualisierte«, vor allem in bezug auf die diagnostischen Anteile des therapeutischen Prozesses. Hatte ich früher vor allem die verbalen Mitteilungen des Klienten aufgenommen, so waren es jetzt auch die Mimik und Gestik, die gesamte »Ausdruckskraft« einer Person. Ich gehe unter anderem auch meinem körperlichen Gefühl nach, wenn ich mir die Möglichkeit (oder Unmöglichkeit) einer Therapie vergegenwärtige. Dies ist zwar ein verbal kaum faßbarer und schlecht validierbarer Weg – trotzdem fange ich an, ihm zu vertrauen. Nie werde ich jenen Gestaltkurs vergessen, in dem die schüchterne, schlecht durchsetzungsfähige Elisabeth in bewegten, aber leisen Worten ihr Leid klagte. Der Trainer fuhr sie ungerührt an: »Sprich lauter, ich verstehe dich kaum.« Elisabeths Stimme hob sich gehorsam, sank aber bald wieder zum gewohnten Murmeln. Wie vom Donner gerührt, fuhren wir alle herum, als der Trainer plötzlich brüllte: »Hör' auf mit dem faden Gejammere, ich hör' dir schon gar nicht mehr zu – entweder du redest jetzt laut, oder du läßt es ganz sein. Wahrscheinlich *willst* du uns gar nichts mitteilen...« Und siehe da: Elisabeths Augen blitzten, und sie schrie mit lauter Stimme: »Du blödes Arschloch du, ich hab' dich bezahlt, also streng' dich gefälligst an!...« Da begriffen wir alle, was in Elisabeth steckte. Und als Dora, die reichlich tantenhaft gekleidete und sich gebende Endvierzigerin, die ihrem ungetreuen Ehemann schon seit fünf Jahren nachjammerte, sich in unsere Mitte stellen mußte, um sich von uns »bewundern« zu lassen, konnte ich (nachdem sie ihre lächerliche Schmetterlingsbrille abgenommen hatte) etwas ahnen vom Charme eines koketten kleinen Mädchens, das Bewunderung verlangt.

Ich bin mir der Gefahr solcher Eindrücke und Empfindungen bewußt. Ich fühle mich auch selbst noch immer als zu gehemmt, um meinen eigenen Empfindungen vorbehaltlos zu trauen. Auch glaube ich nicht, daß dies je zu meiner »Domäne« werden könnte. Ich bin ganz froh, daß ich zumindest darum weiß und selbst einiges erlebt habe.

Ein sehr unangenehmes Bioenergetikseminar machte mir klar, daß ich auf keinen Fall den Körper und seinen Ausdruck in den Mittelpunkt stellen möchte. Vielleicht hat es am Trainer gelegen (einem mit besonders eklatanter Psychosprache ausgestatteten Pseudohippie) – aber ich empfand vor allem auch die verwendeten Metaphern primitiv. »Laß alles raus – ja – es kommt – bleib bei dir, die Wut kommt schon...« – diese und ähnliche Sprüche bei Menschen, die hyperventilierten und sich am Boden wanden, erschienen mir dumm und geschmacklos. Wieder einmal erlebte ich, daß aus jenem Seminar eine Teilnehmerin, die eine Zeitlang im Mittelpunkt gestanden hatte, plötzlich verschwand. Niemand suchte sie, sie hatte es eben »einfach nicht durchgehalten« – ihr Pech!

Eine Therapieform, mit der man bei uns leider nicht so leicht praktische Erfahrungen am eigenen Leib machen kann, ist die Kognitive Therapie. Obwohl jeder davon redet, er ginge »irgendwie kognitiv« vor, scheint dieses Vorgehen nur bei Ellis und Beck einigermaßen nachvollziehbar.

Mit der Kognitiven Therapie habe ich also nur durch die Literatur Berührung gehabt und kenne leider keinen der »typischen« Vertreter dieser Richtung. Als ich aber darüber las, geriet ich sehr schnell in Widerspruch. Nachdem wir Verhaltenstherapeuten uns gerade von der »Ideologie« unserer »Wissenschaftlichkeit« zu lösen begannen: Sollte hier etwa ein neues Prokrustesbett bereitgestellt werden?

Ich habe über Kognitive Therapie ein Buch geschrieben, einige Artikel verfaßt und mir durch all dies etliche Feinde eingehandelt. »Was hast du, um Himmels willen, gegen die Kognitive Therapie?« fragten mich meine Freunde aus der Verhaltenstherapiezeit. »Sie ist doch ein Fortschritt!« Nun, sicher – gegenüber einer orthodoxen Verhaltenstherapie, die an Konditionierungsmechanismen glaubte, ist sie sicher ein Fortschritt. Ich kann aber beim besten Willen nicht entzückt sein, wenn Therapeuten nach einigen Jahren intensiver Bemühung um gestörte Menschen voll Verwunderung feststellen, daß diese »auch denken und fühlen«.

Genauso geht es mir mit der berühmten »Kognitiven Wende« in anderen Bereichen der Psychologie. Natürlich ist sie als Gegengewicht zum Behaviorismus erfreulich – dies spricht aber gegen den Behaviorismus, nicht für die Genialität der Entdeckung »kognitiver Faktoren«. Offenbar aber war die »Kognitive Therapie« für viele Verhaltenstherapeuten deshalb wichtig, weil sie das legitimierte, was sie immer schon getan hatten: nämlich sich intensiv mit den Gedanken- und Erlebensweisen iher Klienten auseinanderzusetzen, Inkongruenzen festzustellen u. ä. m. Beck und Ellis haben hier einiges systematisiert, was immer schon »irgendwie« getan wurde. Das ist sicher gut. Die dabei implizit mittransportierten Vorstellungen vom Menschen – daß dieser »im Prinzip« rational sei und Gefühle durch Aufklärung und Erkennen logischer Fehler korrigiert würden – stören mich allerdings dabei. Dieses Menschenbild fällt weit hinter alles zurück, was auch aufklärerische Philosophen über die Dialektik zwischen Trieb und Vernunft des Menschen festgestellt haben. Mein Aufsatz darüber in »Psychologie Heute« wurde allerdings von vielen Kollegen als eine prinzipielle Verwerfung von Methoden der Kognitiven Therapie verstanden. Dies sollte es nicht sein. Ich halte es in manchen Phasen der Therapie und bei manchen Klienten für sinnvoll, wenn sie sich der möglichen Kontrollierbarkeit von Gefühlen durch logisches Denken bewußt werden; ich finde es gut, wenn typische »Muster des Denkens und Fühlens freigelegt werden. Ich halte dies alles aber nur für einen sehr kleinen Bestandteil der Therapie; die vorgeschlagenen Methoden für einen zu engen Ausschnitt, um dies alles zu erreichen.

Ob meine Streifzüge durch die Psychoszene damit beendet sind? Ich weiß es nicht genau.

Immer wieder lasse ich mich von interessant klingenden neuen Konzepten anlocken. Ich erwarte immer wieder ein »großes Erlebnis« für mich persönlich oder für mich als Therapeutin. Natürlich bin ich aber meinen eigenen Erwartungen gegenüber auch skeptisch. Wird sich wirklich noch so viel Neues tun?

Weitere Horizonte erkunden:
Gesellschaft und Psychotherapie

Mein »Einfall«, Psychotherapeutin zu werden sowie meine gesamte Studienzeit lag, wie ich schon geschildert habe, in einer ganz und gar »untherapeutischen« Zeit.

Wenn man als Psychologe noch vor den späten sechziger Jahren gearbeitet hat und diese Zeit mit der heutigen vergleicht, ist man verblüfft über die Diskrepanz der gesamten sozialen Umwelt, in der man sich hinsichtlich seines Berufes befindet. Als ich studierte, war es eher »exotisch«, Psychologe werden zu wollen; Prestige gab es dafür zwar nicht, aber das war auch nicht nötig, da man es sowieso für ein »Höhere-Töchter«-Studium hielt. Ich weiß nicht, wie meine männlichen Kollegen damit zurechtgekommen sind (die meisten wollten wohl »Professor« werden?!) – ich selbst habe mich mit dieser Abwertung meines Studiums wohl ein Stück weit identifiziert, weshalb ich anschließend ja auch in einem fachfremden Institut mein Geld verdiente.

Keiner wußte so recht, was ein Psychologe zu tun hat. Niemand fragte nach möglichen Arbeitsgebieten – selbst die Vorstellung vom komischen Psychoanalytiker war nur mehr sehr blaß vorhanden. Auch ich selbst konnte mich nicht als berufstätige Psychologin oder gar als Therapeutin sehen. Am ehesten dachte ich an die Tätigkeit eines Testpsychologen im Arbeitsamt – dies war bisher die einzige Form, in der ich selbst einen Psychologen erlebt hatte.

Daß ich mein Studium trotzdem durchgestanden habe, mag verwundern – zum Teil schulde ich dies wohl der Durchhaltevernunft meines Elternhauses (»Was man begonnen hat, muß man vollenden«); zum anderen aber hielt ich doch auch noch an meinem ursprünglichen Traum von der tieferen Einsicht in andere Menschen fest. Mir war zwar zunehmend unklarer geworden, wie ich ihn erfüllen konnte – aber eine leise Hoffnung darauf, daß mein Beruf mir dabei behilflich sein könnte, hat mich nie verlassen.

Sicher klingt es ganz unglaublich – aber im Kreis der Psychologiestudenten wurde damals meines Wissens kein Wort verloren über eine konkrete spätere Berufstätigkeit.

Von meinen damaligen näheren Freunden wurden nach dem Studium zwei männliche Kollegen Universitätsassistenten, einer wurde mit Protektion eines Onkels in einer großen Lebensmittelkette zum Jungmanager ausgebildet, einer heiratete die wohlhabende Erbin eines Gewerbebetriebes und übernahm das Geschäft des Schwiegervaters, einer wurde Musikkritiker und Assistent in einem Musikverlag. Nur eines der Mädchen bekam eine »richtige« Psychologenstelle in der Kinderklinik. Sie erzählte uns, daß sie dort sehr häufig den Schwestern helfe. »Was soll ich sonst tun?« fragte sie naiv. »Wenn ich sehe, wieviel die arbeiten, dann helfe ich halt beim Windelzusammenlegen und beim Füttern der Babys.« Eine andere von uns hatte vorsorglich ihr Lehrerexamen absolviert und gab Unterricht in Englisch und Philosophie. Ich selbst entwischte in die Soziologie. All dies geschah mehr oder weniger zufällig und ungeplant – wir zerbrachen uns nicht lange die Köpfe darüber. Im Wirtschaftswunderzeitalter hatte man natürlich auch keine Angst vor Arbeitslosigkeit. Mit unserem abgeschlossenen Studium in der Tasche konnte uns keinesfalls etwas passieren. Wir konnten es uns also leisten, über die Notwendigkeiten des Geldverdienens vornehm hinwegzusehen.

Wie aber stand es mit der psychologischen Umwelt und unserem persönlichen Denken in psychologischen Kategorien? Ich kann mich kaum an Gespräche erinnern, in denen wir uns selbst analysierten, uns etwa auf unsere Gefühlszustände besannen oder uns versuchsweise mit psychologischen Etiketten versehen hätten. Wir hatten einfach keine Sprache dafür.

Die objektivierende Art, in der wir uns und unsere Umwelt mittels Tests zu beurteilen lernten, trug nicht dazu bei, die Ergebnisse reflektierbar zu machen. Unser IQ und unsere Scores auf Persönlichkeitsdimensionen standen fest wie Blutdruck und Körpergröße. Was gab es darüber lang zu diskutieren? Wenn einer »introvertiert«, »schizoid« oder »depressiv« war, dann mußte dies entweder hingenommen oder (was andeutungsweise geschah) im Hinblick auf die Testmethode relativiert werden. Nach Rohrachers ›Kleiner Charakterkunde‹ lernten wir auch, mit dem Begriff des »Typus« umzugehen. Wir probierten die verschiedenen »Typen« an wie Kleider im Kaufhaus. »Paßt... paßt nicht... paßt ganz gut...« Rohrachers sehr deutlich vermittelte Skepsis gegenüber diesen Konstrukten (der »feste« und der »flüssige Gehalt« nach N. Ach, die Kretschmerschen Typen etc.) war auch für uns prägend. Natürlich warfen wir den ganzen Krempel lachend beiseite, wenn klarwurde, wie »gesponnen« das alles war.

All das hatte mit unserem Leben nichts zu tun, wir konnten es nicht verwenden, um unsere eigenen Probleme zu lösen oder auch nur zu strukturieren.

Obwohl wir uns alle der Promotion näherten (in Österreich ist dies die erste Stufe des akademischen Abschlusses, Diplom gab es damals noch nicht), sprachen wir über uns, unsere Beziehungen und Probleme nur in sehr mühsamen Wendungen, die mit unserem Studium nichts zu tun hatten. Zufällige Literaturerlebnisse, elterlicher Einfluß, religiöse Normen u. ä. gaben die Muster ab.

Einer meiner klügsten und interessantesten Kollegen holte sich seine Sprach- und Denkvorbilder z. B. aus der Ethnologie. Die Maori waren sein Lieblingsvolk. Wenn ihm mein Rationalismus mißfiel, konnte er etwas sagen: »Du hast schon wieder einmal deine Seele angebunden«, und wenn ich mehr aus mir herausging, »Heute fährst du den langen Fluß mit offenen Segeln herunter«.

Ein anderer hatte literarische Vorbilder: »Eine verhuschte Person« – das war Thomas Mann; »eine Wolfsnatur«: Herman Hesse... etc. Dazwischen gab es viele »normale« Alltagspsychologie: »Ein Egoist, ...ein guter Mensch, ...ein Windhund...«

Sehr viel ließ sich mit diesen Kategorien nicht anfangen, da sie allzu statisch konzipiert waren. Und wie es mit statischen Konzepten ganz allgemein geht: sie boten auch nicht viel Veranlassung zur Diskussion. Weder wußten wir uns darüber zu unterhalten, wie es zu bestimmten »Eigenschaften« vielleicht gekommen war, noch dachten wir an mögliche Veränderungen. So hatten wir natürlich auch kein richtiges Sozialisationskonzept; Entwicklung stellte sich uns dar als eine hauptsächlich von innen bestimmte Abfolge vieler »Phasen«. Über Veränderungen im Erwachsenenalter – etwa durch Therapie – hörten wir so gut wie nichts.

Nichts von dem, was wir für unsere Prüfungen zu lernen hatten, konnten wir zu uns selbst, unseren Partnern und unseren Alltagsproblemen in Beziehung bringen. – Man war mehr oder weniger geschickt in den für die Dissertation nötigen Formalisierungsarbeiten – die Ergebnisse aber interessierten kaum einen von uns. Es war ein fast absolutes l'art pour l'art-Spiel; Wissenschaft und Leben hatten nichts miteinander zu tun. Natürlich fiel vielen von uns auch kein Thema für die Dissertation ein, man erbat sich häufig eines von den Betreuern und haspelte es dann mehr oder weniger gekonnt ab, wobei man sich bemühte, möglichst alle gängigen statistischen Verfahren hineinzubringen.

Ich selbst hatte wieder einmal einen meiner wunderbaren »Einfälle« – ich denke, daß er der (heimlichen) Beschäftigung mit dem Gegensatz von verstehender und erklärender Wissenschaft entsprang. Ich wollte nämlich »Denktypen« untersuchen und hatte dabei eine vage Vorstellung von Menschen, die vorwiegend logisch-formal dachten und solchen, deren Denkergebnis einer eher assoziativ-intuitiven Denkbewegung entsprang. Mit diesem Thema wußte natürlich niemand etwas Rechtes anzufangen – es galt als »zu groß«. Ich war sehr unsicher, obwohl ich sogar einige Literatur – z. B. das fast vergessene Habilitationsmanuskript eines im Kriege gefallenen Wiener Privatdozenten – dazu fand. Mein Elan aber wurde empfindlich gebremst, als mir ein Mitarbeiter des Instituts auf meine beklommene Frage hin kurz und bündig erklärte, er »glaube« nicht an Denktypen. Es gäbe nur eine einzige Möglichkeit zu denken; nur das Ergebnis könne richtig oder falsch sein. Leute, die anders dächten, seien einfach selbst ein wenig *dumm*. Natürlich ließ ich das Thema sofort fallen und untersuchte auf Anraten meines Professors »Aufmerksamkeitsschwankungen«, wobei ich meine Versuchspersonen stundenlang sinnlose Silben lesen und einfache Rechenaufgaben lösen ließ.

Ich denke eigentlich mit Trauer an jene Zeit zurück, wo alles, was mich wirklich interessierte, als spleeniger Jungmädchentraum angesehen wurde.

Wir hatten also weder das Vokabular noch die nötigen psychologischen Konzepte, um unser eigenes Leben zu thematisieren – und so stellte sich auch das Bedürfnis danach gar nicht richtig ein. Verglichen mit der heutigen Psychologengeneration haben wir auffallend wenig über uns selbst gesprochen und nachgedacht.

Ich weiß nicht, wie meine Freunde dies empfunden haben – ich aber vermißte diese Themen sehr bewußt. Ich dachte oft an meine katholische Teenagerzeit; wenngleich es mir natürlich nicht mehr möglich gewesen wäre, in jener schwärmerisch-religiösen Weise über mich und andere zu sprechen, hatte ich doch das Gefühl, als seien unsere Gespräche nun schaler geworden.

Wir bekamen also wenig überzeugende Psychologentätigkeit zu sehen – zumindest was die Erwachsenen betraf. Über Kindertherapie allerdings gab es schon ein wenig mehr zu erfahren. Bei Professor Asperger wurden Kinder getestet und meist einige Wochen lang in der Klinik behalten. Bei meinem kurzen Praktikum hatte ich gesehen, daß man mit ihnen »spielte«, ohne daß mir irgendeine theoretische Grundlegung dieses Spiels klarwurde. Ich weiß bis jetzt nicht, ob es eine gab.

In einer Schulberatungsstelle, wo ich ein Praktikum machte, wurden schlechte Schüler getestet. Die Diagnose lautete entweder »Unterbegabung« oder »Legasthenie«. Letzteres wurde übrigens meist mit Linkshändigkeit gleichgesetzt, wobei die vielen nicht stimmigen Fälle als »verdeckte Linkshändigkeit« diagnostiziert wurden. Möglicherweise tue ich jener Stelle unrecht, vielleicht hat sie erst später irgendein vernünftiges Beratungskonzept entwickelt. Ich jedenfalls konnte damals nicht feststellen, daß diese Diagnosen Handlungsanleitungen hervorbrachten. Bei einer privat arbeitenden Psychologin, die in Schweden ausgebildet worden war, lernte ich – zumindest theoretisch – das System der »Child-Guidance«-Kliniken kennen. Meine Aufgabe wäre es wiederum gewesen, mit den Kindern zu »spielen«, während die Psychologin mit den Eltern sprach. Das wirkliche Child-Guidance-Konzept mit seinem multiprofessionellen Team konnte in der privaten »Ein-Frau«-Praxis natürlich nicht durchgeführt werden. Irgendeine erkennbare theoretische Grundlage für das »Spielen« gab es auch hier nicht, weshalb ich mich mit den Kindern meist schrecklich langweilte. Hatte ich eines der lieben Kleinen dazu gebracht, mit mir im Sand etwas zu bauen oder den Sceno-Test zu benutzen, dann erschien anschließend die Psychologin mit einer »Deutung«. »Aha, er fühlt sich beengt« – wenn der Zaun benutzt wurde, um etwa ein Pferd einzusperren. Oder: »Sie fühlt sich von der Mutter nicht akzeptiert«, wenn etwa die Mutterperson ohne ihre Kinder irgendwo eingesetzt wurde. Ich empfand das alles als aufgesetzt und willkürlich und konnte auch überhaupt nicht sehen, daß es irgend etwas mit den Ratschlägen an die Eltern zu tun hatte. Auch fand ich die Erfolge nicht recht überzeugend – Bettnässer näßten meist weiterhin ein, Nägelkauer blieben nervös, und nur mutistische Kinder begannen langsam zu sprechen – allerdings nur in der Therapie.

Ich wunderte mich, daß die Mütter immer wiederkamen. Hinterher denke ich, daß jene Therapeutin dadurch, daß sie die Mütter (manchmal auch die Väter) überhaupt beachtete und ins Gespräch zog, schon eine ganze Menge Entlastung in oftmals prekäre familiäre Situationen brachte.

Was mir in meiner wissenschaftlichen Arroganz nämlich entgangen war, war die Tatsache, daß es sich bei den problematischen Kindern fast ausnahmslos um sogenannte Unterschichtkinder handelte.

Diese noch recht junge Psychologin hat dabei sicher kaum etwas verdient; da ihr Vater ein berühmter Wiener Industrieller war, konnte sie sich dies zwar leisten – trotzdem möchte ich ihr meinen verspäteten Respekt dafür, daß sie sich dies – (anstatt teurer Partys und Reitausflüge in den Prater) - leistete, voll und ganz zukommen lassen.

Damals aber verachtete ich solches Tun als »unprofessionell«. Irgendwann verzichtete die Therapeutin auch auf meine Mithilfe – freundlicherweise ohne mir direkt zu sagen, wie untüchtig ich gewesen war. Sie formulierte höflich, daß wohl das »Theoretische« mehr meine Sache sei. Ich beschloß, mich auf keinen Fall als Kindertherapeutin zu etablieren – noch lange Zeit kapierte ich nicht, daß mein Interesse für »den Menschen« auch durch genaue Beobachtung an Kindern hätte Nahrung erhalten können. Meine eher intellektuell-rationalistische Herangehensweise an Menschen machte mir Probleme bei Kindern – ich hatte Angst vor ihnen.

Die Atmosphäre Psychologischer Institute in den fünfziger Jahren war sicher an nur wenigen deutschsprachigen Universitäten dazu angetan, den Wunsch nach therapeutischer Tätigkeit zu unterstützen. Man konnte sich höchstens in Gegensatz zum herrschenden Trend an eines der im Schatten dahinvegetierenden psychoanalytischen Institute wenden. Ich selbst war zu angepaßt, um dies zu tun.

In der Schweiz herrschte ein viel ungebrocheneres Verhältnis zur Tradition der Psychoanalyse. Es gab ältere jüdische Analytiker (einer davon war noch bei Freud analysiert worden), und es gab natürlich sehr viele Anhänger von C. G. Jung sowie – Spezialität der Schweizer – die Daseinsanalyse von Boss. Die Metropole der Psychoanalyse allerdings war Zürich – wir in Bern bekamen das »große Geschehen« nur am Rande mit.

Immerhin: Ich hatte überhaupt einmal Gelegenheit, »echte« Therapeuten kennenzulernen; ausgestattet mit allen Vorbehalten meiner allerdings eher langweilig-positivistischen Ausbildung fand ich in der »Berner Gesellschaft für Psychologie« (so oder ähnlich nannte sich diese Gruppe) an manchen Abenden das, was die Analytiker vorbrachten, doch nicht uninteressant. Dies betraf vor allem die häufig geisteswissenschaftlich gebildeten und interessierten Jungianer. Der Vortrag eines besonders gutaussehenden jungen Mannes namens T. entdeckte mir den psychotherapeutischen Prozeß als eine Reise in ein gar wunderbares Land, in dem es von bunten Bildern und Mythen nur so wimmelte. Bei Spörri entzückte mich – in einem Vortrag über die Gemeinsamkeit der Sprache des Schizophrenen mit dem sektiererischen »Zungensprechen« – die Originalität des Themas und der empirische Zugang. Auch das Ehepaar Tausch lernte ich auf diese Weise kennen - ihre Untersuchungen kamen an das, was ich als »wissenschaftlich exakt« bewundern gelernt hatte, schon sehr nahe heran. Der Gedanke, sich als Therapeut auszubilden, verlor im Laufe der Berner Zeit seine komischen Aspekte. Trotzdem weihte ich lange Zeit keinen meiner Berufskollegen in meinen Entschluß ein, eine Lehranalyse zu machen. Auch als ich es getan hatte, war ich noch lange Zeit bereit, das ganze Unternehmen um irgendeiner Pointe willen zu »verraten« – ungeachtet der Tatsache, daß ich schon tief drinsteckte in der Auseinandersetzung mit mir selbst.

Die Atmosphäre in Bern war zwar offensichtlich von der Psychoanalyse sehr viel mehr geprägt als die in Wien – aber ich gehörte trotzdem nicht dazu. Meine Ambivalenz bewirkte, daß ich nur sehr langsam meinen Weg finden konnte – ich suchte keinen persönlichen Kontakt zum Kreis der Analytiker, selbst dann nicht, als ich schon meine Lehranalyse absolvierte.

Der »Zeitgeist« war noch kein psychologischer. Erst im Gefolge der 68er Ereignisse änderte sich dies fast schlagartig. Nun wurde in progressiven Zirkeln die allgemeine Offenheit praktiziert, ja: gefordert. Zum Aussprechen und Analysieren der Probleme diente eine vulgarisierte Psychoanalyse, die mit marxistischen Kategorien zur Deckung gebracht werden sollte. Es war nun nichts Besonderes mehr, wenn in einer öffentlichen Diskussion ein Mädchen von seinen Orgasmusschwierigkeiten berichtete und diese damit erklärte, daß es sich »als Sexualobjekt ausgebeutet« fühle. Die Frage der leider immer wieder auftretenden Eifersucht wurde mit dem Problem verknüpft, ob denn einer des anderen »Eigentum« sein dürfe... u. ä. m.

Ich wurde nun – als Therapeutin in der Studentenberatungsstelle arbeitend – mit diesen Problemen ununterbrochen konfrontiert. Nun hatte aber meine verhaltenstherapeutische Phase bereits begonnen – Derivat einer kapitalistisch-positivistischen Wissenschaft! Wie konnte ich also beides zur Deckung bringen? Und wie war es zu erklären, daß die 68er »Psychologisierungs- und Therapeutisierungswelle« sowohl die Psychoanalyse als auch die psychologischen Therapien zur Folge hatte? Und keineswegs wurde etwa die Verhaltenstherapie nur von reaktionären Therapeuten ausgeübt, während die Vertreter der Psychoanalyse etwa besonders fortschrittliche Sozialisten gewesen wären. Diese Trennung verlief quer durch die Fronten und verschob sich im Lauf der Zeit eher zugunsten der Verhaltenstherapeuten. Eben dies aber war auch der Grund für eine Vielzahl recht verworrener Probleme und Diskussionen – miteinander, gegeneinander und gegen psychoanalytische Kollegen.

Sicherlich war die Verhaltenstherapie – Abkömmling der Lerntheorie – im Gefolge eines positivistischen Wissenschaftsideals sowie im Sinne größerer Wirtschaftlichkeit in die USA-getreuen bundesdeutschen Universitäten eingezogen. Ihr – reichlich überschätzter – manipulativer Charakter schien die reflexiven zugunsten der automatisierbaren Anteile der Psyche zu vernachlässigen. Kapitalismuskritik und VT-Kritik vertrugen sich daher gut. Hier die total verwaltete, funktionalisierte Ware Arbeitskraft – dort der zurechtkonditionierte, dem Arbeitsmarkt anzupassende psychisch Gestörte. Hier die »geheimen Verführer« – dort die operant zu bekräftigenden Gefühle von positiver Lebensauffassung. Dagegenzusetzen war die Psychoanalyse mit ihrer Aufdeckung repressiver Mechanismen, in denen sich die Gesellschaft spiegelte –, gleichzusetzen den aufklärerischen Vorboten der Revolution, als deren Vorreiter sich viele Studenten empfanden.

Daß viele der jungen Verhaltenstherapeuten sehr fortschrittliche Konzepte der psychosozialen Versorgung vertraten, paßte zwar nicht recht zu den »Ursprüngen« einer positivistischen Wissenschaft – wenn man diese als den Ursprung der Verhaltenstherapie annahm. Ließ man allerdings die Lerntheorie weg und reduzierte die Verhaltenstherapie auf einige praktikable Heurismen, mit denen sich gut arbeiten ließ, dann war man aus diesem Dilemma entlassen. Noch aber waren wir nicht soweit.

Das Schicksal des »Deutschen Berufsverbandes für Verhaltenstherapeuten« (DBV) und der »Gesellschaft für Verhaltenstherapie« (GVT) spiegelte unsere politische und später auch wissenschaftstheoretische Zerrissenheit. Die (damalige) GVT war die Gründung einer Gruppe meist junger Münchener Verhaltenstherapeuten rund um Professor Brengelmann. Ihr Ziel war – ganz allgemein – die »Förderung« der Verhaltenstherapie. Die Person ihres Gründers sorgte dafür, daß allzu »fortschrittliche« Ideen vorerst nicht aufkommen konnten.

Ein wenig später beschloß eine Gruppe von Psychologen in Münster und Bochum (dem zweiten Zentrum der deutschen Verhaltenstherapie) die Gründung eines Berufsverbandes. Hier ging es neben der Förderung vor allem um die Bewahrung berufspolitischer Interessen – aufgenommen wurde nur, wer fertiger Therapeut war. Die Aufnahmekriterien waren sehr viel strenger. Die führenden Verhaltenstherapeuten der damaligen Zeit saßen alle an den Universitäten; sie waren fast durchweg Assistenten oder wissenschaftliche Angestellte von universitätseigenen Beratungsstellen: also recht jung, ziemlich ehrgeizig und geprägt von ihrer experimentellen Psychologieausbildung. Das war vorderhand eine gute Voraussetzung für

Rezeption und Entwicklung einer sehr rationalistisch verstandenen Therapieform. Es erklärt die einstweilige Unbekümmertheit, mit der sie viele der nachmals so wichtig gewordenen Probleme einfach »übersprangen«.

Da ich in Fragen von Organisation, Verwaltung und Politik immer schon recht naiv war, machte ich bei der Gründung des »Deutschen Berufsverbandes für Verhaltenstherapeuten« (DBV) begeistert mit. Unsere Ziele erschienen mir gut vertretbar, die »Reinhaltung« unserer »wissenschaftlich fundierten« Methode schien auch für die notleidende Bevölkerung wichtig.

Erst im Laufe der vielen Auseinandersetzungen mit der GVT wurde mir langsam klar, daß ein standespolitisch orientierter Berufsverband tatsächlich (schreckliches Vorbild war immer wieder der ärztliche Hartmannbund!) leicht in Gefahr gerät, nur die egoistischen Interessen seiner Mitglieder zu vertreten, und daß unsere Statuten keinerlei Sicherheit dagegen boten, daß sich diese nicht durchsetzten. Um die Verhaltenstherapie »rein« zu erhalten, hatten wir sogar ein System von Ausbildungskursen vorgeschlagen, das von den Auszubildenden selbst bezahlt werden sollte. Wenngleich immer wieder mit Einschränkungen versehen – die Förderung der Verhaltenstherapie an den Universitäten war ein anderes wichtiges Ziel –, ließ sich doch vorausahnen, daß hier ein privates Ausbildungsmonopol auf eventuelle Geldhaie wartete. Da wir von der Gründungsgeneration meist selbst an der Universität arbeiteten oder in Institutionen mit sicherem Einkommen steckten, schien uns kurzsichterweise diese Gefahr als nicht so relevant.

Inzwischen aber hatte sich die GVT von Brengelmann distanziert (oder umgekehrt) – eine junge Generation mit sozialpolitisch fortschrittlichen Ideen hatte die Führung übernommen. Sozialisten aller Couleurs fingen nun an, den »reaktionären« DBV schlimmster Profitsucht zu verdächtigen. Daß wir DBV-Mitglieder auch daneben noch alle GVT-Mitglieder waren, symbolisierte unsere eigene Zerrissenheit. Wir hatten Mühe, unsere Fronten zu verteidigen und waren zwischen unseren eigenen Gefühlen hin- und hergerissen. Es folgte eine Periode heftiger Diskussionen zwischen den beiden Vorständen. Die GVT warf uns vor allem unser Ausbildungssystem vor und bekrittelte den Mangel an gesundheitspolitischen Vorstellungen. Wir vom DBV ziehen die Gegenseite der Realitäts-ferne. Im nachhinein finde ich übrigens alle Vorwürfe nicht ganz unberechtigt. Ich persönlich sah mich innerlich immer mehr zur Gegenseite überlaufen – abgesehen davon, daß ich eine immer wieder durchblitzende moralische Erhabenheit auf unsere Kosten manchmal als heuchlerisch empfand. Alles in allem aber wurde mir klar, daß ich mich mit gesundheitspoli-tischen Problemen zu wenig beschäftigt hatte sowie – auch dies fing nun an, immer wichtiger zu werden – daß wir mit unserem Glauben an die Lerntheorie wissenschaftstheoretisch naiv ge-wesen waren.

Merkwürdigerweise geschah in den Treffen zwischen DBV und GVT plötzlich eine seltsame Rollenverteilung: Wir »DBV«ler waren nicht nur gesundheitspolitisch naiv (was stimmte), sondern auch noch »typisch manipulative« Verhal-tenstherapeuten. Das ging nun doch zu weit – nun schien sich unter der jungen Kunst der Verhaltenstherapie schon eine Spaltung von »Orthodoxen« und »Neuerern« anzukündigen. (Es war noch vor der Zeit der Kognitiven Verhaltenstherapie.) Ich erinnere mich noch mit großem Vergnügen derjenigen Sitzung, in der diese Verdächtigungen einen Höhepunkt er-reichten. Plötzlich brach aus J. Bergold, dem Vertreter der GVT, eines seiner typischen »bayerischen Donnerwetter« her-aus: »Fix no amal, jetzt wird's mir aber zu blöd! – Jetzt mach i nimmer mit, das is doch alles nur heuchlerisches Gelabere. Glaubt's ihr wirklich, daß mir a andere Therapie machen wie die vom DBV? Und können ma uns wirklich nimmer an den Beginn erinnern? Wie lang ist's denn schon her, daß ich selbst eine Systematische Desensibilisierung nach der anderen g'macht hab', und du, Peter, warst der sturste ›Operantcondi-tioner‹, den man sich vorstellen kann...« Dies entspannte für mich die Lage so sehr, daß ich von da an die eifrigste Vertreterin eines Zusammenschlusses der beiden Verbände wurde. In einem Seminarraum der FU Berlin feierten (bzw. betrauerten) wir einige Zeit später den Untergang des DBV. Wir gründeten die »Deutsche Gesellschaft für Verhaltenstherapie« DGVT) – einen Verband, der zwar wirklich edle Ziele hat und fern von ausbeuterischen Gesinnungen existiert, der aber zur Ausbil-dung von Therapeuten recht wenig leistet (wenn man von den

Kongressen absieht) – angesichts der finanziell ungehemmten Psychoboomfunktionäre ein beklagenswerter Zustand. (Wenn auch, wie ich sehe, die Verhaltenstherapie als Methodensammlung heutzutage in der Bundesrepublik Deutschland fast nicht mehr existiert, so sind doch viele der führenden Vertreter dieser Richtung hervorragend gute, vernünftige und flexible Therapeuten geworden – eine systematische Weitergabe ihres Wissens, die natürlich zu zahlen wäre, fehlt sehr.)

Nachdem die Verhaltenstherapie sich mehr und mehr von ihren – angemaßten – wissenschaftlichen Wurzeln löste, war es sehr viel leichter, sich konsistent auch in gesundheitspolitischer Hinsicht zu verhalten. Aufklärung als Gegenpol zur »Konditionierung« war nun nicht mehr unser Problem. Die »Kognitive Verhaltenstherapie« war Sammelbecken für alle gewünschten, auch reflexiven Elemente der Therapie. Diese sowie ihre theoretische Grundlegung war in sich so inkonsistent, daß man damit übrigens fast jeden Inhalt meinen konnte.

Dies erleichterte auch den Zugang zur Gesprächspsychotherapie. Man hatte als Verhaltenstherapeut zwar gegenüber den spekulativen Rogers-Konzepten Vorbehalte: Aber gegen die therapeutische Praxis war nicht viel einzuwenden. Zwar konnten die Frage einer gemeinsamen theoretischen Basis sowie das Problem der Indikation bis heute nicht recht gelöst werden – in der Praxis aber erwies sich, daß beide Therapieformen im selben Therapeuten Platz hatten. Eine große Anzahl von Doppelmitgliedschaften in der DGVT und der »Gesellschaft für wissenschaftliche Gesprächspsychotherapie« (GwG) bewies dies auch am Papier. Gemeinsame Ziele ergaben sich auch im Gespräch mit den Kassen, im Sektor »Psychotherapeutengesetz« sowie in der Erarbeitung gesundheitspolitischer Vorstellungen. Der Zeitgeist stand – im Zeichen der kognitiven Wende – auf Integration.

Der Psychoboom erfaßte nicht nur mich persönlich, sondern auch viele andere Verhaltenstherapeuten. Hatte ich beim Zürcher Symposium der GwG (»Therapeutische Schulen im Gespräch«) noch im engen Kreis konstatiert, daß die GwG-ler sehr viel »menschlicher« und »offener« seien als die stets intellektuell-witzelnden und »abwehrenden« Verhaltenstherapeuten, so änderte sich dies jetzt von Treffen zu Treffen. Jeder war nun schon einmal in einer »Gruppe« gewesen: Unsere Gespräche wurden intimer und persönlicher.

Unter dem Ansturm persönlicher Probleme und Gefühle, die wir in diversen Psychogruppen erlebten, änderte sich auch unsere Einstellung zur Verhaltenstherapie. Da wir an die »Wissenschaftlichkeit« nicht mehr glauben konnten, war der Weg für vieles andere offen. Erzogen in der Tradition einer empirischen Psychologie waren viele von uns aber trotzdem gefeit gegen ein allzu kritikloses »Herumprobieren«. Wir wollten, wenn es möglich war, wissen, was wir jeweils taten und erlebten. Wir versuchten auf alle möglichen Weisen, unsere Vorgehensweisen zu konzeptualisieren. »Problemlösestrategien«, »Selbstinstruktionstherapie«, Handlungstheoretische Ansätze: alle diese Konstrukte waren (und sind) Versuche, in den therapeutischen Prozeß Ordnung zu bringen – ein Versuch, der dem Abschlagen des Hydrahauptes ähnelt: Immer wieder ist der Prozeß dann doch anders als gedacht, immer wieder wächst ein neuer »Kopf« nach.

Wenn wir in unserer »Vor-68er«-Jugendzeit, zumindest für meinen eigenen Anspruch, auch unerträglich trocken, spröde und unreflektiert miteinander umgegangen waren – die Psychoboomoffenheit empfand ich andererseits auch häufig als eine Art Vergewaltigung. Und wie es (pardon, Feministinnen!) mit Vergewaltigungen häufig zu geschehen pflegt: sie war nicht immer ganz ungewollt, ich war auch aktiv daran beteiligt. Ich glaube, viele Menschen aus der Psychoszene kennen das Gefühl: sich zu verlieren in der suchterzeugenden Geborgenheit der Gruppe, wo augenblicksweise die Illusion entsteht, man wäre nun völlig frei, könne ohne Zwang und Kontrolle miteinander sprechen, könne endlich »echt« sein und werde total akzeptiert. Andererseits aber: auftauchend aus dem Sog, ein Gefühl äußersten Zwanges; ja: Enfremdung, eingebunden in die Scham, man habe sich unerträglich blamiert.

Dieses Gefühl der Entfremdung aber kann zwei Wurzeln haben. Die eine ist die Entfremdung vom sozialen Selbst, wie wir es im Alltag leben. »Mein Gott, wenn mich jetzt meine Arbeitskollegen... mein Mann... meine Kinder... sehen könnten«, ertönt dann oft die innere Stimme. Man weiß gar nicht, ob man dies wünscht oder nicht, weil man nicht mehr recht weiß, ob man hier oder dort »realer« existent ist. Die zweite Wurzel aber reicht tiefer. Es ist die Entfremdung, die man der erlebten eigenen Person angedeihen läßt, indem sie sich, gerade im Bemühen um intensive Selbstfindung, den Selbstfindungserwartungen der anderen doch wiederum anpaßt und sich so im Prozeß der Selbsterkenntnis wieder ganz aus dem Auge verlieren kann. Wie gut, wenn einer dann noch Scham empfindet und sich nicht ganz der lustvollen Täuschung hingibt, er sei nun endlich wirklich ganz »bei sich selbst«.

Da diese äußerste Konzentration auf sich selbst aber ein Ziel ist, das ja doch immer nur annäherungsweise zu erreichen ist, wäre nun wiederum eine puristische Verdammung der dorthin führenden »Schleichwege« in der Psychogruppe eine falsche Art von Hochmut. Denn selbstverständlich wird dort nicht nur geheuchelt; es werden dort oft mit viel gutem Willen alte und neue Techniken gelehrt, die den Weg zur Selbsterkenntnis ebnen können.

Verzerrt wird jenes Geschehen allerdings immer wieder dadurch, daß es nicht nur den wahrhaftigen und verständlichen Bedürfnissen von Menschen entspricht, denen die Gesellschaft zwar Wunden schlägt und Probleme aufgibt, denen sie aber gleichzeitig keine selbstverständlichen Bewältigungsmechanismen anbietet; nein, nicht nur diese Bedürfnisse bestimmen das Angebot. Es sind auch die Bedürfnisse des Marktes, die hier gewinnbringend das Angebot verformen. Dies aber wiederum muß den Abnehmer der Ware »Psychotrost« verwirren, da er oft Mühe hat, Verpackung und Inhalt voneinander zu trennen.

Was aber sagt der Markt?

Ein Produkt muß vor allem erschwinglich sein und auf einigermaßen zahlungskräftige Käufer stoßen: Die neue Mittelschicht aus den Dienstleistungsbetrieben kann sich den Artikel Wochenendgruppe gerade noch leisten.

Eine solche Ausgabe soll sich womöglich lohnen: Auch dies tut sie – zumindest im Falle der psychosozialen Berufe, sofern man durch sie Bausteine zu Ausbildungsdiplomen erwirbt. In anderen Fällen spart man dadurch die »große Psychoanalyse«.

Am schönsten befriedigt aber zeigt sich der Markt, wenn die Konsumtion des Produktes das Bedürfnis danach noch weiter ansteigen läßt, wenn also eine *Sucht* erzeugt wird. Dies aber –

und hier scheint der kritischste und verführerischste Punkt zu liegen – wird versucht durch eine ganz spezielle inhaltliche Ausgestaltung der Psychogruppe, die längst nicht immer dem Wohle des einzelnen dient. – Am kritischsten erscheint mir dabei: das Hinarbeiten auf die »schnellen« emotionalen Durchbrüche unter Vernachlässigung der eigenen Geschichte, die nur mehr als anekdotisches Blitzlicht ihren Platz findet; die Akzentuierung der eigenen emotionalen Evidenz unter Außerachtlassung der Faktoren der Außenwelt; die Unverbindlichkeit der Gruppe, die über ihre Beziehungen redet, sie aber nicht lebt; ein besonderer Nachdruck auf »Opfertheorien« (»Da ist meine verfluchte Sozialisation dran schuld!«), die den Subjektcharakter der Problembewältigung höchstens noch als privaten sehen lernt, die gesellschaftlich vermittelte Bewältigung aber allzu leicht vergessen läßt.

Häufig werden unvermittelt und ohne Bezug zur realen Existenz des einzelnen angeblich notwendige Bewältigungsstrategien gelernt: das Aussprechen der Aggression, die totale Offenheit, das »Neinsagenkönnen«. Wie viele noch tragfähige Ehen sind daran wohl zerbrochen, wie viele Freundschaften kaputtgegangen?

Wenn man in der Mühsal der therapeutischen Kleinarbeit einen Menschen begleitet, sieht man mit Schrecken, wie allzu rasch in der Psychogruppe für die schwierigsten menschlichen Situationen Lösungen geboten werden.

Das angeblich so sinnvolle »Herauslassen der Aggression« z. B.: welche Verwechslung von Reinigung und Bewältigung! Im intimen Rahmen der Therapie müssen Wut und Enttäuschung über diejenigen Personen, die eigenes Empfinden und Wollen frühzeitig oder aktuell unterbunden haben, wohl ihre Entladung finden! Daß diese Wut aber nun gleich wiederum zu Markte getragen und dem anderen als endlich erreichte persönliche Befreiung vor die Füße geschmissen werden soll, hat bisher noch keine ernstzunehmende Therapieschule gefordert. Es blieb einigen Psychomarktgangstern vorbehalten, diese Aggressionsentladung auf ihre Weise zu fordern und zu fördern – womit der Sektenbildung einer Gruppe natürlich Vorschub geleistet wird. Die anderen, »die da draußen«, können mich dann nicht mehr verstehen – also bleibe ich bei der Übermutter

»Gruppe«. Das sorgfältige Abwägen, ob Aggressionen in diesem oder jenem Fall und gerade bei dieser Person berechtigt sind, ob sie stark von Projektionen bestimmt sind, ob sie – selbst wenn sie berechtigt sind – nicht auch wichtige und sinnvolle Beziehungsformen kaputtmachen: diese Überlegungen brauchen Zeit, langsam abtastendes Erleben und sicher nicht nur den allseits akklamierten Wutausbruch in der Gruppe.

Mögen Therapien und Psychoboom aber auch sehr stark von den geschilderten Marktgesetzen abhängen; mögen sie im Einzelfall Unheil stiften und im gesamten die gesellschaftlichen Blößen durch Individualisierung der Leiden verschleiern helfen (»Therapismus«); man darf doch nicht übersehen, daß dieser Psychoboom einzelnen Hilfe bietet, daß er allgemeine Bedürftigkeiten des Menschen in unserer Gesellschaft aufdeckt.

Der Psychoboom erleichtert und erschwert das therapeutische Vorgehen gleichermaßen. Zwar sind Interesse und Motivation vieler Klienten (vor allem derjenigen einer intellektuell interessierten Mittelschicht) für die Therapie recht groß. Es ist allerdings fragwürdig, ob es sich um eine für die Therapie wirklich brauchbare Motivation handelt. Literarische Therapieberichte, Filme und Fernsehsendungen suggerieren aufregende Erkenntnisse und Durchbrüche, völlig neue Sichtweisen und sogar ein hinterher erfülltes und glückliches Leben. Der therapeutische Alltag sieht natürlich anders aus, weshalb die sich einstellende Langeweile viele Therapien sang- und klanglos versanden läßt. Dort dominieren eher emotionale Unsicherheit, Verlegenheit und das Gefühl der eigenen Unbedeutendheit. Die Erwartungen der Klienten gehen also oft in eine falsche Richtung, was viele Therapien erschwert.

Für prospektive Klienten anderer als der Mittelschicht hat allerdings der Therapieboom manchmal ganz erfreuliche Nebeneffekte: Auch Arbeiter oder unterprivilegierte Schichten haben oft per Fernsehen vermittelt bekommen, daß eine Therapie nicht ehrenrührig ist und daß man nicht »verrückt« sein muß, wenn man sich einer solchen unterzieht. Ich habe übrigens recht oft die therapeutische Arbeit mit sogenannten »Unterschichtklienten« als etwas sehr Erfreuliches erlebt. Weniger Voreingenommenheit hat oft mehr Vertrauen bewirkt. Das Gefühl, endlich einmal wichtiggenommen zu werden, ist für den sozial Unterprivilegierten oft schon ein solch wichtiges Erlebnis, daß sich seine Sicht auf die eigene Person verändert. Ich will damit nicht die mannigfachen, in der Literatur oft beschriebenen Schwierigkeiten in der Therapie bildungsärmerer Menschen leugnen: In ihrer Generalisierung aber scheinen sie mir oft etwas übertrieben.

Manche Beobachter behaupten, daß der Psychoboom – Flucht in die Innerlichkeit als Enttäuschung über die festgefahrenen gesellschaftlichen Verhältnisse – seit einiger Zeit wiederum am Abflauen sei. Im Sinne einer redlichen Neuorientierung in der Psychotherapie hielte ich dies für recht erfreulich. Nicht jedes Problem muß per Therapie gelöst werden; nicht jede Einsamkeit hellt sich im Schutz der »Selbsterfahrungsgruppe« auf. Sollte der Psychoboom jedoch dazu geführt haben, daß weniger Abwehr und Selbstverleugnung unter Menschen üblich wird: dann hätte er doch auch Gutes bewirkt.

Seit einiger Zeit gibt es auch Psychoanalytiker, die sich ernsthaft mit anderen Therapieformen beschäftigen. Dies findet wenig Niederschlag in großen und »offiziellen« Veranstaltungen: So gibt es kaum einen Analytiker, der die von GwG und DGVT organisierten großen Psychotherapiekongresse besucht. (Wie mir ein Analytiker einmal sagte: »Das wird ja doch nur als Laientherapie betrachtet.«) Es gibt aber in Österreich und in der Bundesrepublik einige Analytiker, die in der Zusammenarbeit mit direktiv arbeitenden Therapeuten (meist Verhaltenstherapeuten) erlebt haben, daß hier sehr ernsthaft und professionell gearbeitet wird. Zu meiner großen Freude werden nach und nach von dieser Seite mit Engagement und Sachkundigkeit Gespräche geführt; einige gute Literatur ist erschienen. Ich kann dabei viele Vorteile für beide Seiten sehen. Das große Erfahrungswissen der Psychoanalytiker kann zu beidseitigem Gewinn genutzt werden. Die probeweise Entkleidung von einer allzu starren psychoanalytischen Begrifflichkeit macht es für beide Seiten leichter, die Fakten unvoreingenommen zu sehen. Der Hinweis auf den Ablauf der verbalen Interaktion im therapeutischen Prozeß selbst macht nun vorher Unvergleichliches vergleichbar. Die Einsicht in die Konstrukthaftigkeit der Begriffe, mit denen wir den therapeutischen Prozeß begleiten (Abwehr, Regression, Konditionierung etc.) erlaubt es auch den Analytikern, nichtanalytischen Kollegen anders als mit Diffamierung bei der Therapie zuzusehen.

Meine Bewunderung für die Theorien der Psychoanalyse ist sehr viel größer geworden, seit ich Analytiker kenne, die bereit sind, von ihrem »Standardsetting« abzugehen, ohne daß sie dies unbedingt als Verminderung an therapeutischer »Tiefe« ansehen. Daß der eigene Lebenslauf, die eigene Person in der Therapie einer neuen »Interpretation« unterworfen wird, muß nun nicht mehr unbedingt heißen, daß diese Interpretation in psychoanalytischen Konstrukten geschehen und entlang der psychoanalytischen Therapietheorie verlaufen muß: Dies macht das Gespräch mit offenen Analytikern für mich sehr interessant. Auch freue ich mich, daß Verhaltenstherapeuten das Wort »unbewußt« nun nicht mehr zu scheuen haben wie der Teufel das Weihwasser. Kein Mensch, der sich intensiv mit seinen Mitmenschen befaßt, kann um dieses Wort und die dahinterstehende Realität herumkommen.

Alles in allem sehe ich für Therapeuten eine wissenschaftlich und praktisch interessante Zeit heraufkommen: Die Vorstellung von dem, was »machbar« ist, hat sich für jede Schule erweitert. Einer läßt den anderen nun etwas leichter »zugukken« (dies gilt leider nur in beschränktem Maß für Psychoanalytiker, aber auch dort wittere ich in dieser Beziehung Morgenluft); man kann darangehen, sich gemeinsam mit realen Menschen und ihrer Möglichkeit, sich konstruktiv zu verändern, abzugeben.

Ich hoffe, daß meine Naivität in rechtlich-organisatorischen Fragen meinem Optimismus nicht einen Strich durch die Rechnung machen wird. Sollten Krankenkassen, Sozialämter und andere Institutionen sich immer wieder anmaßen, über die Wertigkeit verschiedener therapeutischer Schulen qua Finanzkraft zu entscheiden, dann allerdings könnte eine neuerliche Abschließung die Folge sein. Noch bin ich aber Optimist.

Ich kann der Psychotherapie mit bestem Willen im gesamten Netz der psychosozialen Versorgung keine Hauptrolle zuschreiben. Sie lindert gesellschaftlich bedingtes Leiden, ohne es letztlich heilen zu können. Wie uns von seiten der Sozialpsychiatrie, der Gemeindepsychologie und ähnlich gelagerter Richtungen immer wieder mit Recht erklärt wird, muß der Klinische Psychologe sich umorientieren. Er muß lernen, »natürliche« Hilfsquellen zu aktivieren und präventiv zu arbeiten. Trotzdem: Immer wieder werden Menschen durch ein noch so dicht gespanntes Netz fallen, mit sich selbst nicht zurechtkommen, Symptome entwickeln, sich und andere quälen. Bei manchen von ihnen wird Therapie sinnvoll sein. Ich glaube nach wie vor, daß gute Therapie bei einem »geeigneten« Klienten die beste Lernchance des Erwachsenen bedeutet.

Bekenntnisse einer Konvertitin
Nachtrag von 1991

Der alte neue Weg: Von der Therapie zur Lehranalyse

»Kannst du denn nie genug kriegen?«, fragten einige Freunde, als sie von meinem Entschluß hörten, Psychoanalytikerin werden zu wollen. Ich hatte Mühe, diesen Entschluß als etwas darzustellen, das nicht (nur) meiner immer wachen Begier nach Neuem entsprungen, sondern »solider« begründbar war. Wie aber kann man jemandem vermitteln, daß man nun endlich das »Richtige« gefunden hat? Allzusehr erinnern die damit verbundenen Worte an religiöse Konversion oder an den Überschwang einer neuen Verliebtheit. Natürlich möchte man nicht gerne mit derartigen Irrationalitäten in Zusammenhang gebracht werden – zumindest so lange nicht, bis man imstande ist zu akzeptieren, daß der Wahl von Theorien und Therapien *auch* ein der Vernunft nicht immer ganz verständliches Moment innewohnt. Vielleicht wird ja der Bericht über meine »Konversion« durchscheinen lassen, daß auch jenem irrationalen Moment wiederum ein Stück Vernunft unterlegt ist, wenngleich diese sich nicht sofort zu erkennen gibt – entstammt sie doch einer unbewußten Schicht, die ihre eigenen Gesetze hat.

Warum aber habe ich diesen neuen Weg überhaupt beschritten? Oberflächlich betrachtet könnte man wieder einmal sagen: aus Neugierde. Darunter aber schlummerte wohl Angst.

Neugierde: Ich hielt mich für ein Gastsemester in Wien, am psychotherapeutischen Institut von Professor Strotzka, auf, und erlebte diese neue Welt als ungemein anregend. Die Mitarbeiter waren aus den verschiedenen Therapieschulen gekommen, was Strotzkas Intention entsprach, Methodenvielfalt auszuprobieren und damit auch die Indikationsfrage besser lösen zu können. Dieses Ziel der Methodenvielfalt aber mußte nach einigen Jahren aufgegeben werden: weil nämlich inzwischen fast alle Mitarbeiter Psychoanalytiker geworden waren. Sicher war die charismatische Person des Institutsleiters (selbst ein Psychoanalytiker) dabei nicht ganz ohne Wirkung geblieben. Aber gerade er galt als einer der besonders »liberalen«

Analytiker und war ernsthaft interessiert gewesen an der Einrichtung eines multimethodischen Instituts. In gewisser Weise bedauerte er das Scheitern seines Planes, konnte aber seine – übrigens hochqualifizierten – Mitarbeiter natürlich nicht davon abhalten, ihren eigenen therapeutischen Weg zu gehen. Mich faszinierte das Phänomen all dieser Wandlungen. In langen Gesprächen erfuhr ich einiges über die Motive. Immer wieder hieß es etwa: »Als ich selbst in einer schwierigen psychischen Situation war, wußte ich sofort, daß nur die Psychoanalyse mir helfen kann...« Oder auch: »Die Patienten wurden so schwierig, meine eigene therapeutische Richtung ›griff‹ nicht mehr, ich mußte zu viele Anleihen machen. Warum also nicht gleich Psychoanalytiker(in) werden?« Nur die Familientherapeutin hatte bis dahin wacker durchgehalten und bildete einen interessanten Kontrapunkt. (Sie tut es im übrigen auch jetzt noch!)

Die vielen Gespräche mit diesen erfahrenen und gescheiten Kollegen haben mich wohl so beeinflußt, daß ich eines Tages – ohne viel zu überlegen – Hans Strotzka fragte, wen er mir als Psychoanalytiker empfehlen würde. Ich hätte schließlich in diesem Gastsemester mehr Zeit als sonst, meine therapeutischen Erfahrungen würden sich durch psychoanalytische Gespräche sicher anreichern, außerdem könnte ich mir auch eine psychoanalytische Supervision vorstellen, und was dergleichen Rationalisierungen mehr waren. Ohne zu zögern, sagte Strotzka, für ihn persönlich käme nur einer in Frage, das wäre der alte Dr. S.

Selbstverständlich rief ich diesen sofort an, selbstverständlich hatte er keine freien Termine. Irgendwie gelang es mir aber telefonisch wohl doch, seine Neugierde zu wecken, und er gab mir zögernd den Termin eines Patienten bzw. einer Patientin, der/die krank geworden war. Wie oft habe ich in den folgenden Wochen jenem unbekannten Konkurrenten (in?), als den ich ihn (sie) sofort empfand, noch einige weitere Krankheiten an den Hals gewünscht! Ich weiß nicht, ob meine bösen Wünsche geholfen haben, jedenfalls aber bekam ich allwöchentlich meine Termine, manchmal nur einen, manchmal sogar zwei – und von Beginn an war ich gefangen. Wie ich retrospektiv denke: für immer.

Was war das Besondere an diesem Dr. S.? Was war das Besondere an der Situation, an mir, an unserer Beziehung?

Obwohl ich so viele andere therapeutische Erfahrungen – aktiv und passiv – gemacht habe, fällt es mir sehr schwer, diese Frage zu beantworten.

Sicher war jener alte und erfahrene Analytiker ein Meister seines Faches – ich bin aber überzeugt, daß dies allein nie ausreicht für eine befriedigende Psychotherapie. Wichtiger war wohl die für mich damals in keiner Weise erkennbare Tatsache, daß weniger oberflächliche Neugier als vielmehr tiefe Angst meine Schritte hin zu jenem Analytiker gelenkt hatte.

Angst – wovor? Neben ganz persönlichen Ängsten war es die Angst, im beruflichen Leben auf jener etwas unverbindlichen pragmatischen Ebene weiterzulaufen; die Angst auch, mich in meinen wissenschaftlichen Bestrebungen ohne befriedigende Theorie durchschwindeln zu müssen. Die im allgemeinen »akademisch« benannte Psychologie hatte ich schon immer – und je älter ich wurde desto mehr – als einseitig, oft trivial und banal empfunden. Ob es sich um allgemeine kognitive Theorien handelte, um Entscheidungstheorien, um sozialpsychologisch relevante Phänomene oder um Theorien, die im engeren Sinne die Psychotherapie betrafen: Immer hatte mir etwas gefehlt. Wo ich damals öffentlich und schriftlich Kritik übte, machte ich immer wieder darauf aufmerksam, daß das Unbewußte nicht berücksichtigt wurde, daß eine Motivationstheorie (die wiederum im Unbewußten anzusiedeln wäre) fehlte, und wies auf die Flachheit der Emotionstheorien hin. Blättere ich jetzt in meinen alten Zeitschriftenartikeln, verwundert mich manchmal jene Art von »Hellsichtigkeit«, die ich damals eigentlich noch gar nicht gehabt haben konnte. War nicht das Unbewußte für mich nur eine Art leerer Raum gewesen – einfach ein X, das überall dort einzusetzen war, wo seelisches Geschehen schwierig und undeutlich wurde?

Man hatte z. B. irgend etwas »latent gelernt«, dieses »irgend etwas« führte dazu, daß man bei bestimmten unangenehmen Erlebnissen, z. B. beim Partnerverlust, mit persistent negativen Gefühlen reagierte: Man sah sich selbst, die Umwelt und die Zukunft schwarz und düster. Nun ja. Ergab das aber wirklich eine Theorie der Depression? Ganz offensichtlich hatten diese doch wohl sehr lästigen Negativismen, die man irgendwann (vielleicht auch bei einem früheren Verlust) irgendwie gelernt hatte, einen inneren Zusammenhang. Daß man die Zukunft und die Umwelt von da an schwarz sah – nun gut. Aber warum, um Himmels willen, sich selbst? Auch hier fehlte etwas. Natürlich war es relativ einfach, Anleihen bei der Psychoanalyse zu machen. Offenbar hatte man also die Wut über die verlorengegangene Person (aber immer war eine solche Person ja gar nicht auszumachen) »introjiziert«, also gegen sich selbst gewendet. Damit aber steckte man schon in einem vollkommen anderen Paradigma; in einem, wo es auf subjektives Erleben und eine komplizierte innere Dynamik ankam, die nur mehr auf Umwegen erschlossen werden konnte. Es war ziemlich sinnlos, hier weiterzudenken, wenn man als Therapeut die Methode der Erschließung des Unbewußten nicht kannte.

Oder: die eine Zeitlang als besonders »progressiv« geltende Plananalyse von Grawe und Caspar. Kam man damit viel weiter? Sicher war es sinnvoll, Interaktionsstrategien auf ihr Ziel hin zu untersuchen, also ob sie irgendeinem geheimen »Plan« folgten. Man konnte »Planhierarchien« aufbauen und gewiß gelangte man damit zu Erkenntnissen, die etwas weniger trivial waren als die der obengenannten Beckschen Depressionstheorie. Daß diese »Pläne« dem Subjekt selbst oft verborgen waren, erinnerte natürlich an tiefenpsychologische (speziell Adlersche) Ansätze. Woher aber kamen die Pläne? Und wie war es zu erklären, daß oft die wirklich wichtigen lebenslangen Pläne immerfort von eigenen Ambivalenzen durchkreuzt wurden? Woher diese Ambivalenzen? Auch hier könnte man natürlich Anleihen bei der Psychoanalyse machen: Offensichtlich war das, was unbewußt war, also die »Verborgenheit« der Pläne nicht nur einfach »unbekannt«, sondern ganz besonders heimtückisch. Dort »unten« lauerte nämlich unter Umständen das genaue Gegenteil dessen, was man an der Oberfläche beobachten konnte. Der Demütige, der sich immer klein machte, um von anderen Hilfe und Zuspruch zu bekommen, hatte vielleicht ungemein unrealistische Größenphantasien, weshalb seine Strategien oft solch merkwürdige Brüche aufwiesen. Wie aber konnte ein »Plan Analytiker« von seinen theoretischen Voraussetzungen her dies je ergründen? Offensichtlich konnte er es nicht.

Ich erspare mir die Kritik anderer Psychologien. Überall stieß ich auf die gleichen Lücken, mühelos ließen sich immer wieder – z. B. bei bestimmten entscheidungstheoretischen Positionen – Fälle finden, wo auch die ausgefeiltesten kognitiven Theorien nicht »griffen«.

Es war also die Angst, in dieser ewiggleichen, wenn auch kritischen Position steckenzubleiben. Es war die Angst, dauernd von etwas zu reden, an das ich wohl glaubte (an die Kraft unbewußter Motive nämlich), dessen innere Gesetzmäßigkeit sich mir aber in der Erfahrung nicht erschlossen hatte.

Das aber war es, was ich schon in der ersten Sitzung bei Dr. S. erspürte: Dieser Mann nahm Kontakt auf zu meinem Unbewußten und beharrte darauf, diesen Kontakt festzuhalten. Ich wußte von der ersten Stunde an, daß dies etwas anderes war als meine frühere Lehranalyse. Es scheint mir fast unmöglich, diesen Prozeß zu beschreiben, *ohne* Inhaltliches preiszugeben – und selbst dann bliebe es vermutlich schwierig. Hier ähnelt die psychoanalytische Beziehung tatsächlich der Verliebtheit. Ich spürte in aller Deutlichkeit, daß ich »getroffen« war – wohl nicht vom Pfeile Amors, aber vom Werkzeug eines Mannes, der das Unbewußte kannte. Wie jedoch soll man einem anderen dieses »Getroffensein« vermitteln? Was das methodische Vorgehen anlangte: Fragen, Hinweise, (kaum Deutungen), klärende Vermutungen. All dies klingt, als könne auch ein gesprächstherapeutisch versierter Therapeut so vorgehen. (Ich bin der Meinung, das dies möglich und öfters der Fall ist, es fehlen aber dann eben Theorie und Methode, und alles bleibt der Intuition überlassen.) Es gab für mich, sofort ersichtlich, allerdings einen großen Unterschied zwischen Gesprächstherapie und Psychoanalyse: Obwohl die oben angeführten Hinweise und Fragen von Dr. S. sich natürlich am von mir erbrachten Material orientierten, wiesen sie »Brüche« auf. Nicht alles hatte ich gerade *so* gesagt, nicht jedes Erlebnis mit einem anderen verknüpft, manche Fragen schienen unpassend – aber fast immer erfaßte ich sie als »stimmig«, mit einer mehr geahnten als gekannten inneren Realität im Zusammenhang stehend.

Nie werde ich den Augenblick vergessen, an dem ich intuitiv erfaßte, daß nunmehr ein zentraler Punkt getroffen war, der mich jahrelang beschäftigen würde. Es war eine simpel klingende Übertragungsdeutung: Ich hatte Dr. S. eine Art theoretische Fangfrage gestellt – wie so häufig ganz nebenbei und in leichtem Ton. Er verstand die Situation sofort, lachte und meinte – den belustigten und überraschten Ton habe ich immer noch im Ohr: »Oho, da klopft also jemand an und wartet, ob es hohl tönt wie bei einer Kulisse!« Ohne meinen Lebenshintergrund zu kennen, ist es für andere schwer zu ermessen, welcher Sturzbach an Gedanken, Erinnerungen und Gefühlen dieser Satz in mir losbrach. Ich weiß, daß ich damals wie betäubt in den überaus eisigen Winterabend hinaustaumelte und den langen Weg von der Praxis nach Hause nichts sah und hörte als diesen Satz. Nachkonstruierend erkenne ich, daß Dr. S. aus seiner großen Menschenkenntnis und Erfahrung heraus sofort die »zweite Sinnebene« miteinbezogen hatte und daß viele seiner oft verblüffenden Zusammenhangsstiftungen auf der Kenntnis des Miteinander von bewußtseinsfähigen, vorbewußten und unbewußten psychischen Tatsachen beruhten. Da ich inzwischen selbst analytisch arbeite, weiß ich, wie schwierig das ist, ohne das Setting der großen Analyse, in der die freie Assoziation dominiert und man viele Stunden zur Verfügung hat, um solche Verknüpfungen vorzunehmen. Die Kurztherapie, die Beratung (und um mehr konnte es sich bei der kurzen zur Verfügung stehenden Zeit nicht handeln) ist ja bekanntlich sehr viel schwieriger zu handhaben als eine »große« Psychoanalyse, sofern sie das Niveau von »Problemgesprächen« wirklich übersteigen will.

Jede Stunde wirkte lange nach. Ich schrieb einiges auf, schrieb Briefe an eine altvertraute Kinderfreundin, deren Freundschaft ich mir auch im Erwachsenenleben sicher sein konnte, grübelte in langen Wiener Kaffeehausstunden meiner Vergangenheit nach. An meine therapeutische Weiterbildung habe ich damals überhaupt nicht mehr gedacht. Selbst Psychoanalytikerin zu werden wäre mir angesichts der mir damals als fast übernatürlich erscheinenden Fähigkeiten des Dr. S. wie eine Anmaßung vorgekommen. Es war übrigens niemals eine große Unzufriedenheit mit meinen eigenen Therapieerfolgen, die mich der Analyse entgegentrieb. Ich hatte mich ein für allemal als »ordentliche« Therapeutin eingestuft, die mit dem Durchschnitt mithalten konnte. Ich denke, daß die Methodenvielfalt es mir erlaubt hat, flexibel auf Probleme meiner Patienten einzugehen, was ihnen wohl oft auch geholfen hat. Vielleicht täusche ich mich aber auch in dieser Einschätzung? Ich weiß es nicht.

Worüber ich mich bald nicht mehr hinwegtäuschen konnte, das war eine leise spürbare Langeweile beim Therapieren. So vieles schien zufällig, nicht zu erklären. Das Hin- und Herspringen in verschiedenen Theorien vermittelte wenig weiterführende Erkenntnisse. Ich sehnte mich manchmal danach, eingeengt zu werden. Sollte ich vielleicht die Gestalttherapie zum Vorbild nehmen? Vieles fand ich interessant, die Theorie erschien zumindest vielversprechend. Ein alter New Yorker Therapeut war mehrmals im Jahr zur Supervision gekommen: Ich fand ihn kreativ und intuitiv, wenngleich als Person wenig ansprechend. Auch hatte mich immer schon gestört, daß Therapeuten und Patienten nach ihren Sitzungen oft als Freunde zusammensaßen. Selbst in meinen orthodoxesten Verhaltenstherapie-Zeiten hatte für mich die Therapiesituation etwas Außerordentliches gehabt, das nicht mit dem Alltagsleben von Patienten und Therapeuten vermischt werden sollte. Ohne daß ich die Konzepte von Abstinenz und Neutralität recht erfaßt und ernstgenommen hätte, praktizierte ich sie meist, vermutlich auch in Erinnerung an meine erste Lehranalyse. Nein, Psychoanalytikerin wollte ich damals in Wien noch nicht werden: Ich wollte aber weitermachen mit meinen analytischen Sitzungen.

Das Gastsemester ging zu Ende. Ich mußte Wien verlassen und konnte mir beim besten Willen nicht vorstellen, daß außer Dr. S. noch irgendein Analytiker auf dieser Welt für mich in Frage käme – hatte ich ihn doch in die Kategorie des Überirdischen gehoben, weshalb er in meinen Träumen häufig wenn nicht als Gottvater selbst, so doch zumindest als der Papst auftrat. (Später lernte ich es, solche Idealisierungen zu hinterfragen, im Moment erschien mir, trotz aller vorhandenen Kenntnisse, diese Einschätzung real.) Ich habe Dr. S. dann doch gefragt, ob ich in Berlin nicht weitermachen sollte mit einer richtigen Analyse. Er hat mir abgeraten – ein Rat, dessen Richtigkeit ich schon damals anzweifelte und dessen Mißachtung ich selten bereut habe. (Allwissend war er also doch nicht, dieser päpstliche Gottvater.) Ich denke, daß er meine Energie unterschätzt und die Festigkeit meiner sozialen Person überschätzt hat, wies er mich doch vor allem darauf hin, daß in meinem Berufsleben und auch sonst doch sowieso alles »ganz gut ginge«. Offensichtlich war mir dies aber zuwenig.

Einige analysefreie Wochen machten mir klar: Es mußte mit der Analyse weitergehen. Ich wollte diese neue Erfahrung, Altbekanntes ganz anders zu sehen und einzuordnen, nicht wieder verlieren. Eine Freundin riet mir, zu einem ihr bekannten Analytiker zu gehen. Er passe vielleicht ganz gut, er sei »alt, böse und intelligent«. Diese Beschreibung behagte mir sehr, und erstaunlicherweise behagte sie auch meinem (künftigen) Analytiker, als ich ihm freimütig, und sicher auch etwas boshaft testend, davon berichtete.

Ich erfuhr, daß es jene »überirdisch« gewähnten Fähigkeiten des Dr. S. auch anderswo gab. Anders natürlich, langsamer tastend (nun hatten wir ja Zeit, unendlich viel Zeit, wie mir schien), auch vom Methodischen her gesehen (mein Analytiker war Jungianer) ein wenig unterschiedlich. Es stellte sich aber fast augenblicklich dasselbe Gefühl ein wie in Wien: daß hier einer mit einer anderen Ebene arbeitete, daß er in einer schwer zu erfassenden Weise »mehr« über mich wußte als ich selbst, obwohl er natürlich auf mich angewiesen war. Dieses »Mehr«, das der Kenntnis über die Gesetze des Unbewußten entstammt (und mehr noch: der gelebten Erfahrung), »traf« mich wiederum in derselben Weise wie bei Dr. S.

Inzwischen kenne ich genügend Analytiker, um einschätzen zu können, daß ich wohl auch diesmal auf einen »Meister« gestoßen war. Daß er Lehranalytiker ist, wußte ich zuerst gar nicht (ich dachte ja diesmal nicht an Ausbildung!), würde es heute auch sicher nicht mehr als Garantie für irgendwelche »Meisterschaft« ansehen. Schlicht und einfach könnte man aber sagen: Mein neuer Analytiker verstand die Sprache des Unbewußten ebensogut wie jener »überirdische« Dr. S. in Wien.

Ich höre förmlich die kritischen bis höhnischen Kommentare vieler nicht-analytischer Kollegen und habe selbst oft so reagiert. Gerne würde ich sie entkräften. Wie aber soll man beschreiben, wenn man wirklich etwas anderes erlebt hat als alles früher Erlebte? Wie soll man darlegen, daß dieses »andere«

dem speziellen therapeutischen System geschuldet ist und nicht nur der zufälligen Lebenssituation einer Patientin und/oder der Begabung eines Therapeuten? Ich glaube – nach vielen Diskussionen – inzwischen nicht mehr, daß es sich ganz schlüssig erklären läßt. Mir ist außerdem klar, daß in guten Therapien wohl immer einiges von jenem »unbewußten Gespräch« läuft, egal um welche Schule es sich handelt. Ich teile daher ganz und gar nicht die Meinung vieler psychoanalytischer Kollegen, daß andere Therapien »Nur«-Therapien sind, also: nur stützend, nur verdeckend, nur symptomlindernd. Noch mehr: Ich denke, daß auch einige Psychoanalysen vorwiegend »Nur«-Therapien sind. Allerdings glaube ich, daß die Psychoanalyse die besten Möglichkeiten bereithält, jene unbewußte Ebene des Psychischen zu erreichen, die es verständlich macht, warum unser Leben oft so voller Ungereimtheiten steckt und jedes gute und vernünftige Zureden meist in den Wind gesprochen ist. Keine andere Therapietheorie und -methode kann Ähnliches leisten. Für mich ist und bleibt die Psychoanalyse daher – bei günstiger Konstellation von Lebenssituation, Patient und Therapeut – die beste und tiefste Form der Selbstreflexion. Wie oft sie allerdings – selbst in langen Analysen – erreicht wird, läßt sich nicht eindeutig sagen. Nicht ihrer therapeutischen Wirksamkeit wegen wollte Freud die Psychoanalyse seinen Hörern ans Herz legen, sondern ihres Wahrheitsgehalts wegen – mit ganzem Herzen kann ich bis heute diesen Satz bejahen.

Ich möchte nicht viel über die Inhalte meiner Analyse erzählen, obwohl es auch für mich spannend wäre, mich in der Rückschau schreibend dieses Prozesses der »Bewußtmachung von Unbewußtem« zu vergewissern. Die in meiner ersten Lehranalyse vermißten »Durchbrüche« haben sich zwar eingestellt, sie sahen aber wesentlich anders aus, als ein dauernd innere Abenteuer suchendes Gemüt wie meines sich so etwas gerne vorstellt. Kaum je eine Riesenlawine, ein Wolkenbruch, ein Erdrutsch oder eine Feuersbrunst. Eher: Ein kleines Steinchen lockert sich, man bemerkt es zuerst kaum. Daß es dabei andere Steine, Erd- und Grasschollen gelockert hat, wird schon spürbarer. Manches davon rollt mit zu Tal. Während man mit der Betrachtung der Narben im Boden beschäftigt ist, hört man fernes Donnergrollen – ein Blick hinunter bestätigt, daß etwas geschehen ist: Da und dort fehlt ein Felsbrocken, ein Busch, ein Wiesenstück. Fehlt es wirklich? Plötzlich weiß man es nicht mehr so genau. Die Landschaft ist doch mehr oder weniger dieselbe geblieben? Nach ein, zwei, drei Jahren erst läßt der Vergleich keinen Zweifel mehr: Es hat sich doch vieles verändert. Neues ist gewachsen, alles sieht ähnlich und doch anders aus.

Eine meiner ersten (und im Laufe der Zeit immer wieder einmal auftretenden) Befürchtungen betraf, nun da es ernst wurde mit der Analyse, etwas, das ich das »graue-Mäuschen-Syndrom« nannte. Behaftet mit einiger Selbstüberschätzung in bezug auf die Wirkung meiner Person auf andere, fantasierte ich als Ergebnis der Analyse mich als eine bescheiden im Hintergrund sitzende (meine narzißtischen Bedürfnisse wären ja damit alle ganz selbstgenügsam und leicht zu stillen gewesen) »graue Maus«, die sich zu allen Gegebenheiten des Lebens in angemessen-abwägender Weise äußerte – eine Vorstellung, die mir natürlich nicht behagte. Ich äußerte den Gedanken halb spielerisch, halb ernsthaft immer wieder. Einmal brachte ich meinem Analytiker als Geschenk sogar ein kleines graues Mäuschen aus Keramik mit. Ich hatte es nach einem großen Kongreß, bei dem ich vor einem überfüllten Riesensaal vorgetragen hatte, gekauft. Solche exhibitionistischen Vergnügungen also wollte er mir nehmen...! Natürlich hatte er nichts dergleichen je geäußert, aber ernstgenommen hat er diese Scherze durchaus – in einer Weise ernstgenommen, die ich am Anfang sogar etwas übertrieben fand – es war doch sowieso nicht ganz ernstgemeint gewesen...

Rückschauend erkenne ich an diesem kleinen Beispiel eine Art von Beziehungsaufnahme, die für meine Analyse kennzeichnend war. Denn natürlich beantwortete mein Lehranalytiker meinen koketten Unernst nicht mit tiefer Bedeutungsschwere. Er ging auf den leichten Ton durchaus ein, hatte wohl auch seinen Spaß daran. Andererseits aber griff er immer wieder einmal darauf zurück – sei es als Kommentar zu einem Traum, sei es als Hinweis auf eine besondere Art des Erlebens. Ich durfte dieses Symbol nicht, wie bisher oft, einfach wieder vergessen. Daß jene halb im Ernst, halb im Scherz geäußerte Angst eine ganze Palette von vergangenen Demütigungen enthüllte, daß sie verknüpft war mit dem Einsatz komplizierter

Strategien, um mit diesen Demütigungen fertigzuwerden, daß sich dies alles wirklich fast bis in die Babyzeit zurückverfolgen ließ: das enthüllte sich langsam, von Szene zu Szene fortschreitend mit immer neuen Facetten. Ganz zuletzt wurde mir sogar klar, daß meine Angst in gewisser Weise berechtigt gewesen war. Ob ich wirklich eine »graue Maus« geworden bin, müssen zwar andere beurteilen; ich vermute, daß meine Befürchtungen sich nicht unbedingt bestätigen lassen. Das aber betrifft natürlich nur die soziale Person. Das Gefühl für mich selbst hat sich gerade in Hinsicht auf das »graue-Maus-Symbol« geändert, weil ich erfahren hatte, wieviel Angst vor der »grauen« Depression meine Familie mir vermittelt hatte.

Sehr schnell habe ich übrigens die Trennung von »Persona« und »Selbst«, wie die Analytiker das nennen, begriffen und erlebt. Wenn ich von therapiewilligen Menschen angerufen werde, die sich mich als Therapeutin in den Kopf gesetzt haben, weil sie jenes meiner Buchkapitel so treffend, diesen Vortrag so lebhaft und einfühlsam gefunden haben, lächele ich insgeheim. Was sollen alle diese meiner sozialen Existenz geschuldeten Merkmale schon aussagen für eine gute therapeutische Beziehung?! Nichts! Anfangs hatte ich übrigens große Vorbehalte, was die soziale Existenz meines Analytikers betraf: Die Tapeten paßten mir nicht, seine Kleidung war zu konservativ, und auch seine Wohngegend hätte ich gerne geändert. Ob ein etwas flotterer Haarschnitt ihm nicht besser stünde? Und daß er offensichtlich die Mediziner den Psychologen vorzog: welche Borniertheit!

Langsam vergaß ich diese Äußerlichkeiten. Beharrte aber lange darauf, daß es für mich wichtig sei, einen »intellektuellen« Analytiker zu haben (er schrieb psychoanalytische Artikel für Fachzeitschriften) – schließlich könne er dann besser verstehen, wie wichtig mir meine Existenz als Wissenschaftlerin sei. Irgendwann einmal äußerte er wie nebenbei, er sehe sich nicht wirklich als Intellektuellen. Sein Garten beschäftige ihn fast mehr als Bücher, gegebenenfalls könne er sich auch als Gärtner verdingen. Das war natürlich allzu flapsig gesagt, da er sich in Seminaren und Vorträgen als recht belesen erwiesen hatte.

Ich merkte aber, daß es mir damals schon ziemlich gleichgültig war, was er – nach außen – darstellte. Viel wichtiger, das erkannte ich nach und nach, war seine Fähigkeit, zum Unbewußten seines Gegenüber in Beziehung treten zu können – und dies hing offensichtlich kaum von äußerlichen Merkmalen ab. Natürlich mußte ich lernen, auch mich selbst auf zwei Ebenen zu sehen. Wie immer meine Umgebung mich auch sah – herzlich, einfühlsam oder streng, gradlinig oder flatterhaft – das alles betraf nicht jenen inneren Kern, von dem aus gute Analysen gemacht werden.

Welch erstaunliche Analytiker/innen zogen im Laufe der Zeit an mir vorüber: Als soziale Existenzen stellten sie oft reichlich merkwürdige Gestalten dar, und auch ihr Privatleben schien durchwoben von Ungereimtheiten. Trotzdem schienen einige von ihnen ganz hervorragende Arbeit zu leisten, obwohl man im sozialen Leben keine halbe Stunde mit ihnen hätte verbringen mögen. Daß ich nach Beendigung der Lehranalyse meinen Analytiker noch immer als einen mir sehr lieben Kollegen betrachte, von dessen großer Erfahrung im Therapieren ich viel gelernt habe, ist zwar sicher nicht nur Zufall, aber auch wenn es anders wäre, könnte er ein hervorragender Kenner des Unbewußten sein.

Eine für mich wichtige Erkenntnis betraf mein Verhältnis zu meinem »Symptom«, meiner ewigen, langweiligen Schlaflosigkeit. Wie oft habe ich höhnisch darauf hingewiesen, wie schlecht die Erfolgsquote der Analytiker sei, wenn nicht einmal ein solch »einfaches« Symptom wie zu frühes Erwachen kurierbar sei. Verhaltenstherapeuten hätten da Kurse entworfen... (natürlich hatte ich diese längst erfolglos ausprobiert!) – vielleicht sollte ich doch lieber auf die Entdeckung eines guten und nebenwirkungsfreien Schlafmittels hoffen? »Das Symptom ist das Feuer, auf dem die Analyse kochen muß«, lautete die lakonisch-boshafte Antwort meines Analytikers, und ich schnitt dazu meist ein bitterböses Gesicht.

Leider stimmte es aber nur allzusehr. Dieses Symptom saß als Stachel in meinem Fleisch, wenn ich die Analyse eigentlich als überflüssig zu empfinden begann, wenn mir »nichts mehr einfiel«, und natürlich besonders dann, wenn ich erschöpft von vier, fünf Nächten Kurzschlaf auf die Couch fiel und keinen anderen Wunsch mehr hatte als endlich »durchzuschlafen«. »Hier auf der Couch?« lautete die Frage dann oft. Daß ich mich mit diesem Symptom mit einigen ebenfalls schlafgestörten Familienmitgliedern identifizierte, war mir immer schon klargewesen. Die Erklärung meiner eigenen Familie, das sei geerbt, hatte ich schon nach der Pubertät als unsinnig abgetan. Aber diese Erkenntnis half nicht weiter. Wo lag der »tiefere« Grund für dieses zwar lästige, aber natürlich ganz gut lebbare Symptom?

Ich glaube, ich könnte alleine an diesem Symptom meine Biographie, meine Abwehrstrategien und meine zentralen Konflikte aufzeigen. Die Schwierigkeit, Regression zuzulassen, (was sich in meiner Tätigkeit als Analytikerin später spiegeln sollte), die Erkenntnis, wozu eine solch erhöhte »Wachsamkeit« von früher Kindheit an nötig gewesen war, die Konflikte, die damit gebannt werden sollten, und nicht zuletzt der Gewinn, den mir dieses Symptom brachte, so mußte ich mir dadurch mehr Mußestunden gönnen, als es mein Gewissen eigentlich erlaubt hätte – die am Nachmittag oft schlagartig hereinbrechende Müdigkeit machte ein Weiterarbeiten unmöglich! – all dies enthüllte sich nach und nach und ließ mich immer von neuem erstaunen ob der inneren Logik der Seele. In dem Maß, in dem das Symptom sich veränderte, erwies es sich wiederum als neu informationsträchtig. Zeitweise schlief ich problemlos wie ein Säugling – welcher Zauber hatte wohl das bewirkt? Es war (fast körperlich spürbar) die Identifikation mit jenem Teil meines Analytikers, den ich als den »Gärtner« bezeichnete. Einmal hatte ich ihn, als ich nach meiner Therapiestunde zurücklief, um eine vergessene Tasche zu holen, beobachtet, wie er voll Sorgfalt seine vielen Blumen wässerte – dieses Bild prägte sich mir tief ein und vermochte mir für längere Zeit Ruhe zu schenken. Als dieser »Zauber« nicht mehr half, wußte ich schon, daß die Wiederkehr von Symptomen nicht zu bedauern, sondern manchmal zu begrüßen ist; denn diese Wiederkehr machte mir deutlich, daß nun eine neue Phase meiner Therapie angebrochen war. Der gütige Gärtner-Vater in meinem Inneren mußte anderen Bildern weichen, ewig konnte ich nicht in der glücklichen kindlichen Symbiose bleiben. Und so nahm mein Symptom mich an die Hand und geleitete mich – mit Kummer und Leid und zeitweiliger Resignation verbunden – durch meine Seelenlandschaft. Eines Tages aber hatte ich verstanden, daß es eine andere Art zu leben erfordert, wenn ich »normal« schlafen wollte.

Wenn ich Therapeuten anderer Schulen über die Bedeutung eines Symptoms sprechen höre, wird mir immer wieder von neuem klar, wie verkürzt die Sicht praktisch aller anderen Schulen in dieser Beziehung ist. Körner (›Vom Erklären zum Verstehen in der Psychoanalyse‹, 1985) hat es sehr treffend beschrieben: Die einen (Verhaltenstherapeuten z. B.) betonen den kausalen Aspekt, die anderen den intentionalen (Systemiker und Gestalttherapeuten); nur die Psychoanalyse verbindet und übersteigt diese beiden Aspekte im »szenischen« Verständnis und muß dies in langsamen hermeneutischen Kreisen immer wieder neu ausgestalten. Aus diesem Grund (unter anderen) muß jeder echte Analytiker sich unwohl fühlen, wenn Kassenantragsformulare ihn zwingen, eine Symptomatik »neurosenpsychologisch zu erklären« – in zwei, drei Sätzen natürlich.

Altgediente Psychoanalytiker werden lächeln über den Enthusiasmus, der mich beim Entdecken jener inneren Dynamik beflügelte. Dieser Mangel an Abstand gegenüber jenen Entdeckungen mag zum Teil wohl mein ganz privates Problem sein, da ich immer wieder besonders viele Widerstände beseitigen mußte. »Ich glaube nicht an die Seele«, lautete, in den ersten zwei Jahren periodisch auftauchend, meine Standardformel für meine Skepsis gegenüber dem Unbewußten und seinen Gesetzen. »Geben sie es zu«, sagte ich dann wohl auch, »alles, was wir hier besprechen, entstammt doch wohl einer folie à deux.« Mein Analytiker ertrug es geduldig und verwies darauf, daß wir, falls es wirklich so wäre, jedenfalls ganz gemütlich zu zweit in einem Boot säßen. Aber abgesehen von meinem privaten Fall gibt es eine Reihe von Psychotherapeuten, die gerade jener Fülle des »Szenischen«, also der Tatsache, daß in jedem Detail das Ganze stecken kann, skeptisch gegenüberstehen. Auf Funktionen, Verstärkerplänen oder Intentionen der Psyche achtend, sieht man zwar sicher Wichtiges, und es läßt sich auch zur Therapie nutzen. Man verliert aber das Ganze sehr leicht aus den Augen und »verobjektiviert« die Seele. Die Problematik jeder positivistisch orientierten Therapieforschung kreist immer wieder um diesen Punkt der unguten Zerstückelung des Ganzen, die nichts mehr erkennen läßt von dem, was »wirklich« geschah.

Ich denke, daß meine Skepsis gegenüber dem Einzelproblem »Unbewußtes« also nicht nur mein privates Problem darstellt (aus vielerlei Gründen wehrte ich jeden Gedanken an das Unbewußte ab), sondern daß es auch der beruflichen Sozialisation von Psychologen (und Medizinern) leicht gelingt, das Objektivierbare so dominant werden zu lassen, daß die innerseelischen Sensibilitäten und Zusammenhänge verlorengehen oder als unwichtig betrachtet werden.

Meine Analyse verlief, wie viele Analysen, mit großer Spannung und Anspannung; es folgten Perioden der Ermattung, des Gefühls, daß nun »gar nichts mehr passierte«, sogar ab und zu der explizit geäußerte Wunsch, nun möge sie zu Ende gehen. Solche Wünsche wurden aber meist sofort pariert durch den großen Schrecken bei dem Gedanken, ich würde mich vielleicht wirklich abnabeln müssen. Man kann natürlich – von der Warte geplanter Kurzzeittherapien aus – die hier erkennbare »Abhängigkeit« des Analysanden beklagen. Ich habe dies selbst oft getan. Nach meiner eigenen langsamen und schonenden »Abnabelung« sehe ich das alles wesentlich differenzierter. Nicht mein Analytiker hat mich im Prozeß »festgehalten«; es war der Prozeß selbst. Will man es etwas verklärt ausdrücken: Es war die berühmte »innere Stimme«, die einen in einem Geschehen festhält, das nicht aufzuhalten ist, wenn man wirklich einmal drinsteckt. Beim einen mag es die Form qualvoll-süßer Verliebtheit in den (die) Analytiker(in) annehmen, beim anderen sich als Gefühl bohrender Unzufriedenheit, die immer von neuem nicht ganz gestillt werden kann, äußern. Was dahintersteckt, sind nicht nur die biographischen Besonderheiten, sondern wohl auch das Gefühl, hier müsse an der eigenen Person etwas Grundsätzliches verändert werden, und genau dieses besondere Setting der Psychoanalyse könne das gewährleisten.

Im Laufe meiner Analyse begann ich nun, meine Patienten anders als bisher zu betrachten. Bevor ich selbst Analytikerin war, hatte für mich das Wesentliche in der Zentrierung auf das Detail bestanden. Wie der jeweils erste Satz einer Stunde lautete, warum Pausen eingelegt wurden und welche Themen als unwesentlich schnell ad acta gelegt wurden: Das alles wurde zeitweise fast wichtiger als die Inhalte des Mitgeteilten. Gewußt und gelesen hatte ich schon seit langem, daß all dies eine Bedeutung hat. Jetzt erfuhr ich es viel konkreter.

Ich suchte und fand neuerlich Supervision bei Psychoanalytikerfreunden, und staunte häufig darüber, mit welchen Kleinigkeiten, »Nebensächlichkeiten« sie sich beschäftigten. Aus ihren Gesprächen heraus erspürte ich das, was ich nun in meiner Analyse immer wieder erfahren konnte: das Ernstnehmen auch der unscheinbarsten Bewegungen und Regungen der Seele; eine neue Wichtigkeit, die auch das Banale erlangte und die ich in meinen Therapien oft genug nicht hatte ernst nehmen können. Ich hatte nämlich keine Theorie gehabt, mir diese Geringfügigkeiten in sinnvoller Weise zu erklären, und offensichtlich war ich nicht der Therapeutentyp, der intuitiv alles sofort verstand.

Meine damaligen Supervisionskollegen erzählten mir später, ich hätte auf sie oft gewirkt wie jemand, der eigentlich viel mehr weiß, als er zugibt; meine therapeutischen Überlegungen seien unsicher, aber im großen und ganzen doch nicht falsch gewesen. Ich hätte aber wohl immer wieder Mühe gehabt, nicht einzugreifen, immer wieder hätte ich allzuviel gefragt, geraten und dirigiert.

Meine eigenen Erfahrungen als Patientin und die daraus sich ergebende Veränderung im Umgang mit eigenen Patienten machten mir immer deutlicher klar, daß ich mehr Anleitung und mehr Theorie brauchte, wollte ich den therapeutischen Prozeß besser verstehen und konsistenter arbeiten. Ich versuchte, in Anlehnung an die psychoanalytische Ausbildung, Einzelkontrollen für meine Fälle zu organisieren, was sich als schwierig erwies. Ich hatte wieder Interesse an psychoanalytischer Literatur bekommen – aber all dies stand nicht in irgendeinem Zusammenhang.

Als eine Freundin – wir saßen nach der Supervision beim Glas Wein – fast wie nebenher fragte. »Warum bewirbst du dich eigentlich nicht beim Institut?«, war ich wie vom Donner gerührt. Bewußt hatte ich daran noch nie gedacht, aber natürlich hätte das eine, wenn auch mühsame, Lösung meiner Probleme mit dem Therapieren bedeutet. Sofort gab es tausend Gegenargumente: Ich hatte die festgesetzte Altersgrenze längst überschritten, (»werden sie halt ändern« sagte meine unnachsichtige Freundin)... Ich hätte keine Lust, mich nochmals auf die Schulbank zu setzen (»wird dir nichts anderes übrigbleiben, wenn du noch etwas lernen willst«)... Ich sei doch wirklich keine Anfängerin mehr (»dann wirst du's eben schneller hinkriegen«) etc. etc. Der Gedanke war offensichtlich nicht mehr zu verscheuchen. Er überdauerte die Sommerpause, er wurde Gegenstand der Analyse. Mein Analytiker zeigte sich nicht abgeneigt, mir beim Überspringen der formalen Hürden zu helfen. Er nahm meinen Wunsch ernst und hatte wohl auch die Ernsthaftigkeit meines Wunsches verstanden. Die unnachsichtige Prüfung auf der Couch aber nahm noch einige Zeit in Anspruch. Die Frage, warum ich nicht all die Jahre zuvor auf die naheliegende Idee gekommen war, und die erste Lehranalyse aus äußeren Gründen so abrupt beendet hatte, erwies sich als sehr viel relevanter, als ich vorher gedacht hatte. Hatte mein Einstieg in die Therapie über die Verhaltenstherapie nicht doch sehr viel Elemente von Abwehr an sich gehabt? Wehrte ich nicht vor allem die Ernsthaftigkeit jener selbstreflexiven Möglichkeiten des Subjekts ab? Den konkreten Einbezug auch der Therapeutenpersönlichkeit? In wissenschaftlichen Auseinandersetzungen hatte ich schon seit langem gefordert, man möge das Gegenübertragungskonzept auch in anderen Therapieschulen ernster nehmen – aber hatte ich selbst danach gehandelt?

Gerade in den Zeiten dieser Überlegungen hatte ich als Therapeutin mit einigen recht problematischen Menschen zu tun. Ich war zwischen Wut, Mitleid, und dem Gefühl, manipuliert zu werden, hin- und hergerissen. Ich spürte sehr deutlich, daß ich sie in früheren Zeiten aufgegeben hätte, irgendwie wären solche Menschen aus der Therapie geglitten, und ich wäre erleichtert gewesen. Das ging nun nicht mehr so ohne weiteres. Es wurde mir, auf eine anderer Weise als bisher, möglich, aus der »Szene« der Begegnung zwischen mir und meinen Patienten ihre Lebens- und Leidensgeschichte zu erschließen, und das war nun wirklich etwas anderes, als es auch die fortgeschrittensten sogenannten »kognitiven Verhaltenstherapeuten« oder Gesprächstherapeuten taten, wenn sie einfach versuchten, ihre Gefühle zu benutzen. Ähnliches hatte ich übrigens auch bei den Gestalttherapeuten oft erlebt: Hatten doch all diese Therapeuten keine Konzepte dafür gehabt, wie man seine eigenen Gefühle wiederum hinterfragen und dann erst einbauen lernt in das Arrangement des therapeutischen Miteinander. Hier fehlte die Möglichkeit, die unbewußte Mitteilung zu analysieren.

Nur so ist zu erklären, daß Therapeuten ihren Klienten z. B. einfach mitteilen, daß sie sie »langweilig« finden (»das ist eben meine Gegenübertragung«), oder – wie mir eine Freundin erzählte, die sich einem bekannten Gestalttherapeuten in die Hände gegeben hatte – diese Langeweile drastisch zum Ausdruck bringen, indem sie in Anwesenheit eines z. B. monoton klagenden Patienten zur Zeitung greifen und darin lesen. Ich habe damals entsetzt einen Ausbildungstherapeuten nach dem Sinn solcher Taktlosigkeiten gefragt. Er bestätigte mir, daß solch drastische Methoden bei einer bestimmten Richtung der Gestalttherapie zur Erhöhung der Frustration des Patienten nicht unüblich seien: So erlebe und bearbeite der Patient bestimmte Blockierungen des Kontaktprozesses eben besser. Bei meiner Freundin war dies übrigens nicht der Fall. Sie brach vernünftigerweise die Therapie ab und ging zu einem erfahrenen Analytiker.

Als besonders geniale Intervention wurde mir zu jener Zeit auch über einen berühmten amerikanischen Gruppen-Gestalttherapeuten berichtet, er habe einer Patientin, die sich ihm an den Hals geworfen habe, gesagt, sie würde aus dem Mund riechen und habe ihr gleichzeitig dann ein Pfefferminzbonbon in den Mund geschoben. Damit hätte er ihr gezeigt, daß man gegen jedes Übel aktiv vorgehen könne. Ich hatte mich damals in einen heftigen Kampf mit meinem Gestalttherapie-Gewährsmann, der dies selbst miterlebt hatte, verstrickt, ohne daß ich zu jener Zeit noch theoretisch präzise hätte angeben können, warum all dies nichts zu tun hatte mit einer sinnvollen Verwendung der Gegenübertragung. Ich entsinne mich noch, daß ich am Ende jenes heftigen Disputs, der mich übrigens die Freundschaft meines Gesprächspartners kostete, nur mehr entnervt sagte: »Abgesehen von allem anderen – seit wann bekämpft man Mundgeruch mit einem Pfefferminzbonbon?«

Über diese Art von Verwirrungen war ich nun definitiv hinaus. Das aber bedeutete eine neue Art der Ernsthaftigkeit und der Verpflichtung gegenüber Patienten. Daß die Analyse vier, fünf, sechs Jahre dauern kann, oft muß, wurde mir nun nicht mehr nur Gegenstand des Spottes. Ich erlebte selbst, wie zäh das vor sich geht, was man eine »strukturelle Änderung« nennen kann. Die Konzentration auf das Symptom, auf bewußt zutageliegende Gedanken und Gefühle war demgegenüber natürlich schneller und leichter zu bewerkstelligen. Oft war sie auch erfolgreich gewesen, wie ich nicht vergessen hatte. Aber was hieß in diesem Zusammenhang schon »Erfolg«? Wollte ich selbst Patienten in derselben Genauigkeit und Ernsthaftigkeit therapieren wie mein Analytiker dies tat, dann mußte auch ich mich auf Jahre hinaus verpflichtet fühlen.

Mit diesen Problemen also schlug ich mich noch eine Weile herum und war schließlich dennoch überzeugt, daß ich den »Königsweg« zur Erschließung des Unbewußten selbst systematischer als bisher beschreiten mußte. Ich wollte Psychoanalytikerin werden – um jeden Preis.

Daß die jungianische Gruppe an unserem Institut in der Koserstraße (wo Psychoanalytiker und Jungianer gemeinsam ausbilden und sich in vieler Hinsicht nicht voneinander unterscheiden) mir dies ermöglichte, macht mich zum lebenslangen Schuldner. Eine Schuld übrigens, die ich nur schlecht abtrage, da ich mit der jungianischen Psychologie sehr viel mehr Mühe habe als mit den verschiedenen psychoanalytischen Ansätzen. Daß ich meinem Lehranalytiker, der den mir richtig erscheinenden Weg – vielleicht nicht ohne Trauer – respektierte, dafür (und natürlich für vieles andere) dankbarer bin, als ich es je einem anderen Menschen gegenüber war, mag pathetisch klingen. Es stimmt aber.

Überlese ich die letzten Seiten, befallen mich Zweifel, ob es mir wirklich gelungen ist, meine Motive für den Entschluß, Psychoanalytikerin zu werden, zu präzisieren. Meine eigenen therapeutischen Erfahrungen als Patientin, meine wachsende erneute Begeisterung für die Theorie und die Tatsache, daß viel Unerklärliches gerade bei sehr schwierigen Patienten faßlicher wurde, treffen für mich noch nicht ganz das Wesentliche. Umschreiben ließe es sich vielleicht noch besser mit einer neuen Ernsthaftigkeit, einem neuen Gefühl der Verpflichtung dem Seelischen gegenüber. Ich begann erst jetzt, die Seele jenseits ihrer »Mechanik«, ihres »Apparates« und ihrer von außen her beschreibbaren Dynamik ernstzunehmen.

Das mag zum Teil mein privates Problem gewesen sein. Da ich aber nach wie vor sehr viele Therapeuten anderer Schulen kenne, weiß ich inzwischen, daß es nicht nur meine private Schwierigkeit war. Das vage Hin- und Herirren zwischen Konzepten, die einander eigentlich ausschließen, die Notwendigkeit, bestimmte Phänomene der Interaktion oder auch der Patientenseele auszuschließen aus der Betrachtung, weil man dafür keine Erklärungskonzepte hat, die vielen Möglichkeiten der direkten und indirekten Manipulation – all dies läuft darauf hinaus, daß es gerade in der Praxis der eklektischen Therapeuten keine letzte Verantwortung gibt. Es kann daher im Therapeutenkreis ohne Kritik hingenommen werden, wenn eine Therapeutin ganz naiv erzählt, sie hätte einem Patienten, der vor Auslaufen der Kassenzuteilung die Therapie beenden wollte, »klargemacht, daß er jetzt nicht kneifen kann, weil es noch einiges zu bearbeiten gibt«. Oder – ein anderes erlebtes Beispiel – daß ein männlicher Therapeut mitteilt, er hätte seine liebeshungrige Patientin aufgefordert, sie möge doch, ihrem Bedürfnis entsprechend, seine Wange streicheln. Als sie dann nach diesem bedeutungsvollen Akt hemmungslos zu weinen begann, habe er sie zurechtgewiesen und mit Therapieabbruch gedroht. Wen wundert es, wenn Patienten daraufhin, ohne daß dies analysiert wird, ihren Therapeuten in die Ferien nachreisen, sich heimlich in Workshops, die auch ihre Therapeuten besuchen, einschreiben lassen, und ähnliches mehr. All dies ist letztlich therapeutischer Unernst – es ist verständlich allerdings, wenn man keine in sich einigermaßen konsistenten Grundkonzepte für die therapeutische Beziehung hat. Unverständlich und nicht zu entschuldigen aber ist es, wenn man erlebt und erfahren hat, welch tiefe Bedeutung eine solche Beziehung erlangen kann, vergleichbar nur den frühen Beziehungen des Kindes zu seiner Umwelt. Diese Beziehungen aufs Spiel zu setzen, indem man sie zur Manipulation verwendet – das ist es, was ich als unernst zu erkennen und hoffentlich auch zu vermeiden lernte.

Indem ich meine persönlichen Probleme außer acht lasse, möchte ich nach wie vor daran festhalten, daß jede Psychologie, die das dynamische Moment im Unbewußten nicht ernst nimmt, die in der Therapie sowie in der Forschung das unbewußte Miteinander von Therapeut und Patient, von Forscher und »Forschungsgegenstand«, nicht in Betracht zieht, psychologische Theorie (und z. T. auch Therapie) zur Abwehr benutzt. Behaviorismus, Kognitivismus und z. T. auch das systemische Denken in der Psychologie dienen der Spaltung von Subjekt und Objekt, Verobjektivierung des Subjekts, und damit letztlich der Eliminierung der Selbstreflexion.

Mein neuer Einstieg in die Psychoanalyse war, wie man sehen kann, bestimmt von der Dominanz »großer alter Männer«. Freud, Strotzka, Dr. S., mein Lehranalytiker – in dieser Reihe behütender Patriarchen machte ich meine ersten Schritte ins weite Land der Analyse hinaus. Es dauerte noch sehr lange, bevor mir diese Koinzidenz überhaupt klarwerden konnte. In einer Analyse wird man ja kaum hingewiesen auf solche als ichsynton erlebten Verhaltensweisen. Daß ich im allerletzten Teil der Ausbildung mir aber eine Frau zur Analytikerin wählte, war Frucht dieser langsam aufkeimenden Erkenntnis. Mein Analytiker war dabei, wie immer, sehr hilfreich. Meine Probleme nunmehr unter den Augen einer Frau wiederum ein wenig anders zu betrachten empfand ich als so wichtig, daß ich am liebsten jedem Ausbildungskandidaten zu einem solchen Wechsel raten würde.

Der zweite Einstieg in die Theorie

Sicher wurden meine neuen Wiener Analyse-Erlebnisse noch dadurch intensiviert, daß ich täglich an der Berggasse (Freud-Haus) vorbeiging, ja: um die Ecke wohnte. Ich erging mich in Phantasien darüber, daß der »Herr Professor« früher einmal persönlich in meinen Kinderwagen geguckt haben könnte, was theoretisch möglich, praktisch doch aber eher unwahrscheinlich war, bedenkt man die Lebensweise des zu jener Zeit schon schwerkranken alten Mannes. Aber all dies paßte natürlich auch in meine Personalisierung der Psychoanalyse und Idealisierung des Dr. S. Manchmal vertrat ich Hans Strotzka in seiner »großen« Vorlesung über Tiefenpsychologie. Die Abwehrlehre habe ich mir auf diese Weise recht detailliert beigebracht und vor ca. 500 Hörern dargelegt (das Interesse an den Vorlesungen Strotzkas war speziell unter den Wiener Psychologen, deren Ausbildung noch immer kümmerlich genug war, riesig!).

Ich fühlte mich, ungeachtet meiner andersartigen theoretischen Herkunft, plötzlich ein wenig als »Enkelin« der alten Wiener Psychoanalytiker und begann meinen neuerlichen Einstieg in die Literatur. Seit meinem Beginn vor ca. 25 Jahren hatte sich viel verändert. Die Objektbeziehungs- und die Narzißmustheorie sowie die Auseinandersetzung damit waren Bestandteil fast der gesamten modernen Literatur geworden. Ich hatte Mühe, mich zurechtzufinden. Leider hatte sich der Umgang der Psychoanalytiker mit der Sprache weiß Gott nicht auf Freudschen Höhen gehalten, und ich lernte oft nur sehr widerwillig, das psychoanalytische Kauderwelsch zu durchdringen. Anders als bei manch anderem Wissenschaftsgefasel konnte man aber am Ende solcher Übersetzungsprozesse oft Nicht-Triviales, den Alltagsverstand durchaus Übersteigendes, finden. Das machte Mut.

Es wäre langweilig (und überflüssig), den Wust der seit damals gelesenen Literatur aufzuzählen. Es war viel Neues, zunehmend Altes und immer wieder Freud selbst, was ich mir begierig aneignete. Ich hatte seit meiner ersten Psychoanalyse-Phase Erfahrungen mit vielerlei Theorien gemacht. Ich war nun auch sensibler geworden dafür, was Theorien – hinter ihren Wortkaskaden – wirklich an Erklärungswert bringen können, welche Funktion sie haben, wie ihr Ge- und Mißbrauch aussehen kann. Das etwas alberne Gerede mancher Therapeuten, daß sie mit ihren Patienten »jetzt den Ödipus durcharbeiten« oder daß sie an der »ganz frühen Kindheit dran« seien, hatte ich schon immer als ein Gemisch von Abwehr, Unverständnis und Hochstapelei betrachtet. Ich sehe das übrigens auch bei ausgewachsenen Psychoanalytikern nicht anders. Erst, wenn man sich die Konzepte immer und immer wieder neu vergegenwärtigt (gegebenenfalls auch mit den Erfahrungen der eigenen Analyse in Verbindung bringt) und in all ihren Facetten beleuchtet, können sie konkret und lebendig werden. Dann erst erkennt man, wie vielgestaltig, oft undeutlich und vernebelt eine solche »Arbeit am Ödipus« ist, welch argen Verstrickungen auch der Analytiker dabei erliegen kann und wie oft erst lange im nachhinein und nach vielem Überlegen ein solches Konzept sichtbar wird. Die flotte Verwendung psychoanalytischer Klichees wurde mir immer fragwürdiger; ich begann, ein völlig neues Verständnis von Theorie zu entwickeln.

Daß sie lebendig ist und sich weiterentwickeln muß, war mir natürlich immer schon klargewesen. Nun konnte ich aber langsam erkennen, daß wirklich tragfähige und geniale Theorien (wie die Freudsche) auch noch unter dem Primat ihrer Vieldeutigkeit zu nutzen sind und daß dies nichts Abträgliches ist. Sie sind *auch* Projektionsfläche – je genialer, desto mehr. Und natürlich bieten sie als Projektionsfläche auch wieder neuen Anregungswert für eine echte Weiterentwicklung. Klänge es nicht allzu dramatisch-religiös, dann ließe sich eine tragfähige Theorie mit fundamentalen Weisheitslehren – dem Talmud, der Bibel – vergleichen. Man schöpft sie nie aus. Sie sind Bestandteil widersprüchlicher, genialer Persönlichkeiten in ihren verschiedenen Lebensphasen und strahlen dies auch aus. Die Einwände Akademischer Psychologen, Psychoanalyse sei vielleicht ganz interessant, aber eben leider nicht »validierbar«, verraten neben einem wissenschaftstheoretisch recht verengten Begriff von wissenschaftlicher Wahrheit Unverständnis und wohl auch Angst vor jener klugen Vieldeutigkeit. Daß menschliches Leben in seiner Komplexität und Widersprüchlichkeit sich mit Vieldeutigem, Paradoxem, Widersprüchlichem besser erfassen läßt als mit »glatten« Theorien, macht sicher Angst. Hier liegt meines Erachtens eine der Wurzeln jener oft beklagten (und später von mir und anderen heftig bekämpften) grauen Trostlosigkeit der akademisch-psychologischen Theorienbildung, die noch nicht einmal andeutungsweise das Konzept des dynamischen Unbewußten anerkennt. Ich lernte es, diese neue Art der Theorienbildung für mich sinnvoll zu verwenden – nicht nur in der Therapie. Gemeinsam mit interessierten Kollegen begann ich, empirische Forschungsprojekte (unter psychoanalytischer Supervision) mit psychoanalytischen Kategorien auszuwerten, die Relevanz der Konzepte der psychosexuellen Phasenlehre, der Abwehrlehre und ähnliches in Interviews auszuprobieren. Auch meine wissenschaftliche Basis verbreiterte sich dadurch, und ich bekam das Gefühl, in meinem Beruf hätte nun alles mehr Leben.

Was mich aber bei diesem zweiten Zugang zur Theorie am meisten faszinierte, war nicht, daß mein Verstehen wuchs, sondern mein Nicht-Verstehen zunahm. Hatte ich vor zwei Jahren noch zu wissen geglaubt, was »Übertragung« bedeutet, so wurde eben durch jene Vielgestaltigkeit des Begriffs mit jedem Stück Verständnis ein neues Stück Unverständnis geboren – was, so erlebte ich es, bedeutete, daß ich für den Rest meines Berufslebens damit beschäftigt sein würde – und das beflügelte mich und meine immerwache Neugierde.

Etwas anderes kam dazu. Das, was ich in der Therapie (aktiv und passiv) als das Ernstnehmen auch von Alltäglichkeiten und Banalitäten erlebt und bewundert hatte, spiegelte sich natürlich auch in der Theorie. Nie werde ich jenen Moment der wirklichen Erschütterung vergessen, als ich Winicotts Beschreibung und Analyse des »Spatelspiels« von Kleinkindern las und begriff. Was hatte jener große Kinderpsychologe mittels seines analytischen Spürsinns (und einer fundierten Theorie) nicht alles ausfindig machen können an der Art, wie Babys an die in Kinderpraxen gebräuchliche Spatel zur Untersuchung des Rachenraums herangehen. Wie das Baby den eigenen Körper sieht, wie es an sein »Objekt«, wie es an die untersuchende Person herangeht – das alles wurde ihm zum Gegenstand präzisester Beobachtung und Überlegung. Wie er die »Periode des Zögerns«, an deren Ende ein Baby den Spatel zu seinem Besitz macht, mit dem Konzept des Widerstands verknüpft, ist subtilste Beobachtung und geistreiche Schlußfolgerung in einem. Wie grob erschienen mir dagegen die Beobachtungen der üblichen Kinderpsychologen, wie sie in den »Lehrbüchern der Entwicklungspsychologie« dargelegt waren.

Ich vergesse natürlich nicht die vielen Einseitigkeiten und empirisch nur kümmerlich begründeten Bestandteile mancher psychoanalytischer Theorien. Daß es zum Beispiel trotz reichhaltiger Denkvorlagen so viele Jahrzehnte gedauert hat, bis man Kinder empirisch erforschte (in der Säuglingsforschung etwa), ist sicher unverzeihlich; und ich vergaß es trotz allen Enthusiasmus nicht. Dennoch: Wie phantasievoll waren doch diese Theorien, wie anregend als handlungsanleitende Pragmatik!

Wie einfühlsam und gekonnt beschrieben Psychoanalytiker

auch das subjektive Erleben, das mit bestimmten entwicklungsbedingten Veränderungen einhergeht. Es mit einigen Merkwürdigkeiten im therapeutischen Prozeß gleichzusetzen war sicher ein Wagnis – aber eines, das erstaunlich oft auch Abstruses sinnvoll erscheinen ließ. Konnte man unter diesem Aspekt nicht gut verstehen, wenn sich eine meiner frühgestörten Patientinnen wochenlang unter einer auf der Couch liegenden Decke verkroch, den Finger in den Mund steckte und nur in dieser Position innere Ruhe fand? Daß ich begriff, ich hatte in dieser Phase nur ein Baby zu bewachen und zu beruhigen, half mir um einiges weiter. Natürlich waren die psychoanalytischen Erklärungsmuster auch wiederum in sich recht unterschiedlich. Ob man eher die Kleinsche, die Freudsche oder die Kohutsche Position einnahm, hatte unterschiedliche Konsequenzen auch für das Therapieren. Bis heute habe ich auch unter den psychoanalytischen Richtungen natürlich nicht die »einzig wahre« gefunden. Die wachsenden Kenntnisse aber bewirkten, daß ich nun mehrere wesentlich differenziertere Folien hatte, unter denen ich psychisches Geschehen und die Aussagen darüber reflektieren konnte.

Die Lektüre psychoanalytischer Literatur wurde mir zum immer drängenderen Bedürfnis – und das eben nicht nur für mein therapeutisches Verständnis. Immer wenn es Psychoanalytikern gelingt, nicht nur ihre Patienten, sondern auch bestimmte Zeitphänomene sinnvoll zu analysieren, schlägt mein Herz besonders hoch. Das ist es, was ich auch in meinen wissenschaftlichen Bemühungen – etwa im Projekt der psychischen Folgen der deutschen Wiedervereinigung – versuche und weiter fortsetzen werde.

Mit wachsender psychoanalytischer Identität begann ich nun – mit mehr Recht als damals in Wien –, ein Gefühl für meine »Ahnenreihe« zu entwickeln. Ich war stolz auf meine wissenschaftlichen Vorväter. Nie wäre es mir vorher in den Sinn gekommen, Skinner, Pawlow oder gar Wolpe stolz als meine »Familie« zu reklamieren. Dieses Gefühl für die wissenschaftliche »Familie« hat etwas Altväterlich-Unzeitgemäßes. Es fördert Anfeindungen und gibt den Vorurteilen Nahrung, Psychoanalytiker hätten sich in der Art der alten Philosophieschulen (wie Thomae es nannte) oder gar von Sekten abgeschlossen. Da die offensichtlich zeitgemäße Art, Psychologie zu betreiben, diejenige aufeinander eingeschworener Machtpolitiker ist, die mit ihrem Formalkram von Forschungsanträgen, Forschungsbegutachtern und ineinander verfilzten Lehrstuhlbesetzern jeder irgendwie gearteten Idealvorstellung vom »Gelehrten« eklatant Hohn sprechen, erscheinen mir diese Beschuldigungen gegenüber Psychoanalytikern nicht einmal so sehr ehrenrührig. In den alten Philosophieschulen ist zumindest mit großem Ernst und Engagement gedacht und diskutiert worden. Wie schön wäre es, wenn die wissenschaftlichen Psychologenkongresse davon ein kleines Stück tradiert hätten. Sollte sich in der scientific community der Psychoanalyse davon wirklich etwas erhalten haben: welcher Fortschritt!

Eine immer wieder neue Quelle des intellektuellen Vergnügens und der Bewunderung für die Leistungsfähigkeit der Psychoanalyse bedeutet es für mich, biographische Verläufe nachzuvollziehen. »Was soll denn schon Tolles dabei sein?«, meinte ein Gestalttherapiekollege. »Inzwischen pfeifen es doch die Spatzen von den Dächern, daß man mit der ganzen Sozialisationsgeschichte arbeiten muß. Selbst Verhaltenstherapeuten haben das schon eingesehen.« Natürlich, daß die Kindheit »nicht kinderleicht« ist, wie ein pfiffiger Buchtitel uns verrät, weiß inzwischen jeder. Fragt sich nur, wie man sie betrachtet. Bleibt man bei der Betrachtungsweise der Sozialisationstheoretiker stehen, dann erfährt man – statistisch einigermaßen relevant –, daß »Böses oft Böses gebiert«, wie meine Arbeitskollegen es einmal zusammenfassend ausdrückten. Es ist die Sicht von außen und zur Erhärtung von naheliegenden Vermutungen auch als statistisch meßbare Größe jederzeit zu beweisen. Therapeuten vieler Schulen versuchen, dies in ihren Therapien konkret zu machen. Dabei geraten sie allzu häufig in Sackgassen. Statistisch gesehen mag es zwar stimmen, daß »Böses Böses gebiert«, prügelnde Eltern also prügelnde Kinder heranziehen, depressive Mütter ihrem Nachwuchs mit Erfolg vorleben, daß das Leben ein einziges Jammertal ist. Im Einzelfall jedoch sieht natürlich alles wieder ganz anders aus, und jede sozialisationstheoretische Betrachtungsweise ist mit ihren Erklärungsmustern bald am Ende, wenn man nicht die Konzepte der unbewußten Phantasie und die Repräsentanzenlehre einbezieht. Erst dann wird erkennbar, warum auch die freundlich-toleranten Eltern oder die lebensbejahende Mutter nicht davor geschützt sind, Kinder zu Neurotikern zu erziehen.

Um wieviel reicher wird die Betrachtung einer Biographie, wenn man davon ausgeht, daß bewußte und vor allem unbewußte Phantasien des einzelnen das Brechungsmedium darstellen, durch das die »realen Fakten« hindurchmüssen, um ihre spezifische Wirkung zu entfalten. Betrachtet man auch dies wiederum mit den Konzepten von Konflikt und Abwehr, dann gibt es wesentlich differenziertere und schlüssigere Erklärungskonzepte für das erwachsene Seelenleben, als die simple Betrachtung eines bestimmten »real existierenden« Elternhauses es jemals sein kann. Wie allerdings mit diesen verschiedenen ineinandergreifenden Konzepten gearbeitet wird, darin besteht eine ganz besondere Kunst, die man nur in mühseliger Arbeit lernen kann. Dem Uneingeweihten mag es dann absurd klingen, wenn eine neurotische Lebensgeschichte um die banale Erinnerung zentriert wird, daß eine Mutter den Zweijährigen – als er sich ihr an den Hals werfen wollte – absetzte, um nach dem neugeborenen Brüderchen zu sehen. Welche spezifische Verteidigungshaltung sich daraus ergibt, welche Ideologie die Mutter für ihren Erstgeborenen entwickelte, in welcher Form ein Mensch dieses Erlebnis (das natürlich eine Deckerinnerung darstellt) immer wieder sucht – all dies läßt sich nur dann herausfinden, wenn man ein sehr kompliziertes Arsenal an Begrifflichkeit zur Verfügung hat.

Im vorliegenden Fall hat A. Eckstaedt das getan. Alles, was sie auf ca. 40 Seiten darüber berichtet, reicht weit hinaus über die schlichte Feststellung, daß hier ein kleiner Junge auf das Neugeborene eifersüchtig ist und dies sein Leben prägt. Diese umwegige und umständliche Art, eine Biographie zu rekonstruieren (zu konstruieren?) hat etwas von der Schaffung eines Kunstwerks an sich – daß hier zwei Menschen (Patient und Therapeut) sich jahrelang um die immer erneute Verfeinerung dieses Kunstwerks bemühen, hat mich immer schon berührt. Gute Falldarstellungen (z. B. der berühmte »Flieger« von Argelander) erfüllen ästhetische Bedürfnisse, die auch im Theoretischen verankert sein können. Mein neues Theorie-Interesse für die Psychoanalyse habe ich für mich daher häufig in die Worte gekleidet, daß diese Theorie einfach »schön« sei. Ich glaube nach wie vor, daß dies ein adäquates Kriterium für eine Theorie sein kann, vielleicht sein muß.

Immer wieder gab es Lese-Erlebnisse, die jene ästhetisch-intellektuelle Begeisterung in mir ausgelöst haben. Bettelheims »Geburt des Selbst« gehörte dazu. Daß die absurden Verhaltensweisen psychotischer Kinder solch sinnvoll einzu-setzende Bruchstücke in ein sehr früh deformiertes Körper-bild darstellen, habe ich noch nie einfacher und nachvollzieh-barer dargestellt gefunden. Wenn er z. B. Marcias abstruses Fingerspiel als den Versuch ansieht, die Realität hinter diesen Fingern verschwinden zu lassen, und eine dadurch selbstge-schaffene Wahrnehmungskontinuität als erste schwache Ich-Leistung definiert, dann liegt der Schluß nahe, daß es äußerst brutal wäre, dieses Verhalten zu unterdrücken. Wie oft hatte ich Filme gesehen, in denen Verhaltenstherapeuten derartiges »unangemessenes« Verhalten autistischer Kinder mit einem Klaps oder sogar mit einem E-Schock »bestraften«. Warum, um Himmels willen, hatte ich mir darüber nie Gedanken ge-macht? An Bettelheims konkreten Betrachtungen wird klarer als in Nur-Rekonstruktionen von Verläufen, wie wichtig es ist, die Körpergebundenheit der seelischen Entwicklung zu beachten. Daß die libidinöse Besetzung der einzelnen Körper-regionen als Grundkategorie des Seelischen betrachtet wer-den muß, wurde mir immer mehr zur Gewißheit und auch in Therapieverläufen häufig zur wichtigen Denkhilfe. Ich be-zweifle daher, ob die Postulierung eigenständiger Bedürfnisse (z. B. der sogenannten narzißtischen) wirklich sinnvoll ist. Na-türlich ist meine Reise durch die Theorie längst nicht an ein – sei es auch nur vorläufiges – Ende gelangt. Ich habe noch keine sehr ausgeprägte Position zu vertreten; einige grundle-gende Eintragungen auf der »Landkarte der Seele« aber habe ich doch vorgenommen.

Daß ich als akademische Lehrerin parallel zu meinem eige-nen Lernprozeß laufend Erkenntnisse vermitteln muß, gibt seit einigen Jahren meiner Lehrtätigkeit eine völlig neue Note. Oft war ich meinen Studenten wirklich nur die be-rühmte »eine Stunde voraus«. Darunter hat vermutlich die Präzision oft gelitten – ich denke, ich konnte dies oft durch meine Begeisterung wettmachen. Vieles war so sehr »frisch entdeckt«, daß ich meine Hörer teilnehmen lassen konnte am Prozeß dieser Entdeckung, auch an meinen Zweifeln und Fehlurteilen. Die immer gleichbleibende große Hörerzahl auch aus fremden Instituten, war vermutlich ein Zeichen dafür, daß ich so etwas wie »lebendiges Lernen« vermittelt habe.

Meine Vision einer guten Psychologie-Ausbildung lehnt sich an meine Lernerfahrungen in der Psychoanalyse an. Ich möchte die Psychoanalyse übrigens ins Zentrum der Lehre stellen, allerdings keineswegs zum alleinigen Lerninhalt machen. Phänomenologisches Denken, systemische Ansätze, die kritische Psychologie und vieles andere (das meiste davon ist in der Ausbildung kaum vertreten!) empfinde ich als so interessant, daß ich sie nicht missen möchte. Aber Zentrum der Ausbildung sollte sein, den Bezug all dieser Ansätze zum konkreten Alltag deutlich zu machen. Die Unterhaltung im Supermarkt, der Streit in der Kneipe, die Beobachtung von Mitfahrern in der U-Bahn sowie die Erfahrungen in der Therapie – all dies als Basis der Theorienbildung beachten zu lernen und als Grundlage theoretischer Analysen zu betrachten erschiene mir als der Inbegriff des Lernens in der Psychologie. Der Ruf der psychologischen Machtpolitiker nach dem öden alltagsfernen »Experimentalpraktikum« hingegen erscheint mir absurd. Natürlich wird es sich durchsetzen. Im Kampf dagegen werde ich mir sicher noch eine weitere stattliche Anzahl von Feinden schaffen.

Wieder auf der Schulbank: Die psychoanalytische Ausbildung

Anfangs dachte ich: nur pro forma. Ich hatte keine Lust – wie es übrigens in psychoanalytischen Ausbildungsreflexionen immer wieder kritisch beschrieben wird –, mich in die infantile Position einer Ausbildungskandidatin zu begeben. Theorie wollte ich alleine erarbeiten, ich hatte sie ja z. T. auch schon recht gründlich studiert; die Analyse lief weiter wie bisher (ich habe übrigens nie den geringsten Bruch entdeckt zwischen Patientenanalyse und Lehranalyse); Supervisionsbedürfnisse hatte ich immer schon gehabt. Wo also sollte der Unterschied liegen? Ich hatte mir natürlich ganz falsche Vorstellungen gemacht.

Es begann schon mit der Aufnahmeprozedur. Nachdem die Gremien des Instituts die formalen Bestimmungen großzügig übersprungen hatten, lag ich »im Rennen« wie alle anderen Bewerber auch. Das kränkte mein Selbstgefühl, und ich bemühte mich, die beiden Aufnahmeinterviews als lächerliche »quantité négligeable« anzusehen. Je näher die Termine rückten, desto weniger gelang mir das. Nun, da ich mich unter so viel Mühen entschlossen hatte, Psychoanalytikerin zu werden, sollte das Urteil von zwei Lehranalytikern den Ausschlag geben? Ich wollte aber nichts mehr riskieren, rückte in meinem Kopf die Argumente hin und her, versuchte, meine Motive ein wenig zu »schönen«, und befand mich nolens volens in der Lage eines bittenden Kindes. Ein sehr großzügiger erster Interviewer korrigierte dieses Gefühl zwar etwas, aber schon nach dem zweiten Interview mußte ich zähneknirschend feststellen, daß meine Mundwinkel im gefügigen Dauerlächeln erstarrt waren. Noch heute habe ich jener Interviewerin die kleinen Demütigungen, die sie mir antat, nicht ganz verziehen, aber natürlich verzeihe ich es vor allem mir selbst nicht so recht, daß ich diese Demütigungen zugelassen habe. Parodistische Darstellungen der Situation vor meinen Freunden verschafften meinem Groll zwar ein wenig Abfuhr, aber ein schales Gefühl blieb zurück. Das wochenlange Warten auf den Bescheid... Andeutungen von dieser oder jener Seite, ganz sicher sei meine Aufnahme nicht, es gäbe heftige Diskussionen darüber, man hätte zwar gegen meine Person nichts Spezielles einzuwenden, aber ob es sich wirklich lohne? Ich schäumte vor Wut und erging mich innerhalb und außerhalb der Analyse in bissigen Redensarten: Einen solchen Überfluß an wissenschaftlich tätigen Personen hätte das Institut ja wohl nicht, als daß die Frage der Nützlichkeit meiner Person nur vom Lebensalter und den möglichen aktiven Berufsjahren abhängen könne. Mit diesem Argumentieren jedoch erwies ich mich als schon jetzt sehr anfällig für den regressiven Sog der Ausbildungssituation: Lehranalytiker mit ihrer Macht, mich aufnehmen oder ablehnen zu dürfen, erschienen mir zu jener Zeit als höhergestellte, bewunderungswürdige Personen. Manchmal mußte ich mir selbst eindringlich klarmachen, daß ich doch immerhin Promotion, Habilitation und Professur errungen hatte, eine lange Publikationsliste vorweisen konnte u. ä. m.

Als ich endlich den positiven Bescheid bekam, war ich sehr erleichtert und beschloß nun endgültig, mich aus der Schülerrolle zu befreien. Aber auch dies gelang mir nicht. Ich fand bald, daß meine Semesterkollegen (die ich z. T. noch als »meine« Studenten kennengelernt hatte – manche waren fast 20 Jahre jünger als ich) besonders klug, lustig und freundlich waren. Der Zwang, einer Arbeitsgruppe beizutreten, um nach einem Jahr gemeinsam ein Colloquium zu bestehen, erwies sich als interessante und lustvolle Gelegenheit zur intensiven Diskussion. Im ersten Ausbildungsjahr fühlte ich mich tatsächlich wie ein Erstsemester. Wenn ich auch wirklich einiges mehr gelesen hatte als viele andere, so war doch die Besonderheit meiner stark an die Praxis geknüpften Ausbildungssituation wiederum mit anderen Fragen und Problemen verbunden. Selten hatte ich das Gefühl, meine Anwesenheit in den Seminaren sei überflüssig und Luxus. Im Gegenteil: Im ersten Ausbildungsjahr habe ich jedem Seminarabend entgegengefiebert, wollte möglichst wenig versäumen und stellte Berufs- und Privatleben darauf ein. Manchmal trafen wir uns an vier Abenden pro Woche im Institut, und an einem fünften hielten wir noch eine private Arbeitssitzung ab. Das Bier hinterher in unserer Stammkneipe, wozu auch das erregte Kichern und Tratschen über unsere Lehrer und Lehranalytiker gehörte, festigte das Gefühl studentenhafter Zusammengehörigkeit.

Mit einem Wort: Weder mein Alter noch meine guten Vorsätze hatten mich davor bewahren können, in der gleichen Weise zu regredieren, wie es immer in den kritischen Kommentaren zur psychoanalytischen Ausbildung beschrieben wird. Auch wenn vieles an dieser Kritik stimmt, kann ich ihr nur halben Herzens zustimmen, weil ich die Kindlichkeit meiner Situation zwar ganz gut erkennen konnte, sie aber eben gleichzeitig genossen habe. Ich denke manchmal mit einer gewissen Wehmut an jenes erste, intensive Jahr zurück. Ein gemeinsam gestaltetes Fest, das besonders gut gelungen war, machte uns alle richtig stolz auf »unser Semester«.

Ziemlich lange lebten wir alle sozusagen auf zwei Ebenen,

und dies hat natürlich sein Pendant in Theorie und Praxis der Psychoanalyse bzw. speziell auch im Erlebnis des therapeutischen Prozesses. Einerseits waren wir alle schon jahrelang als Ärzte oder Psychologen in »ordentlichen« Stellungen tätig: als Oberärzte, als Mitarbeiter oder gar Leiter von Beratungsstellen oder auch in freier Praxis. Dort »funktionierten« wir alle in tadellos erwachsener Weise, was ja wohl auch ein Kriterium für die Aufnahme in die psychoanalytische Ausbildung ist. Die neue Ebene, auf der wir uns nun sozusagen stillschweigend und ohne weitere Absprache trafen, war aber viel mehr die von Kindern, bestenfalls pubertierenden Jugendlichen. So konnte man z. B. beim abendlichen Kneipenbesuch hören, wie Heinrich halb ernsthaft, halb im Scherz auf Sybille einredete: »Sybille, er *wird* dich nicht heiraten, sicher nicht ...« (gemeint war natürlich der Lehranalytiker), worauf etwa Sybille, im ernsten Leben eine erfolgreiche Therapeutin und Gutachterin, seufzte: »Ich *kann* den Gedanken aber noch nicht aufgeben ...« Oder man sah Renate und Hubert, die den gleichen Lehranalytiker hatten, also »Couchgeschwister« waren, im eifrigen Geflüster zusammensitzen. Was man vernahm, waren Satzfetzen wie: »Hat er das bei dir auch gemacht ...?« Oder: »Bei mir sagt er oft ...«

Auch in meiner sozialen Existenz empfand ich einen Bruch. Er war um so seltsamer, als ich gerade etlichen der Lehranalytiker (die ja oft meiner Altersgruppe angehörten) in meinem »früheren« Leben auf gesellschaftlicher Ebene begegnet war und damals natürlich nicht im entferntesten daran gedacht hatte, sie als etwas »Besonderes« anzusehen. Nun hatten die institutionellen Rollen das Gefühl von selbstverständlichem gesellschaftlichem Umgang verändert, und ich mußte mich damit abfinden, daß ich für einige Zeit auch gesellschaftlich in zwei Welten lebte. In der einen hielt ich Vorträge, organisierte Symposien und schrieb wissenschaftliche Abhandlungen. In der anderen war ich bei jeder unbedeutenden Diskussion sehr vorsichtig und zurückhaltend und lauschte voll Interesse auch den weniger geistvollen Ausführungen meiner »Lehrer«. Es bedurfte einiger Arbeit in der Analyse, bevor diese zwei Welten sich wieder zur Deckung bringen ließen. Als ich das erste Mal in einer angesehenen psychoanalytischen Zeitschrift einen

Artikel veröffentlicht hatte, bedeutete mir das sozusagen wieder den Eintritt ins »Erwachsenenleben«. In jener Zeit habe ich den Zwang zur begleitenden Lehranalyse als besonders sinnvoll empfunden – die Infantilisierung wurde dadurch schneller überwunden. Nicht alle Ausbildungskandidaten haben sich übrigens so offen zu ihrer Schülerrolle samt Pubertät bekannt wie der »Kern« meines Semesters. Von einigen hörte ich ganz explizit, sie wollten ihre Freunde nicht vernachlässigen, sich nicht an die Psychoanalyse verlieren. Auch wenn das vernünftig klingt, glaube ich nicht, daß sie dem regressiven Sog entkommen konnten – vermutlich hat er sich nur anders geäußert. Wir, die wir ihn so exzessiv ausgelebt haben, hatten sicher auch gute Chancen, ihn bald zu überwinden.

Bei unserer Prüfung war mir ebenso flau zumute wie allen anderen, obwohl noch nie jemand dabei durchgefallen war. Und wie vermutlich alle Semester vor uns betranken wir uns hinterher in der Kneipe und kauten jede einzelne Frage kritisch durch. »Warum wollte X denn unbedingt aufs Schizoide hinaus? – Ach, das ist sein Hobby... von der Frühstörung wollte Y gar nichts hören, komisch...« etc. Leider hielt das Zusammengehörigkeitsgefühl nach der Prüfung nicht lange vor – von nun an bestimmte das persönliche Tempo die Ausbildung, und man verlor sich ein wenig aus den Augen. Aber noch heute, wenn ich Heinrich, Erich oder Anna bei einem Vortrag treffe, habe ich ein warmes Familiengefühl.

Mein persönliches Tempo mußte nun schneller werden, ich konnte mir wirklich nicht mehr viel Zeit gönnen. Ein Forschungssemester verschaffte mir den nötigen Freiraum, meine zwanzig Pflichtanamnesen rasch hintereinander durchzuführen. Wenn ich auch gerade bei dieser, vom Institut geforderten Leistung, wenig Mühe hatte – Anamnesen zu schreiben war mir noch nie schwergefallen –, war die dafür benötigte Zeit doch erheblich. Da ich die Ausbildungsrichtlinien vieler anderer Therapieschulen kenne, wurde mir der Unterschied in den Anforderungen an Energie, Zeit und auch intellektuellen Fähigkeiten eindringlich klar. Wenn ich heute um Rat bei der Therapieform gebeten werde, ist mein Maßstab die Gründlichkeit der Ausbildung: Es gibt in anderen Schulen nichts Vergleichbares. Auch wenn diese Gründlichkeit noch nicht unbedingt eine

Garantie für Qualität ist, scheinen mir doch die Chancen für den Patienten dafür erheblich zu steigen, daß nicht allzu zufällig und verworren an ihm herumgedoktort wird. Die Ernsthaftigkeit der psychoanalytischen Ausbildung entspricht der Ernsthaftigkeit des Therapierens, der Ernsthaftigkeit ihrer Theorie. Keine Anamnese, die nicht von einem Lehranalytiker gegenkontrolliert wird – jahrelang keine Therapiestunde, die nicht unter Supervision stünde: Die Arroganz der Psychoanalytiker, die sich für etwas »Besseres« halten, ist verständlich und berechtigt.

Natürlich stöhnte auch ich unter diesen vielen Kontrollen, fand öfters, man hätte mir ein paar Extrawürste braten können. Mußte ich wirklich zwanzigmal beweisen, daß ich Gutachten schreiben konnte, daß ich imstande war, zukünftigen Patienten die richtigen Fragen zu stellen? Wahrscheinlich hätte auch die Hälfte genügt. Daß man sich – streng theoretisch denkend – überhaupt mit den psychischen Störungen so vieler Patienten auseinandersetzen muß, halte ich aber auch wiederum für ein großes Plus der Ausbildung. Auch hier fallen die meisten anderen Schulen stark ab. Ohne große Kenntnis der Diagnostik (die ja in manchen Systemen explizit überhaupt nicht vorhanden ist) beginnt man mit der Therapie und muß sich – je nach intuitiver Begabung – mehr oder minder mühsam seinen Weg suchen, um den Patienten überhaupt zu halten. Als ich in jener Zeit einen populärwissenschaftlichen Vortrag über Suchtpatienten hielt und mir nachher eine jahrelang tätige Therapeutin gestand, heute seien ihr »etliche Lichter aufgegangen« über ihre Patienten, wurde mir wieder einmal so recht klar, in welchem Niemandsland oft therapiert wird. Mein Vortrag war nichts anderes gewesen als eine Zusammenfassung gängiger psychoanalytischer Erkenntnisse zur Entstehung und Behandlung von Süchten – die Abschottung der Therapieschulen untereinander hatte offensichtlich verhindert, daß jene Therapeutin davon Kenntnis erhalten hatte.

Ich erhielt meinen Kassenstempel und war darauf mindestens so stolz wie auf eine akademische Ehrung. Unvergeßlich, mit welch fast kindlicher Freude auch mein Lehranalytiker darauf reagierte. Ich bastelte eine fröhliche Collage, in deren Mittelpunkt mein Stempel in allen Stadien der Vergrößerung stand und ließ mein »narzißtisch aufgeblähtes Selbst« von ihm und etlichen Kollegen bewundern. Nun begann also der Alltag des Therapierens.

Wirklich Psychoanalytikerin?

Anfangs war mir recht unbehaglich zumute. Zwar hatte ich meine »Kontrollen« und sah auch sehr bald, daß ich mir gute Kontrollanalytiker/innen ausgesucht hatte. Viele meiner Bedenken konnten aber auch sie nicht ausräumen. Anfangs stellte ich dauernd die vermutlich nervtötende Frage: Ist das auch wirklich Psychoanalyse, was ich hier mache? Mit dieser Frage konnten sie, die nie innerhalb eines anderen Systems therapiert hatten, wenig anfangen. Warum nicht? lautete die Antwort. Ich jedoch vermutete dauernd, daß ich vielleicht noch immer Birnen zu Äpfeln addierte und ganz automatisch Interventionen der mir von früher her geläufigen Art einflocht. Ich wollte herausbekommen, wie sich eine »richtige Analyse« auf der Therapeutenseite ausmacht, und wurde dadurch sehr viel ängstlicher (und auch regelgebundener) als meine erfahrenen (und daher flexibleren) Kontrollanalytiker.

Mehr als ein Jahr lang war mein Hauptproblem, wie man den Unterschied von der Therapeutenseite her eigentlich präzisieren könnte. Ich wunderte mich über meine Psychologenkollegen, die ja meist schon jahrelang selbst Therapeuten gewesen waren. Sie schienen den Unterschied als weniger gravierend zu empfinden als ich. Ich aber hatte das Gefühl, daß Vertrautes (die Klagen der Patienten, ihre subjektiven Theorien, ihre Gefühlsverbindungen etc.) nunmehr mit ganz anderem Licht beleuchtet wurde, so daß plötzlich völlig andere Zusammengehörigkeiten entstanden.

Wie gut kannte ich z. B. jene Art von Arbeitsstörung, bei der alles hinausgeschoben wird, bis der Berg auf dem Schreibtisch so unüberwindlich wird, daß man ihn nur noch meiden kann. Als Verhaltenstherapeutin war mir das Analysieren dieses gestörten Arbeitsverhaltens nicht schwergefallen und auch die Therapie nicht: angstauslösende Stimuli suchen, aufnotieren, dann in kleinen Schritten daran gehen, sie zu bewältigen etc.

etc. Der Erfolg war oft gut, das Ganze hatte nicht allzu lange gedauert. Über den Ursprung solchen Verhaltens hatte ich mir wenig Gedanken machen müssen. Nun aber hatte die Beleuchtung gewechselt. Voll Überraschung (aber auch mit viel Mühe) erkannte ich eine neue Szenerie: das Bild des kleinen Jungen, der sich am Schreibpult den Anforderungen der geschwisterreichen Familie entzog; der dauernd vortäuschte, Schularbeiten zu machen, aber vor allem in angenehme Tagträume versunken war. Dahinter stand wieder ein anderes Bild: jener unerreichbare Vater, dem alles so schnell von der Hand ging, daß selbst die angebetete Mutter als ewiges Dummchen dastand. Die vielen Versuche, sich mit der Mutter zu identifizieren ... Nicht zuletzt war auch noch zu beachten, mit welcher Verzögerung der junge Mann die Analyse begonnen hatte ... Dies alles ergab nun ein recht vielfältiges Panorama. Am Symptom der Arbeitsstörung waren nun noch ganz andere Aspekte zu bearbeiten. Vieles hatte einen inneren Zusammenhang. Nie vorher waren mir solche Zusammenhänge aufgefallen, obwohl ich doch die Bruchstücke des Puzzles ganz gut kannte. Ich hatte nach jeder Analysestunde den Kopf so voll, daß mir manchmal schien, als würde ich all dies nie verstehen. »Versteht ihr denn alles, was die Patienten euch erzählen?« fragte ich meine Kollegen oft ratlos. Vielen erschien die Frage sinnlos. Nein, natürlich nicht – aber das würde sich schon nach und nach ergeben ...

Ich merkte, daß meine Ungeduld mich wieder einmal abführte vom Weg des langsamen und gründlichen Lernens. Zeitweise fürchtete ich die Analysestunden und danke noch heute meinen Kontrollanalytikern für ihre Geduld. Ihr Hauptverdienst – neben technischen Ratschlägen – war bestimmt die dauernde Beruhigung, die sie mir gaben. »Man kann eigentlich gar nichts falsch machen«, hieß es da zum Beispiel, »was immer Sie tun, die entstandene Situation läßt sich doch analysieren – dann wird sie wieder fruchtbar ...« Richtig, sicher. Aber meine neuerlichen Zweifel betrafen nun die Kontrollsituation selbst. Erzählte ich auch das »Richtige«? Natürlich wußte ich aufgrund meiner Erfahrungen, wie leicht man sich in der Supervision »reinwaschen« kann. Bewußt tat ich dies sicher nicht. Aber sozusagen hinter meinem Rücken? Da war ich mir nicht immer ganz sicher. Ich wollte wirklich etwas Neues lernen. Die

Zeit bis zum Kassenstempel (und auch nachher) war mühsam gewesen, innerlich und äußerlich hatte ich einiges geleistet. Sicherlich sollte all dies doch wohl nicht nur deshalb geschehen sein, damit ich meinen Kontrollanalytikern vorgaukeln könnte, ich sei sowieso schon immer eine gute Analytikerin gewesen? Ich hatte schon seit einigen Jahren behauptet, ich arbeitete sowieso »analytisch orientiert«. Diese Illusion, wenngleich nicht ganz falsch, mußte ich nun auch noch aufgeben. Natürlich hatte ich bei so viel eigener Analyse und solch großem Interesse an der Theorie »irgendwie« analytisch gearbeitet. Dieses Irgendwie aber galt es nun gerade aufzugeben. Dahinter versteckten sich alte Unsauberkeiten, Schlampereien, Laissez-faire.

Dazu kam natürlich das neue Setting. Die viele Zeit, die man nun hatte, die Dichte der Sitzungen und natürlich der Versuch der Patienten, der »Grundregel« zu folgen: Dies ergab ganz neue Informationen und therapeutische Situationen, denen ich anders begegnen mußte als in den bisherigen Einmal-pro-Woche-Sitzungen. Nun wurde es für manche Patienten schwerer als bisher, einfach ihren »Wochenbericht« abzuliefern. Wir erlebten beide die Unsicherheit des zwanghaften Redens oder der ausbleibenden Gedanken, der Verzweiflung, »immer dasselbe« zu bringen, wodurch ich sicher »gelangweilt« sei. Solche Situationen nicht zu entschärfen, sondern durchstehen zu lassen, aufzuklären, in Beziehung zu setzen – das alles war in den »irgendwie« analytischen Therapien selten oder gar nicht möglich gewesen.

Natürlich war ich selbst das größte Hindernis für das, was mir als »richtige« Analyse vorschwebte. Dieses Hindernis lag vor allem in meiner Ungeduld. Alles schnell erfassen zu wollen, die richtigen Deutungen zumindest selbst im Kopf zu haben, die innere Turbulenz des Nicht-Wissens nicht aushalten zu wollen, erschwert denjenigen Prozeß beim/bei der Analytiker/in, der sicher den wichtigsten Teil der Analyse darstellt: die Erhaltung der freischwebenden Aufmerksamkeit. Diese Mischung aus Wachsamkeit und regressiver Gedankenlosigkeit scheint mir besonders schwer zu erringen. Die Schwierigkeiten damit waren sicher auch an meinen Problemen mit den Träumen (meinen eigenen und denen der Patienten) schuld. Die Bearbeitung der Träume braucht ja in ganz besonderem Maß jene »Grauzone« zwischen Wachheit und Gewährenlassen. In mir formt sich, wenn ich an Analysen denke, daher immer das Bild eines Menschen, der am Meeresufer sitzt und sich von den auslaufenden Wellen umspielen läßt. Irgendwann spült sich eine schöne Muschel oder ein Stein in seine Hand. Ich aber versuchte dauernd, die Wellen zu dirigieren, ihren Lauf vorherzusehen und schon lange vorher Muscheln auszumachen.

In meinem ersten Jahr als Analytikerin besuchte ich nur mehr Falldarstellungs-Colloquien, Traumseminare und Balint-Gruppen. Ich wollte zusehen, wie bei anderen diese für mich so schwierige Haltung sich realisierte, mit welchen Assoziationen sie arbeiteten. Bei manchen Analytikern schien dies ganz leicht zu sein und wurde doch ein in sich sinnvolles Ganzes. Wie oft habe ich dies auch bei meinem eigenen Analytiker erlebt: daß er lange Zeit zu meinen etwas wirren Gedankengängen schwieg und dann – fast wie aus einem Dösen aufschreckend – ein für mich äußerst wichtiges Detail aufgriff und mir sozusagen »zum Fraß« hinwarf. Fast immer waren solche Sitzungen für mich sehr fruchtbar gewesen. Könnte ich selbst aber so etwas je fertigbringen? Einmal erzählte er mir, er habe drei Wochen lang erhöhte Temperatur gehabt, sei aber trotzdem nicht bereit gewesen, zu unterbrechen. Dies sei, in der Rückschau, für ihn zwar eine sehr anstrengende Zeit gewesen, er hätte aber das Gefühl, als Analytiker selten so gut gearbeitet zu haben. Ich konnte dies nun zwar verstehen, fühlte mich aber weit entfernt davon.

Mein (noch längst nicht abgeschlossener, vermutlich nie abzuschließender) Weg zur Psychoanalytikerin verlief wie die eigene Analyse: langsam, mit kaum merklichen Veränderungen. Eines Tages wurde mir klar, daß ich mich auf die Träume meiner Patienten freute – früher hatte ich ängstliche Gefühle gehabt, bei dem Gedanken, es würde mir dazu sicher nichts »einfallen«. Nun lagen sie da als eine der vielen Möglichkeiten, mit dem Patienten zusammen ein Stück der Welt des Unbewußten zu erfassen – aber eigentlich hatte ich dabei wenig mehr zu tun als herauszuheben, zu fragen, zu warten. Meine zwanghafte Vorstellung, ein Traum müsse »gedeutet« werden, womöglich »ganz« gedeutet werden, löste sich auf. Es gefiel mir in diesem Zusammenhang sehr gut, als einer der älteren Analytiker im Seminar einmal meinte, einen Traum solle man als unbewußten »Kommentar« zu einer meist aktuellen Lebenssituation betrachten. Als äußerst hilfreich erlebte ich dabei auch die Tatsache, daß in unserem Institut, wie berichtet, Psychoanalytiker und Jungianer gemeinsam ausgebildet werden: Die psychoanalytische Frage: »Was fällt ihnen dazu ein?« wurde bei den erfahrenen Analytikern gekoppelt mit der jungianisch orientierten Frage: »Wohin führt dieser Traum?« Beides zusammen lieferte mir und den Patienten oft viel wichtiges Material.

Natürlich hatte ich als Analytikerin ähnliche Erfahrungen zu machen wie in der Rolle der Analysandin: daß nämlich nichts schnell und dramatisch passiert. Häufig schon hatte ich gehört, daß in der Analyse das Verschwinden von Symptomen nicht das Entscheidende ist. Meine Patienten exerzierten mir dies oft vor: Sie vergaßen nicht nur, mir mitzuteilen, daß sie nun jene große Dunkelangst oder diese Zwangsgedanken nicht mehr hatten, oft schienen sie ihre Symptome überhaupt vergessen zu haben. Darauf angesprochen, reagierten sie öfters mit einer Art Unverständnis: »Ach, das ist eigentlich nie so sehr problematisch gewesen.« Manchmal holte ich mir dann Anamnesen oder Kassenanträge, um mich zu vergewissern. Entschädigt wurde ich für diese quasi undankbare Vergeßlichkeit dadurch, daß ich langsam begriff, daß sich psychische Strukturen tatsächlich ändern können: Das dauernde Sich-Vergewissern des Patienten weicht einer gewissen Sorglosigkeit, seine hysterische Umtriebigkeit beruhigt sich, und ähnliches mehr. Diesen Prozeß langsam miterleben zu können – und vor allem: ihn im Übertragungs-Gegenübertragungsgeschehen zu erspüren – gehört zu meinen befriedigendsten Erlebnissen als Psychoanalytikerin. Die Konzentration auf Symptome kann, wie ich es erlebt habe, sinnvoll sein; die Introspektion wird angeregt, die Beobachtung verändert den Prozeß. Sinnvolle Handlungsanweisungen zum Umgang mit Problemen – zum Beispiel die Anweisung, depressiven Verstimmungen mit verschiedenen Aktivitäten zu begegnen oder Angstanfälle durch Entspannung zu blockieren – mögen oft dauerhafte Erleichterungen mit sich bringen. Ich möchte sie beileibe nicht abwerten. Hat man aber – als Patientin und Therapeutin – erlebt, wie durch die Analyse im und durch das Symptom sich eine ganze Lebensland-schaft entfaltet und entschlüsselt, dann möchte man nicht mehr zurück zu jenen Symptomtherapien.

Die Gefahr allerdings, daß in einer Therapie weder das eine noch das andere passiert, ist sicherlich auch in der Psychoana-lyse vorhanden. Betrachtet man Therapievergleichsstudien, die ja bekanntlich wenig Unterschiede in der Effizienz aufwei-sen, dann wird einem bei dieser Sicht der Psychoanalyse auch klarer, warum das so sein muß. Die große Analyse läßt sich ihrer Länge wegen mit keinem anderen Verfahren sinnvoll ver-gleichen. Beraubt man sie ihres »Bisses« (nämlich der langen Zeit – und das heißt: der Tiefe, der Intensität, der Muße, des Systematischen etc.), kann sie natürlich nicht zeigen, was mög-lich ist. Aber selbst wenn man die benötigte Zeit hat, kann selbstverständlich längst nicht jeder Patient davon profitieren. Jemand, der in Effizienzkategorien denkt, kann mit Fug und Recht (wenn er in Analogie zur traditionellen, heutzutage aber ebenfalls anzuzweifelnden Medizin denkt) irre werden ob die-ses von der Kasse ermöglichten persönlichen Abenteuers. Mir persönlich wurde jenes allzu starre medizinische Heilungsden-ken immer suspekter, wobei ich annehme, daß paradoxerweise gerade dadurch die Erfolge besser stabilisiert werden. Daß in-nerhalb eines bestimmten modernen Wissenschaftsparadigmas in unserer Zeit die Möglichkeiten der Selbstreflexion in solcher Tiefe ausgelotet werden können – das ist es, was mich immer wieder von neuem packt. Eine Reflexionsanleitung, die es er-laubt, die dauernden Widersprüche des menschlichen Lebens zu erleben, die nicht davor zurückschreckt, die Abgründe der Verzweiflung und die Höhen des Glücks nüchtern und sorgsam auf ihre banalen Wurzeln hin zu untersuchen – eine solche Re-flexionsanleitung versichert mir in beruhigender Weise, daß nicht alle Wissenschaft vom Menschen korrumpiert ist, daß es – folgt man der Wissenschaft der Psychoanalyse in ihr Innerstes – einen niemals zu korrumpierenden Kern gibt.

Natürlich habe ich als Psychoanalytikerin die Analysestun-den nicht dauernd mit solchen Reflexionen verbracht, dazu muß man viel zu aufmerksam sein, viel zu viel Mühe verwenden (vermutlich verwendete und verwende ich tatsächlich oft *zu* viel darauf), sich der freischwebenden Aufmerksamkeit hinzugeben. Aber der unterschwellige Strom dieser Überlegungen ist doch immer vorhanden, auch der unterschwellige Stolz darauf, daß ich zur Realisierung dieser größten humanwissenschaftlichen Leistung des 20. Jahrhunderts beitragen darf.

Die Psychoanalyse und das Leben

Es ist mit den vorangegangenen Überlegungen vielleicht ein wenig klarer geworden, daß die psychoanalytische Ausbildung für mich nicht »eine unter vielen, wenngleich die beste« gewesen ist. Sie ist vielmehr auch aus meinem Privatleben nicht mehr wegzudenken, vermutlich kann das niemand, der sich mit ihr intensiv befaßt hat. Daß Psychoanalytiker oft zu Stereotypen und Witzfiguren gemacht werden, liegt daran, daß Psychoanalyse und Leben nicht zu trennen sind. Das kann natürlich im Alltag recht merkwürdig wirken. »Er konnte einfach nicht verstehen, daß der Griff des Taschendiebs in die Tasche seiner Freundin für ihn einen Griff in ihre Vulva bedeutete« – als Deutung eines Taschendiebstahls durch einen Analytiker ist das natürlich kabarettreif, und auch ich würde als Psychoanalysegegnerin solche Geschichten gerne weitererzählen. Von meiner jetzigen Position aus müßte ich allerdings sagen: Jener Analytiker kann durchaus recht gehabt haben. Unsinnig ist nur, dies im falschen Setting zu erwähnen. Natürlich betrachtet man als Analytiker/in immer mehr Alltagsgegebenheiten unter irgendeinem analytischen Gesichtspunkt – das ist nichts Außergewöhnliches. Allerdings war es mir als Verhaltenstherapeutin niemals ein besonderes Bedürfnis gewesen, Verhaltensweisen im Freundeskreis etwa unter ihrem Verstärkungsplan zu studieren. Das wäre mir einfach zu langweilig gewesen. Die Psychoanalyse jedoch regt in besonderer Weise an. Es ist daher natürlich, daß Psychoanalytiker/innen bevorzugt in ihrem eigenen Berufskreis verkehren, sofern ihnen ihr Beruf wirklich am Herzen liegt. Denn was gibt es – um mit dem schlichtesten zu beginnen – Vergnüglicheres, als seine lieben Mitmenschen unter den Aspekten der Triebverschiebung, der Projektion, der Fixierung... zu belauschen, ihren Sprachgebrauch zu analysieren und ihre Themenwahl auch beim Small talk zu studieren?

Kaum eine andere Form von Tratsch kann mit dieser auch intellektuell befriedigenden Aggressionsform konkurrieren. Und dazu braucht man natürlich Gleichgesinnte. Andererseits aber: Welche Verarmung geht damit Hand in Hand! Klischees, keine Möglichkeit, vorurteilsfrei andersgeartete Lebensformen zu akzeptieren, und die Verengung des Blicks auf das Nur-Psychische – all dies ist eine Gefahr, der viele Psychoanalytiker erliegen. Ich will nicht behaupten, daß ich diesen Gefahren immer ausweichen kann.

Es gibt aber auch ganz andersgeartete Erfahrungen, die wiederum eine Erweiterung meines Horizonts bedeuten und ebenfalls sehr eng mit meinen Erlebnissen in der Analyse verknüpft sind. Es ist dies die Erweiterung meines Verständnisses von Kunst, vor allem von moderner Kunst. Lebt man, wie ich, im Bereich der Kunst in einem begrenzt-rationalen Rahmen mit eher traditionellen ästhetischen Gesichtspunkten, dann wird gerade dort, wo mit neuen Ausdrucksformen experimentiert wird, oft die Abwehr mobilisiert. »Zu wild, zu ungeordnet, zu beängstigend...« war mir vieles. Die schrittweise Aufdeckung unbewußter Dynamik hat es mir offensichtlich erleichtert, auch in neuen Formen ohne Angst die Darstellung jener »zweiten Sinnebene« des Unbewußten zu erleben. Eine Zeitlang suchte und fand ich eine Art Pendant zu meiner Analyse, indem ich immer wieder eine befreundete Malerin besuchte und mich in ihre Bilder versenkte. »In meiner Analyse geht es nicht weiter«, konnte ich damals sagen, »vielleicht klappt es mit deinen Bildern...« Sie verstand dieses Komplementärverhältnis ohne weiteres. Während ich mich in ältere und neuere Bilder vertiefte, bereitete sie meist das Abendbrot. Was ich jeweils herausanalysiert hatte, fand oft ihre Zustimmung. Ich selbst aber hatte hinterher dasselbe Gefühl wie nach einer befreienden Analysestunde. Ähnliches erlebte ich im Theater oder beim Anhören moderner Musik. Ich hatte es offensichtlich nicht mehr nötig, nur mehr in den altvertrauten Formen zu hören und zu sehen – meine Abwehr gegen das »Andere« war geringer geworden –, und damit hatte mir die Analyse wirklich um einiges mehr gegeben als nur ein neues gutes Werkzeug für Therapie und Wissenschaft.

Ein persönlich problematischeres Kapitel war eine langsame

Veränderung meiner Einstellung zu etwas, das man, grob gesagt, mit »Idealen« bezeichnen könnte. Die illusionslose Sicht der Psychoanalyse auf das menschliche Leben ging mir allmählich in Fleisch und Blut über. Zwar hatte ich seit meiner Pubertät nie mehr das starke Bedürfnis gehabt, menschliche Lebensläufe unter besonders idealistischen Konzepten zu sehen – Worte wie »Sinnsuche«, »etwas Höheres«, »Selbstwerdung« hatten mich eher befremdet und meinen Sinn für nüchternes Denken auf den Plan gerufen. Auch das war vermutlich ein Motiv gewesen – nicht das schlechteste, wie ich meine – mich der kühlen Verhaltenstherapie zuzuwenden. Trotzdem hatte ich genügend Ventile gefunden, eine Art von idealisierender Betrachtungsweise zumindest als Hoffnung in meine Überlegungen einzubauen. Selten ein Artikel, der nicht als Schlußsatz, ähnlich den Schulaufsätzen vergangener Gymnasialtage, eine Art Weihnachtsglockenklang anschlug: Hoffnung auf vermehrte Einsicht in die eigenen destruktiven Potentiale als Möglichkeit, den Frieden zu sichern; Hoffnung auf die Entdeckung der eigenen Neugierde, um die Universität zu einem Hort der kreativen Lernlust zu machen; Hoffnung auf die Erweiterung des Toleranzraums für Paare, um die Institution Ehe zu retten – und was dergleichen ideale Hoffnungen mehr sind. Diese Weihnachtsglockensätze wurden mir immer verdächtiger. In der Schule waren sie sehr beliebt gewesen. Man bewies damit »Tiefe« und erhielt eine Eins. Hielt ich nun Vorträge mit solch moralisierendem Ende, war der Beifall groß. Glaubte ich aber wirklich daran?

Leider mußte ich auch diese probaten Schlußsätze nun in Frage stellen. Schon längst hatte ich gelernt, individuell ideal und moralisch erscheinende Verhaltensweisen auf ihr Gegenteil hin zu hinterfragen: Überbesorgtheit als Ausdruck von Aggression, Reinlichkeit als Schmutzlust u. ä. m. Das gehört ja sozusagen zum ABC des Analytikers. Diese Kritik nun auch auf größere gesellschaftliche Denkansätze auszudehnen war schon schwieriger. Den Anspruch auf allgemeine Aufklärung aber ganz aufzugeben, ihn höchstens als selten zu verwirklichende Forderung an Einzelmenschen hochzuhalten – das fiel und fällt mir sehr schwer. Daß ich nicht mehr davon ausgehen sollte, daß Menschen kraft einer ihnen innewohnenden

»Stimme« sich verbessern wollen, daß irgendwie »das Gute« oder »Echte« nach Verwirklichung drängt, das verwirrte mich lange Zeit. Ich denke aber, daß Psychoanalytiker die Verpflichtung haben, sich derart nüchtern mit der Welt auseinanderzusetzen, und die Weihnachtsglocken dort hängen lassen sollten, wo sie hingehören, im Märchenland der Kindheit.

Es wäre allerdings falsch, daraus glücklosen Zynismus ableiten zu wollen. Der Augenblick des Genusses, die helle Freude der Erkenntnis sind dadurch nicht zu beeinträchtigen. Hierhin gehört zum Beispiel jener wunderbar illusionslose Aufsatz Freuds »Die endliche und die unendliche Analyse«. Es betreffen seine Überlegungen ja immer wieder die Dauer und die Konstanz von erreichbarer Einsicht und von erlebbarem Genuß. Ist man sich klar darüber, daß gerade diese Konstanz unmöglich ist, dann plagt man sich auch nicht allzusehr herum mit der resignativen Einsicht, daß Psychoanalytiker »auch nicht anders sind als andere Menschen«: nicht weniger rücksichtslos und egoistisch, nicht weniger unglücklich oder verbohrt. Immer wieder schaut, wie auch Freud es beschreibt, der alte Adam heraus. Trotzdem – es gibt bei jenen, die es ernst meinen, kleine spezifischen Besonderheiten: eine gewisse Flexibilität, die Bereitschaft, Dinge auch »ganz anders« zu sehen; eine breitere Möglichkeit also, Wissenschaft auf sich selbst anzuwenden. Psychoanalyse als eine lebenslange Forschung an sich selbst, speziell im Appell an die eigene Wahrheitsliebe – das ist, oft in kleinen Dosen, bei vielen Psychoanalytikern durchaus vorhanden.

Alles in allem fühle ich mich also gut aufgehoben im Clan der Psychoanalytiker. Vielleicht wäre es übertrieben zu behaupten, ich hätte eine »neue Familie« gefunden. Aber einige gute Freunde und Gesinnungsgenossen sind darunter. Daß Leben und Arbeit, Denken und Tun nun ein wenig näher aneinandergerückt sind: Das erfüllt mich mit großer Freude.

Stationen

1957: Promotion in Psychologie, Wien (Professor Rohracher).

1957–1960: Wissenschaftliche Angestellte an der Sozialfor-schungsstelle Dortmund. Mitwirkung an empirischen Arbei-ten, z. B. ›Arbeit und Freizeit‹, ›Tagesschulen‹.

1961–1962: Betriebspsychologin bei der schweizerischen Post-verwaltung. Ausarbeitung neuer Eignungstests.

1962–1967: Psychologin bei der »Akademischen Berufsbera-tung« in Bern. Beratung und Informationsvermittlung.

1967–1972: Psychologin in der Studentenberatungsstelle der Ruhruniversität Bochum; Therapie, Beratung, Prävention. Zeitweise Leiterin der Stelle.

1970/71: Studienaufenthalt in USA, Professor Bergin.

1972–1978: Assistenzprofessorin Freie Universität Berlin. Ne-ben Lehr- und Forschungstätigkeit Therapie in einem Projekt »Unterschichttherapie«.

Seit 1978: Professorin für Klinische Psychologie an der Tech-nischen Universität Berlin. Therapie teils in Projekten, teils in privater Praxis. Ausbildung als Psychoanalytikerin am C. G. Jung-Institut in Berlin.

Kleines Glossar

Balint-Gruppe
Nach den Vorstellungen von Michael Balint (englischer Arzt und Psychoanalytiker) arbeitende Supervisionsgruppe, die die Therapeut-Klient-Beziehung in den Mittelpunkt stellt.

Baumtests
Standardisierte Aufforderung an den Probanden, einen Baum zu zeichnen (siehe Projektive Tests).

Desensibilisierung, systematische
Verhaltenstherapeutisches Verfahren speziell zur Behandlung von Phobien. In (meist) entspanntem Zustand werden angsterregende Szenen – hierarchisch geordnet – so lange vorgestellt, bis keine Angst mehr auftritt.

Encountergruppe
Gruppentherapeutisches Verfahren, in dem im Sinne der Gesprächspsychotherapie von C. Rogers gearbeitet wird. Im Zentrum der therapeutischen Bemühungen stehen Empathie, Wärme, das Akzeptieren anderer und nicht (wie in anderen Gruppentherapien) deutende oder direktive Verfahren.

Gestalttherapie
Therapeutische Schule, gegründet von F. Perls. Wesentliches Element der Therapie ist die Zentrierung der Wahrnehmung auf die unmittelbare Erfahrung. Ausgehend vom aktuellen Erleben und der Wahrnehmung der eigenen Körpervorgänge hilft der Therapeut dem Patienten, Kontakt zu seinen unerledigten Problemen zu finden.

Gesprächspsychotherapie (GT)
Von C. Rogers gegründete therapeutische Schule, deren Ziel es ist, den Menschen zu befähigen, gemäß seiner natürlichen Bedürfnisse zu leben. Der dahin führende therapeutische Prozeß muß von seiten des Therapeuten vor allem drei Bedingungen genügen: a) uneingeschränktes Akzeptieren, positive Wertschätzung, emotionale Wärme; b) Verbalisierung emotionaler Erlebnisinhalte; c) Echtheit und Selbstkongruenz im Verhalten des Therapeuten.

Grundregel
Regel zur Strukturierung der psychoanalytischen Therapiesituation: Der Patient muß alles sagen, was ihm einfällt, auch wenn es ihm unlogisch, peinlich oder unmoralisch erscheint.

»Heißer Stuhl« (hot chair)
In der Gestalttherapie entwickelte Methode, sich mit abwesenden wichtigen Personen auseinanderzusetzen, wobei mittels eines leeren Stuhles ein Dialog mit diesen Personen geführt wird. Der Patient kann dabei sowohl sich selbst als auch eine abwesende Person abwechslungsweise darstellen.

Katathymes Bilderleben
Von Leuner entwickelte therapeutische Methode. Ausgehend von vorgegebenen Bildszenen (z. B. »Quelle«) entwickelt der Patient Phantasieszenen. Diese spiegeln angeblich die zentralen Lebensprobleme des Patienten wider, der Therapeut begleitet den Patienten durch Hinweise, Fragen, eventuell auch Deutungen.

Kognitive Verhaltenstherapie (VT)
Anfang der siebziger Jahre entwickelte neue methodische Ansätze innerhalb der VT, die explizit auf die Veränderung von Gedanken und Gefühlen ausgerichtet sind.

Kritische Psychologie
Von Klaus Holzkamp begründete Richtung der Psychologie, die – auf marxistischer Basis – den Menschen immer im Zusammenhang mit den ihn umgebenden ökonomischen und gesellschaftlichen Bedingungen analysiert.

Masters- und Johnson-Methoden
Methoden zum Training adäquaten sexuellen Verhaltens.

Neuer Sozialisationstyp (NST)
Von Th. Ziehe erfundener Begriff zur Kennzeichnung vieler angeblich »narzißtisch gestörter« Jugendlicher der heutigen Zeit. Merkmale: Kontaktschwäche bei vielen wechselnden Partnern, geringe Frustrationstoleranz, Konsumdenken, Orientierung im Augenblick, kein Leistungsdenken u. ä. m.

Pavor nocturnus
Nächtliches Aufschreien, ohne wach zu werden. Häufige Störung bei Kindern, gelegentlich auch bei Erwachsenen.

Projektive Tests
Im Gegensatz zu Fragebogen und Leistungstests wird bei den projektiven Tests wenig strukturiertes, vieldeutiges Material vorgegeben (z. B. Bilder, Farben), das vom Probanden mit eigenen Inhalten gefüllt (ergänzt) werden soll. Diese Inhalte sagen über die Persönlichkeit des Probanden etwas aus. Die Auswertung der meisten projektiven Tests ist nicht ganz eindeutig und hängt in gewissem Maß von Persönlichkeit und Erfahrung des Auswerters ab.

Repräsentanzenlehre
Repräsentanz (Objektrepräsentanz) ist das verdichtete Bild einer Person in der Vorstellung eines anderen, wobei dieses Bild die Interaktionen und die

Bedeutung der Interaktionen für das vorstellende Individuum gleichzeitig umfaßt.

Rorschachtest
Kleckstafeln, in die hinein Figuren gesehen werden sollen (siehe Projektive Tests).

Warteggtest
Angefangene Zeichnungen, die ergänzt werden müssen (siehe Projektive Tests).

Selbstinstruktionstraining
Therapeutische Methode (entwickelt von D. Meichenbaum) im Rahmen der Kognitiven Verhaltenstherapie. Durch gezieltes Training und Einsatz bestimmter (z. B. angstvermindernder) Sätze wird die Kontrolle des eigenen Verhaltens verbessert.

Systematische Desensibilisierung
Verhaltenstherapeutische Methode zum Abbau von starken Ängsten und Phobien, wobei der Patient meist in schrittweiser Annäherung mit dem gefürchteten Objekt entweder in der Phantasie oder in der Realsituation konfrontiert wird.

Systemische Ansätze
In der Therapie bezeichnet es ein Vorgehen, das nicht das Individuum alleine betrachtet und behandelt, sondern das (Familien)system, in dem es sich befindet, wobei die Störungen eines einzelnen als Störung seines gesamten Systems (Familie, Arbeitsgruppe... etc.) angesehen werden.

TZI (Themenzentrierte Interaktion)
Von Ruth Cohn entwickelte, der humanistischen Psychologie verpflichtete pädagogisch-therapeutische Methode zur Verbesserung der Lernfähigkeit. Die Aneignung von Lerninhalten in einer Gruppe wird gekoppelt mit der Reflexion über die im Aneignungsprozeß entstehenden Interaktionsprozesse. Dadurch sollen die von der Interaktion ausgehenden »Störungen« konstruktiv verarbeitet werden, was sowohl dem persönlichen Wachstum als auch dem Lernprozeß zustatten kommt.

Validierung
Bemühung zur Erfassung dessen, was ein Test »wirklich« aussagt oder mißt.

VEE (Verbalisierung emotionaler Erlebnisinhalte; siehe GT)
Von Gesprächspsychotherapeuten zu erlernende Technik, bei der sie sich nicht so sehr um sachliche als um emotionale Gehalte einer Klientenaussage bemühen und diese herausarbeiten.

Verhaltensanalyse
Von F. H. Kanfer entwickelte Methode zur Analyse des problematischen Verhaltens im Rahmen eines funktionalen Bedingungsmodells. Wesentliche Bestandteile der Verhaltensanalyse sind die präzise Herausarbeitung der vorhergehenden Bedingungen des unerwünschten Verhaltens sowie der aufrechterhaltenden Konsequenzen.

Verlaufsdiagnose
Diagnose des Verhaltens und seiner Veränderung während einer Testung (im Gegensatz zur einfachen Auswertung des Endprodukts einer Testaufgabe).

VT (Verhaltenstherapie)
Therapeutischer Ansatz, dessen Bemühung der (beobachtbaren) Veränderung des Verhaltens gilt.

Eva Jaeggi / Walter Hollstein

Wenn Ehen älter werden

Liebe, Krise, Neubeginn
311 Seiten. Serie Piper 867

»Spannende Falldarstellungen und Problemskizzen werden in
einen interessanten Kontext der gesellschaftlichen Entwicklung von
Partnerschaft zwischen den Geschlechtern gestellt. Die flüssig
dargestellten historischen Bezüge zu Liebe, Bindung, Partnerschaft
vermitteln dem partnerschafts-erfahrenen Leser eine Fülle von Aha-
Erlebnissen. Die Gliederung des Buches ist logisch und lebensnah.
Der Leser läßt sich gerne führen.«   Bild der Wissenschaft

»Eva Jaeggi und Walter Hollstein haben ein Buch geschrieben, das
vor allem Betroffene mit Gewinn lesen werden.«
                           Frankfurter Allgemeine Zeitung

Eva Jaeggi
Psychologie und Alltag

141 Seiten. Serie Piper 689

Eva Jaeggi · Robert Rohner · Peter M. Wiedemann
Gibt es auch Wahnsinn, hat es doch Methoden...

Eine Einführung in die
Klinische Psychologie aus sozialwissenschaftlicher Sicht
374 Seiten. Geb.

PIPER

FRAUEN

Michèle Fitoussi
**Zum Teufel
mit der Superfrau**
Die Sucht nach Perfektion

1203

Jane Lazarre
Der Mutterschaftswahn
Eine junge Frau erzählt

1198

Sibylle Plogstedt
Niemandstochter
Auf der Suche nach dem Vater

1330

Elisabeth Badinter
Die Mutterliebe
Geschichte eines Gefühls
vom 17. Jahrhundert
bis heute

1491

Valerie Curran
Susan Golombok
Bunte Pillen - Ade!
Wege aus der Sucht

1387

Shere Hite
Kate Colleran
**Keinen Mann
um jeden Preis**

1226

FRAUEN

Monika Helfer
*Ich lieb Dich
überhaupt nicht mehr*
Roman

1343

Iris Galey
**Ich weinte nicht,
als Vater starb**
Geschichte eines Inzests

1476

*Das Geschlecht
der Engel*
**Gedichte von Else Lasker-Schüler
bis Barbara Maria Kloos**

1511

Franziska Stalmann
**Die Schule macht
die Mädchen dumm**
Die Probleme mit der Koedukation

1323

Barbara Yurtdas
*Muttermord
in Ephesos*
Roman

1259

Sibylle Mulot
*Einen Mann
für sich allein*
Roman

1508